Edition
Wortmeldung

*edition
wortmeldung*
Band 3

Arno Hecht

Der Ostdeutsche – ein Fehlgriff der sozialen Evolution?

oder

Eine Gegenwart ohne Zukunft

Bibliografische Informationen Der Deutschen Bibliothek
Die Deutsche Bibliothek verzeichnet diese Publikation
in der Deutschen Nationalbibliografie;
detaillierte bibliografische Daten sind im Internet über
http://dnb.ddb.de abrufbar

Impressum

ISBN 3-89626-614-4

1. Auflage, 2006

© tra/o verlag dr. wolfgang weist 2006
Finkenstraße 8, 12621 Berlin
Tel.: 030/56701939
Fax: 030/56701949
e-Mail: trafoberlin@t-online.de
Internet: http://www.trafoberlin.de

Satz und Layout: tra/o verlag
Umschlaggestaltung: tra/o verlag
Druck und Verarbeitung: SDL oHG, Berlin

Printed in Germany
Alle Rechte vorbehalten

Inhalt

Vorwort	9
Geschichte – die vergangene Zukunft	11
Besatzungszeit – der Keim der deutschen Spaltung	15
Zwei deutsche Staaten im Dissens	18
Die friedliche Revolution in der DDR	36
1990 – das Jahr der Selbstaufgabe	46
Die Vereinigung – ein Diktat mit Folgen	55
Getäuschte Erwartungen	92
Die Ostdeutschen passen nicht ins Raster	124
Ostdeutsche Identität und Werte orientieren sich anders	159
Geschichtspolitik und Erinnerungskultur	174
Die gespaltene Gesellschaft	193
Die mißglückte innere Einheit	207
Die deutsche Einheit – ein singuläres Ereignis?	228
Das Reformland – politischer und wirtschaftlicher Wandel im vereinigten Deutschland	233
Die Zukunft bleibt ungewiß	249
Weiterführende Literatur	272
Personenregister	282

Wenn Deutschland einmal vereint sein wird,
Jeder weiß, das wird kommen, niemand weiß wann —
Wird es nicht sein durch Krieg.

Bertolt Brecht

Vorwort

Das 20. Jahrhundert, das Jahrhundert des Sieges des Kommunismus über den Nationalsozialismus und seines selbst verschuldeten Zusammenbruchs, hinterließ in den Industriestaaten als Erbe die liberale Demokratie. Der damit ausgelöste politische, wirtschaftliche und gesellschaftliche Wandel in den postsozialistischen Staaten vollzog sich mit besonderer Dramatik in Deutschland. Auf seinem Territorium, Ausgangspunkt zweier verheerender Weltkriege, erfolgte mit dem Untergang der DDR gleichzeitig die Vereinigung zweier Staaten, wie sie gegensätzlicher nicht sein konnten. Der in Verantwortung der Bundesrepublik dilettantisch realisierte Einigungsprozeß führte nicht nur zu einer weitgehenden Deindustrialisierung mit Massenarbeitslosigkeit in dem angeschlossenen Landesteil, der Rückkehr des mit zerstörerischer Kraft ausgerüsteten Eigentums, einer sozialen Umstrukturierung der Gesellschaft mit Ausgrenzung der alten DDR-Eliten im Osten, sondern behindert zunehmend das, was als innere Einheit apostrophiert wird. Zudem beginnt sich fortschreitend auch der Westen des vereinten Deutschlands zu verändern, was die altbundesdeutschen Eliten so nicht vorausgesehen haben und nur zögerlich bereit sind zu akzeptieren. Der von Stefan Heym apostrophierte Igel DDR, den die Bundesrepublik verschluckt hat, verursacht die von dem bekannten Schriftsteller prognostizierten Beschwerden.

Die Deutungshoheit für das Leben in der DDR und die Befindlichkeit der Bürger in den neuen Bundesländern nach dem Anschluß, maßen sich die Eliten der alten Bundesländer an, unterstützt von einem kleinen Kreis sogenannter

Bürgerrechtler. Doch die Geschichte der DDR und ihrer Menschen ist nicht nur aus der beschränkten Sicht konservativer Denkstruktur zu begreifen, sondern bedarf ergänzend einer alternativen, komplexen Betrachtung. Dazu sind im Wesentlichen die ehemaligen Eliten der DDR in der Lage, die sowohl den Realsozialismus wie auch die bundesrepublikanische Wirklichkeit aus eigenem Erleben kennen und sich weiterhin mit letzterer auseinandersetzen müssen. Ausgegrenzt aus dem gesellschaftlichen Leben werden ihre Überlegungen im offiziellen Diskurs verschwiegen, weil ihre Sicht die DDR nicht auf die These vom "Unrechtsstaat" reduziert und in der Bundesrepublik nicht das non plus ultra zukünftiger Entwicklung sieht. Um so wichtiger ist es, sich das Denken nicht verbieten zu lassen, die noch bestehenden Möglichkeiten der Demokratie zu nutzen und nicht den ausgetretenen Spuren der "political correctness" zu folgen. Es kann nur begrüßt werden, wenn die Zahl von wissenschaftlichen Veröffentlichungen und Biographien aus ostdeutscher Feder zunimmt, selbst wenn versucht wird ihre Breitenwirkung durch Verschweigen und Verleumden zu verhindern. Das vorliegende Buch versucht, sicher unvollkommen und von persönlichen Erfahrungen geprägt, die Widersprüche im Vereinigungsprozeß darzustellen und der Frage nachzugehen, weshalb Politik und Gesellschaft sich als unfähig erweisen, auch den Bürgern einen menschenwürdigen Weg in die Zukunft zu weisen, denen die Teilhabe an der Macht und am Arbeitsleben verwehrt wird.

Geschichte – die vergangene Zukunft

Deutschland befindet sich in einer tiefen Systemkrise, wenn es die für seinen Zustand verantwortlichen Eliten der Bundesrepublik auch nicht wahr haben wollen. Wertewandel und Werteverlust haben dazu geführt, daß die Bundesrepublik ihre innere Balance verloren hat. Neue Werte bestimmen im Vergleich zur Vergangenheit den Zustand der Gesellschaft. Die Wirtschaft hat ihre soziale Verantwortung aus dem Auge verloren und stattdessen den Maximalgewinn im Blick. Ihn zu erreichen, erscheint ihr jedes Mittel Recht. Nicht produktive Arbeit mit Wertschöpfung dient der Vermehrung des Vermögens, sondern die Dividende des verantwortungslosen Aktienbesitzers. Die Politik läßt keinen Gestaltungswillen mehr erkennen, der einen Interessenausgleich beinhaltet. Sie hat sich den Wünschen, wenn nicht Forderungen, der Wirtschaft sowie der Allmacht der Finanzmärkte untergeordnet. Ihre Aufgabe sieht die politische Klasse darin, durch die Umverteilung des gesellschaftlichen Reichtums von unten nach oben, einseitig die Forderungen der globalisierten Wirtschaft zu erfüllen. Unternehmens- und Interessenverbände der Wirtschaft formulieren ihre Ansprüche an Staat und Gesellschaft ungeniert in aller Öffentlichkeit und nehmen entscheidenden Einfluß auf gesellschaftspolitische Entscheidungen von Regierung und Parlament.

So sehr es ihr schwer fällt, den gegenwärtigen Zustand von Staat und Gesellschaft in seiner Malaise zu benennen, so sehr scheut sich die Machtelite ihre Ursachen im eigenen Versagen zu erkennen. Die Schuld wird immer bei den anderen gesucht. Als dankbare Erklärung bietet sich die verfehlte Einheit an. Es sind die "Kosten der Einheit", die als Entschuldigungsgrund für das Nichteinhalten des Euro-Stabilitätspaktes durch die Bundesrepublik dienen. Der letzte Bundeskanzler und sein Finanzminister schämten sich nicht für diese Begründung, obwohl seit diesem Ereignis bereits 15 Jahre ins Land gegangen sind. Österreichs Finanzminister Karl-Heinz Grasser bezeichnete dieses Argument zu recht als einen Treppenwitz. Doch für Deutschland sind derartige Späße bitterer Ernst. Für die vereinigungsbedingten Verwerfungen tragen Wirtschaft und Politik aus ihrer Sicht natürlich keine Verantwortung. Die übernommenen Altlasten aus der DDR, die mangelnde Bereitschaft der Ostdeutschen sich von ihrer Vergangenheit zu lösen und das bundesdeutsche Modell vorbehaltlos anzuerkennen, werden für das wirtschaftliche Desaster verantwortlich gemacht. Die Politik scheut sich, bzw. erweist sich als unfähig, die entstandenen Probleme von ihren wirklichen Ursachen her zu begreifen und an ihre Beseitigung zu gehen. Dies kann nicht gelingen, wenn nur, ohne zum Wesen der bestehenden Widersprüche vorzudringen, bestimmte oberflächliche Erscheinungen zur Veränderung herausfordern. Ohne Rückblick auf die gemeinsame deutsche Geschichte bis hin zur Vereinigung bleiben die Gründe für den gegenwärtigen Zustand verschlossen ebenso wie die Erkenntnis, daß die gemeinsame Vergangenheit unvorhersehbare Langzeitwirkungen für die Zukunft in sich birgt. Es genügt jedoch nicht, die DDR im Rahmen der deutschen Geschichte zu betrachten, sondern ihre Entstehung wie auch ihr Untergang ist ebenso im europäischen Kontext zu sehen. Dieser Gedanke findet sich bei Mark Mazower.

Wie ein roter Faden zieht sich durch Vergangenheit, Gegenwart und Zukunft deutscher Geschichte konservativ-reaktionäre Denk- und Handlungsweise seiner politischen Eliten. Dieser rote Faden wurde für nur 40 Jahre in einem Landesteil Deutschlands zerschnitten, der sich Deutsche Demokratische Republik nannte. Mit ihrem Untergang wurde wieder an dem verloren gegangenen Ende des Fadens angeknüpft. Um die Vereinigung mit ihren Folgen zu verstehen, muß der rote Faden bis zur Gegenwart verfolgt werden. Wie weit er in die Zukunft reichen wird, bleibt offen.

Geschichte, so Reinhart Koselleck, ist vergangene Zukunft. Vergangenheit und Zukunft treffen sich in der Gegenwart. Die geschichtlichen Taten der Vergangenheit wie der Zukunft sind verwirklichte oder zu verwirklichende Möglichkeiten, die eine zwingende Notwendigkeit ausschließen. Damit erweist sich der Zufall als geschichtlich notwendig und nicht vorhersehbar. Unter Berücksichtigung dieser Überlegungen bleibt uns die Zukunft in der Gegenwart weitgehend verschlossen. Die Annahme eines Geschichtsdeterminismus, der sich erneut artikuliert, stellt den Ausdruck eines ideologischen Irrweges dar. Erst die vergangene Zukunft offenbart, welche der einmal gedachten und auch nicht gedachten Möglichkeiten sich verwirklicht hat und uns als erfahrene Geschichte gegenüber tritt.

Das Heute verknüpft sich in der Gegenwart mit der Vergangenheit zu einer ungewissen Zukunft. Geschichte wird als Zeitgeschichte wahrgenommen, so lange Zeitzeugen unter den Lebenden weilen, die sie selbst erlebt haben und ihr subjektives Erleben der Mit- und Nachwelt vermitteln können. Zeitgeschichte, noch stärker als Geschichte, unterliegt der politischen Instrumentalisierung durch die herrschende politische Klasse. Sie soll und muß den Forderungen des politischen Zeitgeistes entsprechen. Das erleben wir gegenwärtig in Deutschland, wo es darum geht, den Zusammenbruch der DDR als Resultat der Überlegenheit bundesdeutschen Handelns darzustellen und zugleich das untergegangene politische System zu desavouieren sowie für alle eingetretenen Widersprüche der Gegenwart verantwortlich zu machen.

Jedes geschichtliche Ereignis besitzt eine Vorgeschichte, ohne deren Kenntnisnahme der tatsächliche historische Ablauf unverstanden bleibt. Die Vorgeschichte der deutschen Gegenwart reicht weiter zurück als bis zum Jahr 1989. Einen ihrer entscheidenden Höhepunkte stellt der militärische Sieg der Sowjetunion und der westlichen Alliierten über Deutschland im Jahre 1945 dar. Er bedeutete zugleich eine Befreiung des deutschen Volkes von der Schreckensherrschaft der Nationalsozialisten, was aus eigener Kraft nur vereinzelt versucht wurde, nicht gelang, und eine Mehrheit der Deutschen auch nicht so empfunden hat. Schließlich kämpfte und hoffte das "deutsche Volk" noch bis 5 Minuten nach zwölf auf den Trümmern Berlins, als Adolf Hitler schon Hand an sich gelegt hatte und nicht mehr unter den Lebenden weilte. Deshalb ist das 20. Jahrhundert auch nicht, wie Eberhard Jäckel meint, das "Deutsche Jahrhundert". Es war vielmehr das Jahrhundert des gescheiterten, weil unvollkommenen Versuchs, dem überholten kapitalistischen System eine sozialistische Alternative gegenüber zu stellen. Es waren der Kommunismus, der Nationalsozialismus und die liberale Demokratie, die das Gesicht des 20. Jahrhunderts prägten. Am Ende des Jahrhunderts siegte die liberale Demokratie über den Kommunismus, die aber ohne dessen Sieg über den Nationalsozialismus keinen Bestand gehabt hätte. Kennzeichnend für diese Periode menschlicher Geschichte war die Konfrontation zwischen der Sowjetunion und den USA. Diese begann mit der russischen Oktoberrevolution 1917 und ist auch nach dem Zerfall der Sowjetunion nicht wirklich beendet. Ost- wie Westdeutschland spielten in diesem Kontext nur eine Statistenrolle.

Besatzungszeit – der Keim der deutschen Spaltung

Als staatliche Einheit existierte Deutschland bis zum Jahr 1990 nur etwa 75 Jahre seiner Geschichte. In der übrigen Zeit herrschte eine Kleinstaaterei, die vom Wesen auch die Länderstruktur der Bundesrepublik kennzeichnet. Die politische, wirtschaftliche und gesellschaftliche Entwicklung im Nachkriegsdeutschland verlief so, wie sie Milovan Djilas mit einem Zitat von Stalin beschreibt: *"Wer immer ein Gebiet besetzt, erlegt ihm auch sein eigenes gesellschaftliches System auf. Jeder führt sein eigenes System ein, so weit seine Armee vordringen kann. Es kann gar nicht anders sein."* Damit war eine Entwicklung vorgezeichnet die Rolf Badstübner, als den Weg vom "Reich" zum doppelten Deutschland charakterisiert.

Schon bald begann sich in Bestätigung der Voraussage Stalins eine unterschiedliche Entwicklung in der sowjetischen Besatzungszone auf der einen und in den westlichen Besatzungszonen auf der anderen Seite abzuzeichnen. Deutschland hatte mit seinem Überfall auf die Länder Europas, den in seinem Namen begangenen Verbrechen und der sich anschließenden militärischen Niederlage seine Souveränität und das Recht auf Selbstbestimmung verspielt. Es unterlag der Fremdbestimmung durch die jeweiligen Besatzungsmächte und der hinter ihnen stehenden Regierungen.

Ursprünglich waren sich beide Siegermächte einig, daß in Deutschland sowohl eine soziale Umgestaltung als auch demokratische Erneuerung erforderlich sind. Die Sowjetunion setzte auf die soziale Umgestaltung unter Vernachlässigung der demokratischen Erneuerung und Liberalisierung. Demgegenüber spielten bei den USA demokratische Erneuerung und Liberalisierung die zentrale Rolle, während die soziale Umgestaltung nur sehr zögerlich in Angriff genommen wurde und schließlich völlig versiegte.

Im Potsdamer Abkommen legten die Alliierten fest, daß in Deutschland das Großkapital ebenso wie die Großagrarier zu enteignen sind mit Zerschlagung von Vermögenskonzentrationen, wie sie z.B. durch eine Bodenreform realisiert werden sollte. Ebenso stimmten die Alliierten darin überein, daß alle Kriegsverbrecher festzunehmen, Gerichten zu übergeben sowie einflußreiche Funktionäre der NSDAP und ihrer Gliederungen zu verhaften und zu internieren sind. Aktive Mitglieder der NSDAP sollten aus öffentlichen und halböffentlichen Ämtern sowie von verantwortlichen Posten in wichtigen Privatunternehmen entfernt werden.

Die Abrechnung mit der personellen Hinterlassenschaft des Nationalsozialismus verlief in den verschiedenen Besatzungszonen vom Wesen zunächst nach übereinstimmenden Kriterien, wenn sich auch schon frühzeitig ein erkennbar rigoroseres Vorgehen der sowjetischen Besatzungsmacht abzeichnete. Diese Tatsache kann nicht überraschen, da die Sowjetunion von den Siegermächten am stärksten unter den Verbrechen des Hitlerfaschismus und des von ihm entfesselten Krieges zu leiden hatte. Im Gegensatz hierzu gingen die USA als die einzigen wirklichen Gewinner aus dem Völkersterben hervor.

So erfolgte in der sowjetischen Besatzungszone sehr rasch ein Austausch des Personals in der Justiz und bei der Lehrerschaft. Der erforderliche quantitative Ersatz fand durch in Schnellkursen ausgebildete "Volksrichter" und "Neulehrer" statt, die in ihrer fachlichen Kompetenz nicht den Anforderungen entsprachen, sondern sich in ihrer täglichen Arbeit erst schrittweise in die für sie neuen Aufgaben einarbeiten mußten. "Learning bei doing" heißt das heute. Zahlreiche aktive Anhänger des Nationalsozialismus wurden in Lagern interniert. Im Ergebnis von Denunziation und Übereifer traf dieses Schicksal auch Unschuldige. Haftstrafen und Todesurteile wurden durch Militärgerichte der sowjetischen

Besatzungsmacht verhängt und in die Tat umgesetzt. Dabei wurde vielfach gegen das Gebot der Verhältnismäßigkeit verstoßen, wie aus der bedrückenden Zusammenstellung von Arsenij Roginskij et al. der Deutschen hervorgeht, die von sowjetischen Militärtribunalen zum Tode verurteilt und erschossen wurden. Außerdem wurden die Verurteilten häufig für viele Jahre in sibirischen Lagern, den berüchtigten Gulags, festgehalten und fanden dort nicht selten den Tod.

In den westlichen Besatzungszonen liefen analoge Vorgänge ab. Sie verflachten jedoch zusehends. Zahlreiche ausgesprochene Todesurteile wurden nicht vollstreckt und selbst Kriegsverbrecher auf deutschen Wunsch aus der Haft entlassen. Diese moderate Vorgehensweise wurde durch die zunehmende Entfremdung zwischen der Sowjetunion und den westlichen Alliierten begünstigt, die den "Kalten Krieg" einleitete und zur Gründung der beiden deutschen Staaten, der Deutschen Demokratischen Republik und der Bundesrepublik Deutschland, führte. Beide deutsche Staaten waren Kinder des Kalten Krieges und standen sich von Beginn an feindlich gegenüber.

Diese Staatsgründungen leiteten eine völlig unterschiedliche politische, wirtschaftliche und gesellschaftliche Entwicklung in dem geteilten Land ein. Während im Osten unter dem Banner des Antifaschismus die Verfolgung von Kriegsverbrechern und Nazianhängern unverändert fortgesetzt wurde, erfolgte im Westen ihre umfassende Amnestie mit Wiedereingliederung der Betroffenen in die staatlichen Institutionen. So fanden sich beispielsweise im Justizwesen der Bundesrepublik zahlreiche Nazijuristen wieder, die im Dritten Reich an etwa 30 000 Todesurteilen beteiligt gewesen waren, die gegen Gegner des Nationalsozialismus ausgesprochen wurden. Selbst Angehörige der Gestapo (Geheime Staatspolizei) fanden sich im Polizeidienst der Bundesrepublik wieder, wurden in Ehren, mit Pensionsberechtigung, entlassen. Diese Vorgehensweise war prägend für das geistige Klima in der Bundesrepublik und ihre Bewertung der nationalsozialistischen Vergangenheit.

Zwei deutsche Staaten im Dissens

Mit der Durchführung der Währungsreform in Westdeutschland und ihre Ausdehnung auf Westberlin im Sommer 1948 steuerte die weitere Entwicklung Deutschlands auf eine Spaltung des Landes zu. Diese wurde mit der Gründung der Bundesrepublik Deutschland am 23. Mai 1949 und der Deutschen Demokratischen Republik am 7. Oktober des gleichen Jahres vollzogen. Die Verantwortung für die Teilung Deutschlands lag in erster Linie bei den Westmächten und den westdeutschen Politikern und nicht, wie behauptet, bei dem östlichen Pendant. In Abhängigkeit von der jeweiligen Besatzungsmacht, verlief die politische, wirtschaftliche und soziale Entwicklung in den beiden deutschen Staaten nunmehr unterschiedlich.

Ließ die DDR zu Beginn ihrer Existenz noch bürgerlich-demokratische Ansätze des Wandels erkennen, so vollzog sich rasch die Bildung eines Zentralstaates mit Aufgabe der Länder- und Einführung einer Bezirksstruktur. Mit dieser Verwaltungsreform wurden eine einheitliche staatliche Verwaltung und Gesetzgebung durchgesetzt. Zwar existierte in der DDR formal ein Mehrparteiensystem, das jedoch keinem Parteienpluralismus entsprach. Die bürgerlichen Parteien waren mit der SED in der "Nationalen Front" zusammengeschlossen. Damit war jede politische Eigenständigkeit ausgeschlossen, denn die Führungsrolle in diesem Bündnis besaß die SED. Ihr Politbüro war das Entscheidungszentrum, das den politischen, wirtschaftlichen und sozialen Weg des Landes bestimmte. Die politische Führung bezog ihre Legitimation nicht aus demokratischen Wahlen, sondern begründete diese mit dem Antifaschismus und der eingeleiteten sozialen Revolution.

Wahlen zur Volkskammer, der obersten Volksvertretung, wurden alle vier Jahre durchgeführt. Der Wähler konnte jedoch nur über eine Einheitsliste abstimmen. Er wurde genötigt seine Stimme offen, ohne Benutzung einer Wahlkabine abzugeben. Trotz der fehlenden demokratischen Legitimation durch freie und geheime Wahlen ist der DDR die Legitimität nicht abzusprechen, die sich auf den Anspruch gründete in Überwindung der kapitalistischen Ausbeutung eine gerechtere Gesellschaft zu schaffen. Dieses Ziel vertrat nach dem Krieg ursprünglich selbst die CDU in Westdeutschland in ihrem Ahlener Programm.

Die wirtschaftliche Entwicklung der DDR verlief nach dem Vorbild der Sowjetunion und damit konträr zu der in der Bundesrepublik Deutschland. Schrittweise erfolgte der Übergang zur sozialistischen Planwirtschaft, die mit der Herausbildung neuer Eigentumsformen einherging. Das Privateigentum an Unternehmen und Produktionsmitteln, Banken und Versicherungen sowie Grund und Boden, einschließlich der Bodenschätze, wurde abgeschafft. Es entstanden volkseigene Betriebe, welche de facto Staatsbetriebe waren und nach einem vorgegebenen Plan produzierten. Kleine und mittlere Unternehmen befanden sich noch einige Zeit in Privathand, bevor sie in halbstaatliche Betriebe umgewandelt wurden. Bei Frank Ebbinghaus findet sich dieser Prozeß beschrieben. Zu Beginn der 70er Jahre schließlich wurden auch diese Unternehmen in Volkseigentum überführt und damit der DDR-Wirtschaft ein nicht wieder gut zu machender Schaden zugefügt. Darüber hinaus hatte die DDR-Wirtschaft ständig mit erheblichen Problemen zu kämpfen, die zu einem großen Teil im politischen System begründet lagen.

Äußere Faktoren verstärkten in nicht geringem Maß die wirtschaftlichen Schwierigkeiten. So hat die rigorose Reparationspolitik der Sowjetunion mit dem Abbau von Betrieben und des 2. Gleises der Eisenbahn der DDR von Beginn an ein schweres ökonomisches Erbe mit auf den Weg in die Zukunft gegeben. Nahezu 30% der Maschinen und Ausrüstungen des Landes wurden demontiert und in die Sowjetunion transportiert.

Diese Vorgehensweise war unter Berücksichtigung der Verwüstungen der Sowjetunion mit völliger Vernichtung der Industrie in ihrem europäischen Teil durch die deutschen Armeen zwar verständlich, erwies sich jedoch für den wirtschaftlichen Aufschwung und die politische Entwicklung in der Sowjetischen Besatzungszone und später der DDR als kontraproduktiv und hat letztlich zu ihrem Untergang beigetragen.

Eine weitere nicht zu vernachlässigende ökonomische Last wurde der DDR durch die Embargo-Politik des Westens aufgebürdet, die die DDR zwang, unter Vernachlässigung des Konsums, eine eigene Schwerindustrie aufzubauen.

Von besonderer Bedeutung, auch für die Beantwortung der Frage des Scheiterns der inneren Einheit nach dem Anschluß der DDR an die Bundesrepublik, ist der soziale Wandel, der sich auf dem Gebiet der sowjetischen Besatzungszone und späteren DDR vollzogen hat. Ursprünglich entsprachen die sozialen Schichten in diesem Teil Deutschlands denen vor der Befreiung im Jahre 1945. Die mit der Besatzung einhergehenden Verschiebungen der sozialen Struktur begannen mit der Übersiedlung zahlreicher Mitglieder und Aktivisten der NSDAP nach Westdeutschland. Bereits in den ersten Jahren nach Kriegsende strömten darüber hinaus Angehörige des Mittelstands und der Funktionseliten, Unternehmer, Landwirte und Facharbeiter in den Landesteil westlich der Elbe. Bis zum 13. August 1961 waren es etwa 2,5 Millionen Menschen, die die DDR verlassen hatten und ihre neue Heimat in der Bundesrepublik suchten. Nach heutiger Terminologie handelte es sich überwiegend um Wirtschaftsflüchtlinge. Nur der kleinere Teil konnte sich auf politische Motive berufen, wenn das von der politischen Klasse der Bundesrepublik auch anders interpretiert wird.

Diese große Zahl von Flüchtlingen bedeutete einen hohen wirtschaftlichen Verlust für die DDR. In der Mehrzahl handelte es sich um beruflich qualifizierte Menschen. Diese stellten mit ihrem Wissen und Können einen beträchtlichen Gewinn für die Bundesrepublik dar, da sie ihre kostspielige berufliche Ausbildung in der DDR realisiert hatten. Somit leistete die DDR ungewollt in den schwierigen Nachkriegsjahren einen wichtigen Beitrag zum Aufbau der Bundesrepublik und Überwindung der Kriegsfolgen im anderen deutschen Staat.

Unzufriedenheit mit der Arbeits- und Lohnpolitik der DDR-Regierung führte am 17. Juni 1953 zu Protesten, Massendemonstrationen in großen Städten und Arbeitsniederlegungen in großen Betrieben. Dieses Ereignis brachte nur eine vorübergehende Entspannung in das politische Leben der DDR. Die Geheimrede von Nikita Chruschtschow auf dem XX. Parteitag der Kommunistischen Partei der Sowjetunion am 25. Februar 1956 zu den Verbrechen Stalins belebte die innerparteiliche Opposition in der SED. Sie endete mit der Flucht des Schriftstellers Gerhard Zwerenz in die Bundesrepublik und als prominenteste Opfer mit der Verhaftung von Erich Loest, Walter Janka und Wolfgang Harich, die verurteilt und in das Gefängnis Bautzen verbracht wurden.

Zur gleichen Zeit wurde durch die SED eine Sozial- und Bildungspolitik eingeleitet, die den Zugang von Angehörigen der traditionellen Bildungsschichten zur Universität erheblich einschränkte und das Tor der Hochschulen den Unterprivilegierten öffnete, denen es bis dahin weitgehend verschlossen geblieben war.

Dies rief den Widerstand der an den Universitäten tätigen bürgerlichen Eliten hervor, der erfolglos bleiben mußte. Durch diese Bildungsoffensive wurden die Grundlagen für die Entstehung der Schicht der sogenannten sozialistischen Intelligenz gelegt. Im Ergebnis der bewußt geförderten Verschiebung der Sozialstruktur verschwanden das Großbürgertum, die bürgerlichen Bildungsschichten und die Unternehmer nahezu vollständig. Zurück blieb eine Gesellschaft der Gleichen, die von Wolfgang Engler zutreffend als eine arbeiterliche Gesellschaft bezeichnet wurde. Die bis dahin unteren Schichten der Bevölkerung wurden mit Rechten ausgestattet, wie sie ihnen in der kapitalistischen Vergangenheit nie zuteil wurden, und die ihnen ein weitgehend sorgenfreies Leben ermöglichten.

Zwar gab es auch in der DDR Unterschiede in der fachlichen Qualifikation und im Bildungsniveau der Menschen, doch bestanden keine Privilegien im Ergebnis der Zugehörigkeit zu einer bestimmten sozialen Schicht oder in Abhängigkeit von der Höhe des Einkommens. Letzteres schied schon deshalb aus, weil die Einkommensdifferenzen zwischen den verschiedenen Berufgruppen nur gering waren. Ein bevorzugter Zugang zu bestimmten Positionen im Leitungsgefüge ergab sich aus der Zugehörigkeit zur SED. Im Ergebnis der geringen sozialen Unterschiede, der Gemeinsamkeit der Schwierigkeiten, z.B. bei der Befriedigung der konsumtiven Ansprüche und der vielfach ablehnenden Haltung zur SED, bestand zwischen den Menschen eine deutliche Solidarität. Diese stellt sich immer dann heraus, wenn die sozialen Differenzen schwinden und alle Menschen mit den gleichen Problemen zu kämpfen haben. Dies ließ sich auch in den ersten Jahren nach dem 2. Weltkrieg feststellen, als unter den Menschen eine weitgehend ökonomische Gleichheit bestand und jeder von ihnen in gleicher Weise um seine soziale Existenz zu kämpfen hatte.

Es ist aus unserer Sicht Eric Hobsbawm, dem wohl bedeutendsten Historiker des letzten Jahrhunderts zuzustimmen, daß die Neue Gesellschaft in der DDR keine schlechte war. Ihr entscheidender Nachteil bestand darin, daß sie den Bürgern *"durch ein System höherer Gewalt aufgezwungen wurde"* und materiell schlechter gestellt war als die westdeutsche. Trotzdem wurde die DDR ihrem Anspruch als sozialistischer Staat nicht gerecht. Die durch das Bürgertum erkämpften Freiheitsrechte wurden den Bürgern der DDR versagt. Statt Demokratie herrschte ein demokratischer Zentralismus, der vom Wesen durch diktatorische Elemente beherrscht wurde. Die Planwirtschaft bestand in einem ökonomischen Dirigismus und statt Volkseigentum waren Produktionsstätten und -mittel Staatseigentum. Weitgehend erfüllt wurde der soziale Anspruch. Doch auf diesen läßt sich Sozialismus nicht reduzieren. Die DDR war kein sozialistischer Staat, weil ihr die dazu notwendigen emanzipatorischen Voraussetzungen fehlten.

Deshalb begann sich nach anfänglicher Zustimmung ein Teil der Bevölkerung zunehmend von der SED und dem Staat zu entfremden und richtete seinen Blick begehrlich auf den anderen deutschen Staat, der mehr Wohlstand und Reisefreiheit versprach. Wie bereits erwähnt, blieb es bei vielen nicht beim Blick, sondern sie verließen die DDR in Richtung Westen. Mit dem Massenexodus drohte ein Zusammenbruch der DDR, der mit dem Bau der Mauer im August 1961 verhindert wurde und die Bürger zwang, sich mit dem Staat DDR zu arrangieren. Der Anpassungsdruck wurde dadurch begünstigt, daß sich die wirtschaftliche Lage im Land deutlich zu bessern begann. Die Errichtung der Mauer hatte eine politische und wirtschaftliche Stabilisierung der DDR zur Folge und machte ihren Bürgern zugleich deutlich, daß es auf absehbare Zeit keine andere Entwicklung geben würde. Die DDR fand in Überwindung der bundesdeutschen Hallstein-Doktrin, mit Aufnahme diplomatischer Beziehungen zu zahlreichen Staaten, breite internationale Anerkennung und wurde schließlich gemeinsam mit der Bundesrepublik im Jahr 1973 in die UNO aufgenommen. Die beeindruckenden außenpolitischen Erfolge und das Scheitern der Hallstein-Doktrin verhalfen der DDR auch im Inneren zu einer breiteren Zustimmung.

Die Verbesserung der Lebensverhältnisse und die gewährten Sozialleistungen verfehlten zunächst ihre Wirkung nicht. Sie wurden von den Menschen gern in Anspruch genommen und auch ausgenutzt, erfuhren aber von einer Mehrheit keine Würdigung, da sie ohne Gegenleistungen gewährt wurden. Trotzdem entwickelte sich in der DDR ein Wertekanon, der von der Bevölkerung erst nach der Vereinigung mit der Bundesrepublik als solcher begriffen wurde. Er umfaßte das Streben nach Gleichheit, Gerechtigkeit und der Wahrnehmung einer sozialen Verantwortung durch den Staat. Zu den sozialen Grundrechten gehörten das Recht auf Arbeit, eine kostenlose gesundheitliche Betreuung, umfassende Bildung und Ausbildung, Gleichberechtigung der Geschlechter, bezahlbarer Wohnraum und Zugang zur Kultur für jeden.

Der Wunsch nach einem Konsum, der über die Versorgung der Grundbedürfnisse hinausgeht, wurde lange nicht anerkannt, weil die wirtschaftliche Lage der DDR es nicht erlaubte, ihn umfassend zu erfüllen. Ein Konsumdenken begann sich erst allmählich mit dem Heranwachsen der Nachkriegsgenerationen zu entwickeln. Demokratie als Grundwert einer Gesellschaft spielte im Denken einer Mehrheit der DDR-Bürger eine untergeordnete Rolle, da sie von ihnen nie erlebt wurde. Schaffung und Bewahrung von Eigentum gehörte ebenfalls nicht zu den zentralen Anliegen des DDR-Bürgers, da ohne den Besitz von Produktionsmitteln und die Möglichkeit von Börsenspekulation der Anhäufung von privatem Reichtum Grenzen gesetzt sind. Die Einschränkung der bürgerlichen Menschenrechte wurde nur von einer Minderheit wahrgenommen.

Als gesellschaftliche Werte wurde durch die SED und gesellschaftliche Organisationen versucht, den Gedanken der Völkerfreundschaft, Friedenswillen und den Antifaschismus zu vermitteln. Die Forderung nach Freundschaft zu den "Brüdervölkern", insbesondere zur Sowjetunion, mußte in der Breite scheitern. Es wurde den Menschen nicht die Möglichkeit geboten, spontan auf privater Basis persönliche und freundschaftliche Kontakte zu Ausländern zu knüpfen. Im Gegenteil, die in der DDR lebenden Vietnamesen, Schwarzafrikaner und Angehörigen der Sowjetarmee wurden vor der Bevölkerung weitgehend isoliert. Die Friedenspolitik der DDR fand dagegen breite Anerkennung. Der Antifaschismus als Wert war nicht nur aufgepfropft, wenn das Bekenntnis zu ihm auch generationsabhängig unterschiedlich war. Die Generation der Älteren, die sogenannte Aufbaugeneration, die den Nationalsozialismus und seine Verbrechen persönlich erlebt hatte, lehnte letzteren aus innerer Überzeugung ab. Anders sah es bei den Nachgeborenen aus, die bereits in zeitlicher Distanz zum nationalsozialistischen Deutschland lebten. Bei vielen von ihnen, wenn nicht der Mehrheit, war der Antifaschismus zum Ritual erstarrt und nicht Bestandteil ihrer Erinnerungskultur. Nicht wegzudiskutieren ist die Tatsache, daß bei einem Teil der Bevölkerung Antisemitismus, Fremdenfeindlichkeit und auch rechtes Gedankengut Zustimmung fanden. Es war jedoch unausgesprochener Konsens, daß derartige Auffassungen nicht in der Öffentlichkeit verbreitet werden durften, da in diesem Fall mit Strafverfolgung zu rechnen war. Ein sich so artikulierender Meinungspluralismus war zu Recht nicht gestattet.

Wenn die gesellschaftlichen Werte unabhängig von der Sozialstruktur in allen Gesellschaftsschichten auch eine weitgehende Übereinstimmung zeigen, so ergeben sich doch Unterschiede als Folge der Diversität von Denkstrukturen, Erfahrungshorizonten und Wahrnehmungsmustern verschiedener sozialer Schichten. Zwar wurde in der DDR gern vollmundig von der Einheit der Intelligenz mit dem werktätigen Volk, den Arbeitern und den Bauern gesprochen, doch bestand eine derartige Einheit in der Realität nicht. Obwohl die Intelligenz der DDR, und damit ihre Wissenschaftler, im Ergebnis ihrer sozialen Herkunft tiefer als die der Bundesrepublik mit breiten Schichten der Bevölkerung verwurzelt waren, genoß sie bei dieser keine allzu große Anerkennung. Mit dem Aufstieg in eine andere soziale Schicht gehen tradierte soziale Werte und Beziehungen verloren, neue dominieren. Es entsteht eine soziale Distanz zum ursprünglichen Sozialmilieu, der sich auch nicht durch einen "Einsatz in der Produktion" aufheben ließ. Dies war eine beliebte Maßnahme der SED, um aufmüpfige Angehörige der Intelligenz zur Raison zu bringen. Der gewünschte Erfolg stellte sich nur selten ein.

Im Ergebnis des unterschiedlichen kulturellen und Bildungskapitals und der dadurch begründeten sozialen Distanz, bestand in der DDR zwischen der Mehrheit der Funktionseliten und der übrigen Bevölkerung eine erkennbare Kluft. So fand der 17. Juni 1953 bei der ostdeutschen Intelligenz kein breites Echo, wie bei Werner Mittenzwei nachzulesen. Im Jahr 1956 interessierten die Arbeiter sich nicht für die Auseinandersetzung bestimmter Kreise der Intelligenz mit der "Macht". Es ging damals um Intellektuelle wie die bereits erwähnten Wolfgang Harich, Walter Janka, Erich Loest oder Gerhard Zwerenz, die sich um eine Reformierung des Sozialismus bemühten. Das Gleiche gilt für die spätere Ausbürgerung von Wolf Biermann, die in der Breite der Bevölkerung nicht reflektiert wurde. Auch zwischen der wissenschaftlich-technischen Intelligenz und den Kulturschaffenden der DDR bestand kein politisches Bündnis. Allein Literaten und Filmschaffende hatten sich im Ergebnis ihrer Öffentlichkeitswirkung der Bevormundung durch die SED zu erwehren. Der Schriftsteller und Drehbuchautor Klaus Poche läßt in seinem Roman "Atemnot" erkennen, welchem Druck ein Autor ausgesetzt war, wenn er nicht den ideologischen Vorgaben der SED folgte. Eine der wenigen Ausnahmen aus den Kreisen der Naturwissenschaftler war der Physiker Robert Havemann.

Partei- und Staatsführung waren entschiedene Gegner des Nationalsozialismus, versäumten aber eine in die Tiefe gehende Auseinandersetzung mit seinen Wurzeln und die Beantwortung der Frage, warum die Angehörigen der Arbeiterschaft den Lockrufen der Nationalsozialisten bis zum bitteren Ende gefolgt waren. Aktive Nationalsozialisten und Verbrecher aus ihren Reihen, konnten in der DDR keine führenden Positionen erlangen. Kriegsverbrecher wurden konsequent einer Verurteilung zugeführt. In diesem Prozeß gab es formal z.T. beträchtliche rechtsstaatliche Defizite, die besonders an den Waldheim-Prozessen festzumachen sind. Trotzdem wurden in der Mehrheit keine Urteile gegen Unschuldige ausgesprochen. Auf der anderen Seite entsprach der Prozeß gegen die Teilnehmer an der Köpenicker Blutwoche in Berlin auch formaljuristisch rechtsstaatlichen Ansprüchen. Zu diesem Schluß gelangen aus gerichtsmedizinischer Sicht Gunther Geserick et. al. Die verhängten Strafen entsprachen der Schwere des Verbrechens.

Der westdeutsche Staat, die Bundesrepublik Deutschland, ebenfalls geprägt von ihren Besatzungsmächten, schlug einen anderen Weg als die DDR ein. Sie knüpfte an die Erfahrungen der Weimarer Republik und die demokratische Verfaßtheit der westlichen Alliierten an. Ohne Mitwirkung der Bevölkerung gegründet, bezog dieser Staat seine Legitimation aus demokratischen Wahlen und dem Anspruch auf Rechtsstaatlichkeit.

Die Bundesrepublik versteht sich als eine pluralistische Demokratie, weshalb der Begriff des Pluralismus in verschiedenen Wortkombinationen auftaucht wie politischer Pluralismus, Parteienpluralismus, Interessenpluralismus oder Meinungspluralismus. Im Gegensatz zum Totalitarismus berücksichtigt der Pluralismus die Existenz verschiedener Interessengruppen in der Gesellschaft mit ihren politischen Parteien, Verbänden und Wertevorstellungen. Diese Interessengruppen stehen miteinander in Konkurrenz. Im Ergebnis differenter ökonomischer und politischer Stärke ist ihr Durchsetzungsvermögen in der Gesellschaft unterschiedlich. Aufgabe des Staates ist es, den Interessenausgleich zwischen ihnen zu gewährleisten, um die einseitige Realisierung der Forderungen einer oder mehrerer hegemonialer Gruppen zu verhindern. Da der Staat in der Regel den Interessen der bestimmenden Gruppen der Gesellschaft entspricht, sind der praktischen Umsetzung des Pluralismus enge Grenzen gesetzt.

Wahrer Pluralismus impliziert die Fähigkeit Konflikte zwischen den verschiedenen Interessengruppen auszutragen mit dem Ziel eines Konsenses. Toleranz ist deshalb ein zwingender Bestandteil des Pluralismus mit der Bereitschaft der Anerkennung der Meinung des Anderen. Hemmungsloser Pluralismus beinhaltet die Gefahr unkontrollierter und beliebiger Vielfalt. Er erfordert deshalb eine Begrenzung durch das Recht, um einen zerstörerischen Pluralismus zu verhindern. Von dem skizzierten Idealfall ist jedoch die politische Kultur der Bundesrepublik weit entfernt, wie der Umgang mit der PDS demonstriert.

In Konsequenz des Parteienpluralismus wurde und wird das politische Leben der Bundesrepublik von mehreren miteinander konkurrierenden demokratischen Parteien bestimmt. Eine Fundamentalopposition wird nicht geduldet, was in dem Verbot der Kommunistischen Partei zum Ausdruck kommt. Die Parteien konkurrieren in demokratischen und geheimen Wahlen um die Regierungsverantwortung. Die Beziehungen zwischen Bevölkerung und Regierung realisieren sich über den Mechanismus der parlamentarischen Demokratie. Die Volksvertreter im Bundestag, in den Landesparlamenten sowie Kommunalparlamenten erhalten ihre Legitimation durch allgemeine und geheime Wahlen. Mit diesen erschöpft sich die demokratische Mitwirkung der Bevölkerung, die mit der Wahl der Abgeordneten ihre Verantwortung an diese delegiert. Alle Entscheidungen und Beschlüsse zu Gesetzen erfolgen unabhängig von dem Willen der Bevölkerung, der durchaus nicht mit dem der Regierung und politischen Eliten übereinstimmen muß.

Der Wähler besitzt ebenso wie die Basis der Parteien keinen Einfluß auf die Aufstellung der Direktkandidaten und die personelle Zusammensetzung der Kandidatenlisten für die Wahlen zum Parlament. Die Kandidaten werden zwischen den Fraktionsvorsitzenden im Bundestag und in den Landesparlamenten sowie den Führungsgremien der Parteien ausgehandelt. Sie erfahren auf Sonderparteitagen eine Bestätigung, zu denen handverlesene Parteimitglieder delegiert werden. Deren Zustimmung kann die Parteiführung sich sicher sein. Die demokratische Mitwirkung der Bürger beschränkt sich somit auf die alle vier Jahre stattfindenden Wahlen. Andere Möglichkeiten der Teilhabe an der Demokratie sind nicht vorgesehen. Die Einführung plebiszitärer Elemente stieß und stößt auf den entschiedenen Widerstand der bürgerlich-konservativen Kreise. So erweist sich auch die bürgerliche Demokratie als beschränkt. Sie schließt große Teile der Gesellschaft von ihrer Teilhabe aus.

Die Mitwirkung der Bevölkerung beim Treffen wichtiger politischer Entscheidungen wie z.B. der Verabschiedung der Europäischen Verfassung ist bei den politischen Eliten unerwünscht. Diese Auffassung vertrat der Sozialwissenschaftler Jürgen Kocka, Präsident des Wissenschaftszentrums Berlin für Sozialforschung, in einer Sendung des Deutschlandfunks am 1. Juni 2005. Derartige Meinungen widersprechen der immer wieder zu hörenden Beschwörung der Bedeutung des mündigen Bürgers für die Demokratie. Der Gefahr, daß dieser unter Berücksichtigung seiner Interessen und nicht der häufig in Widerspruch zu diesen stehenden der politischen Elite entscheidet, begegnet letztere indem sie den Bürger de facto politisch entmündigt. In derartigen Situationen würden die politischen Eliten am liebsten dem Vorschlag von Bertolt Brecht folgen und sich ein anderes Volk wählen.

Im Bundestag finden sich keine Arbeitnehmer. Es dominieren Juristen, Lehrer, Mittelständler, Akademiker und Unternehmer sowie Parteisoldaten. Bei den Parlamentariern handelt es sich mehrheitlich um Berufspolitiker, die keinen repräsentativen Querschnitt des Staatsvolkes darstellen. Die soziale Distanz zur Bevölkerung ist entsprechend groß. Die Abgeordneten sind enger mit den Interessengruppen der Wirtschaft verbunden als mit ihren Wählern.

Die politischen Ordnungsstrukturen der Bundesrepublik beruhen auf der Existenz des freien Marktes mit der Garantie des Privateigentums als entscheidende Voraussetzung für eine funktionierende Wirtschaft. Die Gewähr des Privateigentums gilt auch für Unternehmen und Produktionsmittel, Grund und Boden einschließlich von Bodenschätzen sowie Versicherungen und Banken. Darüber hinaus wurden nach dem Krieg wieder Aktien und Börsengeschäfte ermöglicht mit der Chance, Kapital allein durch Spekulation ohne eigene Leistung des Aktionärs zu erwerben. Auf dem Markt bewegen sich miteinander konkurrierende Unternehmen. Durch ihren Zusammenschluß zu Kartellen gewannen sie eine marktbeherrschende Stellung, die die Regulation des Preises durch Angebot und Nachfrage unterlaufen.

So lange die sozialistische Konkurrenz existierte, das gilt vor allem für die DDR als unmittelbarem Nachbarn der Bundesrepublik, agierte der Markt unter dem Logo einer sozialen Marktwirtschaft. Reguliert durch den Staat nahm die Wirtschaft ihre soziale Verantwortung wahr, entsprechend dem Artikel 14 GG, wonach Eigentum verpflichtet. Dieser soziale Anspruch ist auch im Artikel 20 GG festgeschrieben, der die Bundesrepublik als einen sozialen und demokratischen Bundesstaat definiert. Wie die gegenwärtige Entwicklung unterstreicht, wäre ohne die sozialen Herausforderungen der DDR der soziale Anspruch des Grundgesetzes nicht realisiert worden.

Die sozialen Strukturen entsprachen in der Bundesrepublik denen des nationalsozialistischen Vorgängerstaates. Im Gegensatz zur DDR erfolgte nach dem 2. Weltkrieg kein grundsätzlicher Wandel der sozialen Schichtung der Gesellschaft. Das Groß- und Bildungsbürgertum blieben erhalten ebenso wie die Schicht der Unternehmer und Besitzenden. Trotzdem vollzog sich ein bewußt von der Politik gesteuerter Wandel. Im Ergebnis des Wirtschaftswachstums und des steigenden Wohlstands breiter Bevölkerungsschichten etablierte sich eine nivellierte Mittelstandsgesellschaft mit zunehmender Differenzierung in Ober- und Unterschichten. Die Funktionseliten rekrutierten sich wie in der Vergangenheit aus den Mittel- und Oberschichten. Die Chance für einen sozialen Aufstieg blieb bei den Unterschichten unverändert gering. Die Bundesrepublik zeichnete sich im Gegensatz zur DDR durch eine funktionierende Zivilgesellschaft als Widerpart zum Staat aus. Eine nicht durch staatliche Vorgaben gesteuerte Zivilgesellschaft ist kennzeichnend für eine pluralistische Lebenswelt. Weiterhin ist für die Bundesrepublik das Vorhandensein einer medialen Öffentlichkeit charakteristisch.

In Konsequenz der politischen und wirtschaftlichen Grundlagen der Bundesrepublik und ihrer sozialen Struktur entwickelte sich ein Wertekanon, der sich grundsätzlich von dem in der DDR unterschied. Bei den individuellen Werten gab es einzelne Übereinstimmungen im Ergebnis der gemeinsamen Vergangenheit. Die gesellschaftlichen Werte dagegen unterschieden sich deutlich. Sie, wie auch die individuellen, sind auf die materiellen Aspekte der Lebensverhältnisse ausgerichtet. Einen zentralen Wert von Individuum und Gesellschaft stellt das Eigentum dar mit dem Ziel, es zu mehren. Besondere Anerkennung finden die bürgerlichen Freiheitsrechte. Sie stellen keinen Kostenfaktor dar, der die Wirtschaft oder den Staat belastet. Die Gewährung sozialer Rechte ordnet sich erst am Ende der Werteskala ein, da ihre Realisierung in beträchtlichem Umfang finanzielle Mittel erfordert. Ein ausgesprochener Individualismus mit der Forderung nach Selbstbestimmung, Selbstverwirklichung und Selbstdarstellung gehört ebenfalls zu den bestimmenden Werten. Der Antifaschismus erfährt keine besondere Aufmerksamkeit. Das überrascht nicht unter Berücksichtigung der Tatsache, daß die bundesdeutsche Gesellschaft nach dem 2. Weltkrieg auf allen Ebenen von ehemaligen Angehörigen der NSDAP und ihrer Gliederungen durchsetzt war.

Im Fokus zentraler individueller und gesellschaftlicher Werte steht der Antikommunismus, der seit mehr als 100 Jahren zur deutschen Wirklichkeit gehört. Er begann im 19. Jahrhundert mit den Gesetzen gegen die Sozialdemokratie, war Bestandteil des politischen Denkens breiter Bevölkerungsschichten in der Weimarer Republik und erfuhr eine weitere Steigerung im nationalsozialistischen Deutschland. Daran änderte sich nichts in der Bundesrepublik. Die sozialistischen Staaten der Nachkriegszeit wurden als eine Bedrohung empfunden, die Eigentum und Wohlstand des Wirtschaftswunderlandes gefährdet. Es ist sicher nicht falsch, dem Antikommunismus der Bundesrepublik die gleiche einende Funktion zuzuweisen wie dem Antifaschismus der DDR. Der Antikommunismus war nicht nur das bestimmende ideologische Signum der Adenauer-Ära wie Kurt Sontheimer feststellte, sondern über seine Zeit hinaus bis zur Gegenwart.

Die Antipoden, die bis 1945 in einem Staat existierten, hatten sich mit ihren unterschiedlichen Denkstrukturen auf zwei Staaten aufgeteilt. Die politischen Eliten der Bundesrepublik dachten und denken deshalb zuerst antikommunistisch und dann demokratisch.

Die Anerkennung der Demokratie als einem Grundwert der Gesellschaft war in der Bundesrepublik Deutschland nicht eine Bezugsgröße der Bevölkerungsmehrheit. Der Anteil derjenigen, der sich bewußt mit dem Grundgesetz im Sinne eines Verfassungspatriotismus identifizierte, ist eher als gering einzuschätzen und bevorzugt in den Oberschichten der bundesrepublikanischen Gesellschaft zu suchen. Die Identität mit dem Staat Bundesrepublik gründete sich in der Vergangenheit bei einer Mehrheit seiner Bürger auf den Wohlfahrtsstaat. Der Freiheitsbegriff reduzierte sich für sie auf die Möglichkeit, in ferne Länder zu reisen und durch das eigene Auto die erforderliche Mobilität zu erlangen. Freiheit als geistige Freiheit findet nur unter Intellektuellen und ihnen Nahestehenden als wichtiger Wert Anerkennung. Das bewußte Erleben und Praktizieren von Demokratie spielte eine eher untergeordnete Rolle und erschöpfte sich im Wahlakt. Die soziale Marktwirtschaft erfuhr als Wert Anerkennung, weil sie die sozialen Risiken des Lebens absichern half und ein Garant für den bescheidenen individuellen Wohlstand schien.

Zu den Wurzeln des Antikommunismus gehört u.a. auch der moderate Umgang mit der nationalsozialistischen Vergangenheit. Wenn auch die westlichen Alliierten in Umsetzung des gemeinsam mit der Sowjetunion unterzeichneten Potsdamer Abkommens anfänglich Kriegsverbrecherprozesse durchführten, Todesurteile aussprachen und auch vollzogen, so begann sich das Bild sehr rasch zu wandeln. Der Umschwung setzte mit der Entfremdung der ehemaligen Kriegsverbündeten und dem Beginn des Kalten Krieges ein. Jetzt glaubten die westlichen Regierungen und das Adenauer-Kabinett gegen die vermeintliche Bedrohung aus dem Osten aufrüsten zu müssen. Es wurde deshalb dem Drängen von Konrad Adenauer nachgegeben, und die verurteilten Generale und Offiziere aus der Haft entlassen. Sie bauten die Bundeswehr auf, deren Führung aus Generalen und Offizieren bestand, die in der braunen Vergangenheit Deutschlands ihren Treueid auf Adolf Hitler geleistet und den militärischen Überfall auf die Länder Europas vorbereitet und durchgeführt hatten. Wie der Panzergeneral Heinz Guderian oder Erich von Manstein hatten sie nicht begriffen, daß sie als Werkzeug Adolf Hitlers einen wesentlichen Beitrag zur Durchsetzung seiner verbrecherischen Politik in Europa geleistet und sich damit mitschuldig an den nationalsozialistischen Untaten gemacht hatten. Diese Erinnerungen offenbaren, so Hannah Arendt *"ein so frappantes Unverständnis für die tatsächlichen Ereignisse und die Rollen, die die Verfasser selbst in ihrem Verlauf gespielt haben, daß sie sich selbst disqualifizieren und allenfalls noch ein gewisses psychologisches Interesse beanspruchen können"*.

Ebenso kehrten die Wirtschaftsverbrecher auf ihre alten Posten zurück und der Justizapparat, einschließlich der Richter und Staatsanwälte, die Tausende von politisch motivierten Todesurteilen ausgesprochen hatten, wurde reaktiviert. Der Artikel 131 GG garantierte, daß ehemalige Angehörige des öffentlichen Dienstes der Nazizeit in den der Bundesrepublik übernommen wurden. Verbot sich das aus politischen Gründen, so erfolgte eine vorzeitige Pensionierung mit einer honorigen Altersversorgung.

So gelangten mit wenigen Ausnahmen auch alle Hochschullehrer der Geistes- und Rechtswissenschaften wieder auf ihre Lehrstühle und erzogen die heranwachsende Jugend in ihrem, d.h. rechts-konservativen Sinn. Entsprechend wirkten die ebenfalls verbliebenen Lehrer an den allgemein bildenden Schulen. Analog wurde mit den Umsiedlern und Flüchtlingen aus den ehemaligen Ostgebieten verfahren mit der Konsequenz, daß der Anteil ehemaliger NSDAP-Mitglieder im öffentlichen Dienst größer war als zur Zeit der Nazi-Herrschaft. Wolf Jobst Siedler brachte diesen Umstand zweifelsfrei mit der Feststellung zum Ausdruck, *"... daß man nach 1945 im Westen nur Hitler und seine Herrschaftsinstrumente, die Spitzen der Partei und SS räumen mußte, und hinter all den Zerstörungen des Krieges kam eine wesentlich intakte Gesellschaft zum Vorschein"*.

Theodor Bergmann bestätigt diese Aussage am Beispiel zahlreicher Wissenschaftler, denen der weitgehend komplikationslose Übergang von der Nazizeit in die Ämter und Hörsäle der Bundesrepublik gelang, wie z.B. Theodor Maunz, der sich als Jurist zum nationalsozialistischen Verwaltungs- und Polizeirecht bekannt hatte. Wichtige staatstragende Institutionen wie der Justiz- und Verwaltungsapparat, die Universitäten und Kirchen blieben unangetastet. Nach Bergmann wurde nur alter Wein in neue Schläuche gegossen. Auf diese Problematik hatte bereits Karl Jaspers verwiesen: *"Nach dem Willen der Alliierten wurden in der Bundesrepublik die alten Politiker wieder maßgebend, die dafür verantwortlich waren, daß die Deutschen sich dem Hitlerregime unterwarfen."*

Es kann deshalb nicht überraschen, daß nationalsozialistische Denkmuster den Untergang des Regimes in vielen Köpfen bundesdeutscher Politiker überlebten, zumal ihnen ein rechts-konservatives Denkmuster nicht fremd war. Bei Norbert Frei ist nachzulesen, wie sich in der Bundesrepublik der Umgang mit der nationalsozialistischen Vergangenheit gestaltete.

In der Bewertung der beiden deutschen Staaten und der deutsch-deutschen Beziehungen gilt es, die Eigenheiten ihrer politischen Eliten zu berücksichtigen. Diese beruhten auf der sozialen Herkunft und damit personellen Zusammensetzung der Positionselite beider deutscher Staaten. Viele führenden Politiker der DDR kämpften aktiv gegen den Nationalsozialismus und litten dafür in Konzentrationslagern und Zuchthäusern. Sie kamen meist aus den unteren Schichten der bürgerlichen Gesellschaft.

Im Gegensatz hierzu waren zahlreiche Politiker der Bundesrepublik Mitglied der Nationalsozialistischen Deutschen Arbeiterpartei (NSDAP) gewesen und gehörten nicht zu den engagierten Gegnern des nationalsozialistischen Regimes. Unter ihnen fanden sich solche, die im Deutschen Reichstag am 24. März 1933 dem Ermächtigungsgesetz der Nationalsozialisten zugestimmt hatten. Zu ihnen gehörte der erste Bundespräsident Theodor Heuss. Ihrer sozialen Herkunft nach stammte die bundesdeutsche politische Elite aus dem bürgerlichen Milieu. In dem von der DDR herausgegebenen "Braunbuch" (Podewin) wurde diese personelle Konstanz dokumentiert. Auch bei Norbert Frei und Ernst Klee läßt sich nachlesen, welche Positionen Eliten in Deutschland vor und nach 1945 einnahmen. So war ein kaum zu überbrückendes politisches Spannungsfeld zwischen Ost und West vorgegeben.

Die vorstehend beschrieben Besonderheiten in der Entwicklung der beiden deutschen Staaten lassen sich nicht durch einen eingeengten Blick auf die DDR erklären. Die DDR war kein isolierter, nur aus seiner inneren Struktur und Entwicklung zu begreifender Staat. Um seine kurze und wechselvolle Geschichte zu verstehen, bedarf es einer komplexen Betrachtungsweise, die nicht einzelne Faktoren aus dem Zusammenhang reißt und auf diesen ihr Urteil aufbaut. Es sind die Beziehungen der DDR zur Sowjetunion zu berücksichtigen, die der DDR in ihrer Eigenständigkeit bis zuletzt, auch unter Michael Gorbatschow, nur einen geringen Spielraum ließ ebenso wie der Einfluß der Bundesrepublik auf die DDR. Selbst der Politikwissenschaftler und Publizist Kurt Sontheimer gelangte zu der Feststellung: *"Wer die Gegenwart und die Zukunftsaufgaben des vereinigten Deutschland verstehen will, muß die Geschichte beider deutscher Staaten berücksichtigen."*

Dem ostdeutschen Historiker Rolf Badstübner ist darin zuzustimmen, daß die Geschichte der Berliner Republik nur zu begreifen ist, wenn sie als Doppelbiographie zweier Staaten und Gesellschaften verstanden wird, in der sich die Alt- wie die Neu-Bundesbürger wiederfinden und damit leben können. Viele Handlungen, die die Politik der DDR prägten, waren nicht Aktion, sondern Reaktion. Deshalb läßt sich die Geschichte der DDR nicht von der der Bundesrepublik trennen, wie es gegenwärtig geschieht. Es gibt trotz der 40-jährigen Spaltung nur eine gemeinsame deutsche Geschichte, die mit der militärischen Niederlage des Nationalsozialismus im Jahr 1945 einen Sonderweg einschlägt, der mit dem 3. Oktober 1990 endet. Wer diesem Zusammenhang ausweichen will, der hat entweder ein schlechtes Gewissen oder ist intellektuell überfordert.

Der kurze Rückblick auf die Entwicklung in Ost- und Westdeutschland nach 1945 unterstreicht den unterschiedlichen und in wesentlichen Punkten diametral entgegen gesetzten Werdegang in allen Bereichen ihrer staatlichen und gesellschaftlichen Existenz. Eine isolierte Betrachtung der beiden Staaten scheidet deshalb aus. Eine vergleichende Betrachtung beider politischer Systeme ist unerläßlich. Doch die Geschichte Deutschlands in der zweiten Hälfte des 20. Jahrhunderts als Doppelbiographie zweier Staaten stößt bei westdeutschen Politikern und Historikern weitgehend auf Ablehnung. Die DDR mit ihren Lebenszyklen wird aus dem kollektiven Gedächtnis ausgeblendet. Alle Darstellungen erfolgen allein aus westdeutscher Sicht und werden durch politische Vorurteile bestimmt. Die geschichtswissenschaftliche Normalität einer ausgewogenen Betrachtung wurde verlassen. Die DDR existiert nur als Beitrittsmasse zum Grundgesetz.

Das Resultat der fremdbestimmten Entwicklung nach dem Krieg waren nicht nur zwei Staaten, sondern zwei politisch und wirtschaftlich völlig unterschiedliche Systeme. Die Beziehungen zwischen den beiden deutschen Staaten erfolgten nicht selbstbestimmt auf der Grundlage deutscher Interessen, sondern sie hatten sich der politischen Großwetterlage anzupassen, die von dem Verhältnis zwischen der Sowjetunion und den USA bestimmt wurde.

Zwischen ihnen bestand ein gegenseitiges Bedrohungspotential dessen Übergang in einen heißen Krieg durch das atomare Patt verhindert wurde. Die mit dem Ende des 2. Weltkrieges entstandenen globalen Interessenssphären wurden gegenseitig respektiert. Der Westen war zu keiner Zeit daran interessiert, das bestehende Machtgleichgewicht aufs Spiel zu setzen. Selbst die Kubakrise im Oktober 1962 konnte bei aller Gefährlichkeit keinen Atomkrieg auslösen und wurde durch einen Kompromiß beendet. Der Westen griff deshalb auch nicht am 17. Juni 1953 ein und verurteilte das gewaltsame Vorgehen der Sowjetunion gegen die Aufständischen im Oktober 1956 in Budapest nur verbal. Der Einmarsch der Sowjetarmee und ihrer Verbündeten in die CSSR im Jahre 1968 lockte den Westen nicht aus der Reserve. Auch die Errichtung der Mauer in Berlin am 13. August 1961 und die damit vollzogene territoriale Abgrenzung der DDR gegenüber der Bundesrepublik konnte keine Reaktion des Westens auslösen, die auf eine Verhinderung dieses Vorgangs zielte.

Die friedliche Revolution in der DDR

Die friedliche Revolution des Jahres 1989, so überraschend sie für alle Beteiligten kam, hatte ihre warnenden Signale vorausgeschickt. Eine sorgfältige Analyse, die offensichtlich weder von Seiten der politischen und wissenschaftlichen Elite der DDR noch der der Bundesrepublik erfolgte, hätte das Heraufziehen des politischen Gewitters zumindest erahnen lassen können. Diese Vorzeichen sendeten die Sowjetunion, Polen und die DDR selbst. Begriffen wurde sie offensichtlich allein von den Amerikanern, worauf Klaus Eichner und Ernst Langrock verweisen. Die Sowjetunion zeigte zunehmende Zeichen des wirtschaftlichen Verfalls. Militärisch endete das Abenteuer Afghanistan mit tausenden toter Soldaten und einer militärischen Niederlage. Die Lebensverhältnisse ihrer Bevölkerung waren selbst aus der Sicht eines DDR-Bürgers mehr als dürftig, wenn sie offensichtlich von den durch Leid geprüften russischen Menschen auch ohne Aufbegehren ertragen wurden. Die verbliebene Macht des Systems stützte sich nur noch auf seine Atomraketen. Polen war im politischen Wandel begriffen und Ungarn löste sich behutsam von der Vorherrschaft Moskaus.

In wie weit der politische und gesellschaftliche Wandel in den osteuropäischen Ländern und auch der DDR allein das Resultat spontaner Aktionen der dort lebenden Menschen darstellte, muß so lange ungewiß bleiben, wie die Archive der westlichen Geheimdienste und Regierungen der Öffentlichkeit verschlossen bleiben. Schon jetzt besteht kein Zweifel, daß die Veränderungen in der Republik Polen das Resultat einer abgestimmten Connection von Papst Johannes II., dem amerikanischen Geheimdienst und der US-Regierung darstellen, die eine zweifellos vorhandene Unzufriedenheit der Bevölkerung so kanalisierten, daß unter Ausnutzung antirussischer Ressentiments die Rekapitalisierung des Landes mit all ihren negativen Konsequenzen für die Bevölkerung die Folge war.

War die direkte Einmischung in die inneren Angelegenheiten eines fremden Staates in der Vergangenheit weitgehend ein Tabu, so gehört sie gegenwärtig zum politischen Instrumentarium der USA und der EU-Staaten. Nationale Selbstbestimmung weicht internationaler Fremdbestimmung. Ausgenommen sind die Partner im eigenen Machtbereich. Die innere Verfaßtheit parlamentarischer Demokratien ist eo ipso rechtens, selbst wenn grobe Verstöße z.B. gegen die Menschenrechte vorliegen, wie z.B. durch die USA.

In der DDR verhielt sich die Bevölkerung, abgesehen vom 17. Juni 1953, gegenüber dem politischen System loyal, wenn auch zunehmend Unzufriedenheit zu spüren war. Große Hoffnungen verknüpften sich bei den Menschen mit den Deutschland-Verträgen und dem Korb III der KSZE am 1. August 1975 in Helsinki, der sich mit der Erleichterung menschlicher Kontakte und der Grenzen überschreitenden Verbreitung von Presseprodukten und elektronischen Medien beschäftigte. Erwartungen auf Erleichterungen im Reiseverkehr verknüpften sich auch mit dem Viermächteabkommen über Berlin 1971 und dem daraus abgeleiteten Transitabkommen zwischen der DDR und der Bundesrepublik Deutschland sowie dem Grundlagenvertrag 1972.

Für die Westdeutschen erwuchsen aus diesen Abkommen eindeutig Verbesserungen im Verkehr zwischen der Bundesrepublik und Westberlin. Doch die Hoffnungen der DDR-Bürger wurden enttäuscht. Die Abgrenzungspolitik gegenüber der Bundesrepublik wurde in den folgenden Jahren verstärkt. Damit einher ging eine Zunahme der Überwachung der eigenen Bürger durch das Ministerium für Staatssicherheit. Gleichzeitig erfolgte eine Reaktivierung des Kalten Krieges in abgeschwächter Form mit der Stationierung von sowjetischen und amerikanischen Mittelstreckenraketen auf deutschem Boden, die aber letztlich im Jahre 1987 zum Vertrag über die Abrüstung dieser Waffen führte.

Ernsthafte Opposition, worauf bereits hingewiesen wurde, erwuchs nur aus den Reihen der SED bis hinauf zu Mitgliedern ihres Politbüros. Es sei beispielsweise auf Anton Ackermann (Kandidat des Politbüros der SED), Max Fechner (Justizminister), Rudolf Herrnstadt (Mitglied des ZK der SED), Paul Merker (Mitglied des Politbüros der SED) oder Wilhelm Zaisser (Mitglied des Politbüros der SED) verwiesen. Generell bleibt festzuhalten, daß in den eigenen Reihen am stärksten auf einen demokratischen Wandel gedrängt wurde. Dieser Widerstand aus der eigenen Partei wurde auch am massivsten unterdrückt. Zu verweisen ist z.b. auf den Sozialökologen Rudolf Bahro, den Wirtschaftswissenschaftler Fritz Behrens, den Juristen Rolf Hinrich oder den Historiker Walter Markov. Ein ernsthafter Widerstand außerhalb der Reihen der SED war mit Ausnahmen bis zum Jahr 1988 zu keiner Zeit zu verspüren. Dem Buch von Ehrhart Neubert läßt sich entnehmen, daß in der Endphase der DDR die Zahl der oppositionellen Aktivisten etwa 2000 Menschen umfaßte.

Unabhängig von diesen politisch motivierten Aktivitäten machte sich unter der Bevölkerung zunehmend Unzufriedenheit bemerkbar. Diese beruhte auf den ständigen Schwierigkeiten in der Versorgung, dem Mangel an hochwertigen Konsumgütern und bei den jungen Menschen auf der Verweigerung einer Reiseerlaubnis zum Besuch der Bundesrepublik. Das Faß kam zum Überlaufen, als bei den Kommunalwahlen am 7. Mai 1989 durch kritische Wähler und Bürgerrechtler Fälschungen der Wahlergebnisse festgestellt wurden. Diese hatten zum Ziel, eine nahezu 100% Stimmabgabe für die Kandidaten der Nationalen Front zu dokumentieren.

Hunderttausende von DDR-Bürgern hatten inzwischen einen Ausreiseantrag gestellt, der in einer Vielzahl der Fälle genehmigt wurde, in der Hoffnung damit ein Unruhepotential los zu werden. Es brach eine Art Ausreisepsychose aus. Trotz dieser bedrohlichen Situation verhielt sich die Partei- und Staatsführung wie paralysiert. Erich Honecker war erkrankt und das leck geschlagene Schiff DDR schlingerte führungslos auf den Wogen der keimenden Empörung. Politisch herrschte die Ruhe vor dem Sturm. Am 11. September 1989 öffnete Ungarn seine Grenzen für ausreisewillige DDR-Bürger, und es bildeten sich die ersten oppositionellen Organisationen, von denen die wichtigsten das "Neue Forum", "Demokratie jetzt" und "Demokratischer Aufbruch" waren. In Prag füllte sich die Botschaft der Bundesrepublik mit Flüchtlingen aus der DDR. Sie durften nach Verhandlungen zwischen der DDR und der Bundesrepublik die Botschaft verlassen. Die Züge in den Westen mußten jedoch die DDR passieren, was in Dresden Demonstrationen der Bevölkerung mit gewaltsamem Vorgehen der Volkspolizei provozierte.

Die revolutionäre Herbstbewegung des Jahres 1989 war das Ergebnis der Aktivitäten von Bürgerrechtlern sowie von Angehörigen der Funktionseliten. Nur eine Minderheit letzterer, opponierte offen. Die Mehrheit funktionierte stillschweigend, obwohl sie sich in weiten Teilen nicht mit der realitätsfernen und z.T. menschenrechtswidrigen Politik vom SED-Politbüro und der DDR-Regierung identifizierte. Sie erwartete positive Impulse von dem bevorstehenden Parteitag der SED und setzte auf eine "biologische" Lösung, ohne sich aus den Schützengräben des Opportunismus herauswagen zu müssen.

In der von Jens König herausgegebenen Biographie von Gregor Gysi läßt sich nachlesen, in welchem Zwiespalt die politisch denkenden Angehörigen der DDR-Intelligenz lebten, der sie mit Ausnahmen letztlich schweigen und jeglichen Widerstand oder das ernsthafte Bemühen um Veränderungen, vermissen ließ.

Die Bevölkerung wurde in ihrer überwiegenden Mehrheit erst aktiv, als es weitgehend ungefährlich war auf die Straße zu ziehen. Im Gegensatz zu den politisch engagierten Gruppen der Intelligenz verhielt sie sich weitgehend neutral. Die Regimekritiker haben nicht mehr als 15% der Bevölkerung hinter sich bringen können. Die Masse schwieg und paßte sich an. Im Herbst 1989 war es zwar eine bedeutende, aber trotzdem Minderheit der Bevölkerung, die nach und nach auf die Straße ging. Eine Mehrheit verfolgte das Geschehen gespannt und abwartend vor dem Fernsehschirm. Als es im Süden der Republik schon heftig gärte, herrschte im Norden noch weitgehend Ruhe. Doch ein Blick in die Geschichte zeigt, daß eine engagierte Minderheit genügt, um gesellschaftliche Veränderungen einzuleiten.

Die Massen, die den Karl-Marx-Platz in Leipzig und die Märkte anderer Städte bevölkerten, handelten nicht nach rationaler Einsicht, sondern folgten unter

Aufgabe ihrer Individualität den Parolen eines kleinen Kristallisationskerns. Die Masse denkt nicht, sie handelt und folgt den in sie von außen hinein getragenen Meinungen. Sie stand in der DDR zunehmend unter dem Einfluß von Parolen, die in der alten Bundesrepublik formuliert wurden. Der Einzelne, so Gustave Le Bon, ist sich in der Masse seiner Handlungen nicht mehr bewußt.

Mit Michael Gorbatschow war eine neue Periode der internationalen Politik angebrochen, die letztlich eine Schwächung der Position der Sowjetunion mit ihrem Zerfall bedeutete, die Aufgabe der Breschnew-Doktrin zur eingeschränkten Souveränität der sozialistischen Staaten beinhaltete und zu einem politischen Zerwürfnis zwischen DDR und Sowjetunion führte. Schließlich wurde die DDR durch die Sowjetunion zur Disposition gestellt, was den Wandel in der DDR beschleunigte.

Erich Honecker mußte unter dem Druck der Straße am 18. Oktober 1989 das Zepter der Macht aus der Hand geben. Es folgte Egon Krenz, der sich von den Fesseln der Vergangenheit nicht lösen konnte. Hans Modrow, der damalige Hoffnungsträger, wurde Ministerpräsident der DDR. Am 4. November 1989 fand in Berlin eine gewaltige Demonstration auf dem Alexanderplatz mit 500 000 Teilnehmern statt, die noch den Keim des Versuchs einer reformierten DDR in sich trug. Sie stieß deshalb im Westen nicht auf uneingeschränkte Zustimmung und findet folglich in der gegenwärtigen Erinnerungskultur nur marginale Beachtung.

Die Zielstellung einer reformierten DDR vertraten zahlreiche ihrer Intellektuellen und Teile der Funktionseliten, die den noch am 26. November 1989 erschienenen Aufruf "Für unser Land" in der Hoffnung unterzeichnet hatten, so eine überstürzte und unvorbereitete Vereinigung mit der alten Bundesrepublik zu verhindern. Dieses hilflose Aufbegehren kam zu spät und fand in der Bevölkerung kein Echo. Es mußte zu spät kommen, weil ein sichtlich verwirrter Günter Schabowski, mehr ungewollt als gewollt, am 9. November 1989 in seiner schnoddrigen Art beiläufig in einer Pressekonferenz die Öffnung der Mauer herbeigeredet hatte. Günter Schabowski – schon bald sollte sich herausstellen, daß er, vergleichbar dem Russen Alexander Jakowlew, zu einem erbitterten Gegner seiner eigenen Vergangenheit wird, die er bis zu ihrem bitteren Ende als Mitglied des Politbüros und 1. Sekretär der SED-Bezirksleitung von Berlin mit getragen hatte.

Mit dem Ruf "Wahnsinn" strömten zehntausende Ostberliner in den Westteil der Stadt, erstarrend vor dem Glanz und Glamour, der auf sie unvorbereitet eindrang und den gefüllten Regalen in den Kaufmärkten, die ihre Begehrlichkeiten weckten. Gierig wurde nach dem sogenannten Begrüßungsgeld gegriffen, um sich die ersten Kaufwünsche zu erfüllen. Dabei spielten sich z.T. entwürdigende Szenen ab. Die Grenzen zur Bundesrepublik fielen ebenfalls. Durch den offenen Grenzzaun strömten die Ostdeutschen in ihren, dicke Abgaswolken ausstoßenden "Trabis" und "Wartburgs", in das Land, von dem sie glaubten, daß dort Milch und Honig fließt.

Von diesem Zeitpunkt an war das Schicksal der DDR besiegelt, die mit der unkontrollierten Öffnung der Mauer ein entscheidendes Verhandlungspfand leichtfertig aus der Hand gegeben hatte. Die SED mußte ihren Machtanspruch aufgeben und ihre Mitglieder verließen sie in Massen. Der am 7. Dezember 1989 erstmals zusammentretende "Runde Tisch", an dem Vertreter aller politischen Parteien und Organisationen Platz genommen hatten, forderte demokratische Wahlen ein und spielte in den nächsten Monaten eine wichtige Rolle bei der weiteren politischen Entwicklung in der DDR. All dies konnte ihren Untergang nur verzögern, aber nicht aufhalten. Spätestens mit dem 19. Dezember 1989 mußte ihr bevorstehendes Ende auch dem Letzten deutlich sein, als der westdeutsche Bundeskanzler Helmut Kohl in Dresden als Redner auftrat und von Hunderttausenden enthusiastisch gefeiert wurde.

Es lebe die Deutsche Demokratische Republik, so tönte es aus den Lautsprechern an den Demonstrationsmeilen zu den Jahrestagen der DDR. Obwohl dieser Republik von ihren Gründern eine nicht enden sollende Zukunft vorausgesagt wurde, brach sie im Herbst 1989 wie ein Kartenhaus in sich zusammen. Es war eine friedliche Revolution, die ihr, ohne daß ein Schuß gefallen wäre, ein unrühmliches Ende bereitete. Die Bevölkerung wollte das Alte nicht mehr, und das Politbüro konnte nicht mehr, um ein Revolutionskriterium von Lenin in abgewandelter Form in Erinnerung zu rufen.

Der gern verwendete Terminus von der "friedlichen Revolution" besitzt jedoch nur für die kurze Periode von der ersten Massendemonstration in Leipzig bis zu den Volkskammerwahlen im März 1990 Gültigkeit. Im Grunde läßt sich diese Phase auf die letzten drei Monate des Jahres 1989 einschränken, denn obwohl die DDR formal noch ein dreiviertel Jahr länger bestand, übernahm zunehmend die politische Führung der Bundesrepublik die Regie zum weiteren Ablauf des Geschehens.

Der friedliche Verlauf des Zusammenbruchs der DDR widersprach allen bisherigen geschichtlichen Erfahrungen, wonach die zum Untergang verurteilte herrschende Klasse stets mit Waffengewalt versuchte, ihr Ende aufzuhalten. Die Voraussetzungen für ein gewaltsames Vorgehen gegen die Demonstranten waren in der DDR mit der Nationalen Volksarmee, der Volkspolizei, den bewaffneten Einheiten des Ministeriums für Staatssicherheit und den Kampfgruppen durchaus gegeben. Die entscheidende Ursache für ihr Stillhalten ist sicher in den, den Uniformträgern vermittelten Wertevorstellungen zu suchen, die es verboten, auf die eigene Bevölkerung zu schießen. Gleichzeitig roch auch dieser Personenkreis den Modergeruch, der von der DDR ausging und jedes gewaltsame Eingreifen verbot. Dieser Umstand widerspricht auch der Charakterisierung der DDR als totalitärer Staat. Ein solcher hätte sich nicht widerstandslos ergeben. Tatsächlich verliefen die Umgestaltungsprozesse auch in den anderen Staaten des sowjetischen Imperiums nahezu unblutig, mit Ausnahme Rumäniens.

Zu dem friedlichen Verlauf der Demonstrationen trug in gleicher Weise die besonnene Haltung der Demonstranten bei, die jede Provokation der bewaffneten Staatsmacht vermieden. Nicht zu unterschätzen ist die Tatsache, daß unter den Soldaten, den Polizisten und den Angehörigen des Ministeriums für Staatssicherheit erhebliche Zweifel an der weiteren Existenzfähigkeit der DDR zunehmend an Boden gewannen. Abzulehnen sind alle Verschwörungstheorien, die insbesondere den Geheimdiensten eine tragende Rolle bei dem politischen Wandel in der DDR zuerkennen wollen.

Doch von einer Revolution läßt sich in der DDR nur so lange sprechen, wie der Ruf "Wir sind das Volk" ertönte. Was anschließend folgte, eingeleitet durch die Losung "Wir sind ein Volk" hatte mit den ursprünglichen Intentionen des Herbstes 1989 nichts mehr gemein. Eher erscheint an dieser Stelle der Begriff Konterrevolution oder besser der "friedlichen Restauration" zutreffend, zumindest was die Konsequenzen dieser friedlichen Revolution angeht. Zuzustimmen ist Ulrich Beck, der es als auffällig bezeichnete, *"daß gerade denjenigen das Wort Revolution fast genüßlich über die Lippen rinnt, die ansonsten die Straße für einen Versammlungsort des Mobs halten"*. Das Resultat des Aufbegehrens im Herbst 1989 war nichts Neues, sondern ein Weg in die Zukunft, der in eine überwunden geglaubte Vergangenheit zurückführte.

Es blieb, wie fast immer die Regel in der Geschichte, eine unvollendete Revolution. Nach einer kurzen Periode des Aufbäumens und der Selbstbestimmung der in ihren Freiheiten bis dahin beschränkten Bürger endete sie in den Parlamenten und Amtsstuben der anderen deutschen Republik, der Bundesrepublik Deutschland. Es folgte das, was Wolfgang Leonhard in seinem Buch "Die Revolution entläßt ihre Kinder" eindrucksvoll beschreibt. Mit dem Titel dieses Buches benennt er ein Phänomen, dem wir in der Geschichte nach jedem revolutionären Ereignis mit einem Systemwechsel begegnen. Viele der Akteure, die voller Begeisterung und Engagement den Wandel vorantreiben halfen, sind nach dem Erreichen des Ziels enttäuscht. Dieses entspricht nicht mehr ihren ursprünglichen Erwartungen. Frustriert wenden sie sich ab, ziehen sich auf sich selbst zurück oder mutieren zu entschlossenen Gegnern ihrer ehemaligen Mitstreiter. Wir beobachten diese Reaktion einer Bevölkerung ebenso, wenn sie aus Unzufriedenheit mit einer Partei diese abwählt. Die damit erhofften Veränderungen, selbst wenn ihre Verwirklichung gewollt ist, bedürfen meist längerer Zeiträume, überfordern damit die Geduld der Menschen, die stets kurzfristige Lösungen erwarten. Sie wenden sich erneut enttäuscht dem nächsten zu, der mit wohl tönenden Parolen neue Hoffnungen weckt, die wiederum nicht erfüllt werden. Der begonnene "aufrechte Gang" des Herbstes 1989 endete so erneut mit einer Krümmung des Rückens.

In der DDR wurde die friedliche Revolution nicht vollendet, da ihre ursprüngliche Zielstellung einer Systemreform mit Fortbestehen einer eigenständigen DDR verlassen wurde. Die später einsetzende Enttäuschung der Ostdeutschen bezieht sich deshalb nicht auf die unvollendete Revolution, sondern auf die nicht erwarteten, aber vorhersehbaren Folgen der sich anschließenden Vereinigung der beiden deutschen Staaten.

Der politische und wirtschaftliche Zusammenbruch der DDR ist einmal nur im Ergebnis der analogen Situation in der Sowjetunion zu verstehen, die aus vermeintlich eigenem Interesse die DDR zur Disposition stellte. Doch ist es verfehlt, die Gründe für den Untergang der realsozialistischen Staaten allein in ihrem Herrschaftsbereich zu suchen. Trotz aller Isolierung, waren sie natürlich auch ein Bestandteil einer globalisierten Welt. Das politische und wirtschaftliche System dieser im Ergebnis der sozialistischen Oktoberrevolution 1917 in Rußland entstandenen Staaten, war der Versuch eines Gegenentwurfs zu der kapitalistisch-demokratischen Staatengemeinschaft, die sich als unfähig erwiesen hatte, die herangewachsenen sozialen Probleme im Interesse der Unterschichten zu lösen. Nur mit einer anderen politischen Ordnungsstruktur, der zentralisierten Planwirtschaft, sowie der Etablierung eines politischen Systems, das auf einer Einparteiendiktatur basierte, glaubten die Revolutionäre und ihre Nachfolger die auf der Erde angestauten Probleme zu lösen. Doch letztlich waren es keine neuen Methoden, die zur Erreichung des angestrebten Ziels genutzt wurden. Ebenso wie in den kapitalistischen Ländern wurde auf ständiges wirtschaftliches Wachstum und Konsum sowie militärische Hochrüstung gesetzt bei rücksichtsloser Ausbeutung der natürlichen Ressourcen mit Zerstörung der Umwelt und damit der ökologischen Lebensgrundlagen des Menschen. *"Wer eine gute Sache mit schlechten Mitteln vertritt"*, meinte Johannes R. Becher, *"verbündet sich mit der schlechten Sache."*

Der kapitalistischen Welt wurde mit dem Ausscheiden ihres Gegners noch eine kurze Verschnaufpause gewährt. Diese ist abgelaufen. Vielleicht gelingt ihre nochmalige Reaktivierung über die Globalisierung mit der verstärkten Ausbeutung der osteuropäischen Transformationsländer und der Entwicklungsländer in Afrika, Asien und Südamerika. Doch auch hier sind die Grenzen absehbar, da mit der Globalisierung des Reichtums die Globalisierung einer fortschreitenden Armut einhergeht. Zunehmende Armut ist die Grundlage für steigenden Reichtum. Beide Größen verhalten sich zueinander reziprok. Mit fortschreitender Globalisierung, so Elmar Altvater und Birgit Mahnkopf, stehen die Sozialleistungen unter der harten Kuratel des Weltmarktes. Die strukturelle Arbeitslosigkeit verfestigt sich. In diesem Kontext können sich die Ostdeutschen zwar als Folge der Vereinigung im Vergleich zu den Westdeutschen als eine verlorene Generation betrachten. Doch stehen sie da nicht allein, sondern reihen sich in die verlorenen Generationen ein, die der Kapitalismus seit seiner Existenz produziert hat. Diese Entwicklung macht auch nicht vor den Westdeutschen halt.

1990 – das Jahr der Selbstaufgabe

Mit dem Jahreswechsel 1989/90 zeichnete sich ein Wandel in der politischen Zielstellung bei den Demonstranten ab. Die Demonstrationen, die sich unter bundesdeutschem Einfluß auf die Losung "Deutschland – einig Vaterland" konzentrierten, erlahmten zunehmend. Der Ruf nach Einheit wurde nun auch vom Ministerpräsidenten der DDR, Hans Modrow, aufgegriffen, dessen politischer Spielraum immer geringer, und der mit seiner Regierung von Helmut Kohl in kaum zu überbietender Weise brüskiert wurde. Das Zepter für die Gestaltung des Einigungsprozesses verlor nicht nur Hans Modrow aus der Hand. Der Einfluß der Bürgerrechtler nahm gleichfalls erkennbar ab. Um einen unkontrollierten Zusammenbruch der DDR mit nicht vorhersehbaren Folgen zu verhindern, wurden die geplanten Volkskammerwahlen vom 6. Mai auf den 18. März 1990 vorgezogen. Gleichzeitig wurde deutlich, daß das Heft des Handels von der Bonner Politik übernommen worden war.

Noch vor dem 18. März begannen die Akteure in den Amtsstuben der Bonner Ministerien heimlich und von der Öffentlichkeit zunächst unbemerkt mit der Vorbereitung der Deutschen Einheit. Vorherrschaft beamteten Sachverstands und Juridifizierung der Politik bestimmten das weitere Geschehen. Der selbstbestimmt begonnene politische Wandel in der DDR brach ab. Die weitere Entwicklung verlief fremdbestimmt aus Bonn. Gleichzeitig gewannen in der "Noch DDR" die politischen Kräfte an Einfluß, die bereit waren, sich bedingungslos dem bundesdeutschen Verdikt zu unterwerfen.

Bereits die Volkskammerwahlen im März 1990 erfolgten unter massiver Einmischung der altbundesdeutschen Politik. Helmut Kohl hatte mit seinem politischen Gespür erkannt, daß das Ergebnis der Volkskammerwahlen in der DDR entscheidend für den Ausgang der anstehenden Wahlen zum Deutschen Bundestag sein würde. Die staatsrechtlich noch souveräne DDR wurde von Seiten der Bundesrepublik gesteuert. Helmut Kohl, Wolfgang Schäuble und Theodor Waigel sprachen auf Wahlkampfveranstaltungen in der DDR (bei Jürgen Heilmann werden neun weitere Bonner Spitzenpolitiker benannt, die Wahlkampfauftritte in der DDR absolvierten), die "Allianz für Deutschland" wurde am 5. Februar 1990 nicht etwa in der DDR, sondern in Westberlin zusammengeschmiedet, und nächtens plakatierten bundesdeutsche "Wahlhelfer" die Wände mit Losungen, die westlich der Elbe entworfen und in den westdeutschen Bundesländern gedruckt worden waren. Wolfgang Schnur (als IM enttarnt), Hans-Wilhelm Ebeling (Typ des Wendehalses) und Lothar de Maiziére (auch er erlag schließlich dem IM-Vorwurf) stellten am 1. März 1990 in Bonn (!) den Wahlkampfaufruf und das Sofortprogramm der Allianz vor. Das sich anbahnende rasante Tempo der Vereinigung wurde zwar durch die ostdeutsche Bevölkerung mitbestimmt. Doch auch dies geschah nicht nur aus freien Stücken. Wie Horst Teltschik (damaliger Leiter der Abteilung Außen- und Sicherheitspolitik im Kanzleramt) eingestand, beschleunigten *"die Entscheidungen der Bundesregierung ihrerseits natürlich ebenfalls das Tempo, weil sie in der DDR den Erwartungsdruck erhöhen."*

Die freien Wahlen in der DDR des März 1990 verliefen somit nach westdeutschen Vorgaben. Stefan Bollinger demonstriert diesen zunehmenden Einfluß der Bundesrepublik auf die Stimmung in der DDR an Hand des Wandels der Parteipräferenzen zwischen November 1989 und März 1990.

Die Forcierung des Tempos der Vereinigung erfolgte zusätzlich durch das Versprechen einer raschen Einführung der D-Mark, die dichte Aufeinanderfolge von Kommunal- und Landtagswahlen innerhalb eines dreiviertel Jahres und den überstürzt abgeschlossenen Einigungsvertrag. Von letzterem nahm die Bevölkerung der DDR kaum Kenntnis. Er stand mit seinen zahlreichen juristischen und unverstandenen Details nicht im Mittelpunkt des öffentlichen Interesses. Selbst den Abgeordneten der Volkskammer und des Bundestags wurde nicht Zeit gelassen, das umfassende Gesetzeswerk sorgfältig zu studieren. Die meisten der Parlamentarier wußten nicht, worüber sie im Detail eigentlich abstimmten.

Nach Meinung von Wolfgang Ullmann wurde die Geschwindigkeit des Vereinigungsprozesses auch deshalb beschleunigt, weil der Runde Tisch der DDR eigene Gedanken zu entwickeln begann. Diese sahen z.B. vor, die Einmischung westdeutscher Parteien in den Wahlkampf zur ersten freien Wahl in der DDR zu verbieten. Ob der Neubürger das Grundgesetz überhaupt wollte, danach wurde er nicht gefragt. Der Entwurf des Runden Tisches für ein neues Grundgesetz gelangte gar nicht erst auf die Agenda. Diese Vorgehensweise ist nicht neu, denn bereits bei der Gründung der Bundesrepublik Deutschland wurde vergessen, die Meinung der Bevölkerung zu dieser Frage einzuholen. Darauf verwies Karl Jaspers: Das *"Grundgesetz wurde vom Volk, das es nicht kannte und nicht begreifen konnte, weder diskutiert noch beschlossen, sondern nur durch das Parlament bestätigt."* Es wird dagegen sehr rasch verändert, wenn es um die Interessen der politischen Elite geht. Bis zum 26. Juli 2002 gab es 51 Veränderungen des Grundgesetzes, z.T. substantieller Natur.

Nicht zu vernachlässigen war die multiplizierende Wirkung des westdeutschen Fernsehens, das die Ostdeutschen mit Informationen, Desinformationen und pejorativen Wertungen geradezu überschüttete, assistiert vom gewendeten DDR-Fernsehen, was letzteres nicht vor der Abwicklung rettete. Die vermittelten Informationen mußten nicht wahr, sondern nur wirksam sein. Die Geschwindigkeit war schon beeindruckend, mit welcher der komplizierte Vorgang durchgepeitscht wurde, zwei so gegensätzliche Staaten und Gesellschaften zu vereinen. Doch ebenso beeindruckte die Oberflächlichkeit, mit der dies geschah.

Getrieben von dem Wunsch nach einer raschen Vereinigung kamen die DDR-Bürger nicht zum Nachdenken ob der vielen plakativen, inhaltsleeren Parolen, mit denen sie förmlich überschüttet wurden. Es wurde der ostdeutschen Bevölkerung keine Zeit gegeben, die Vergangenheit zu analysieren und das bundesdeutsche Gesellschaftssystem in seiner Komplexität und Kompliziertheit zu begreifen und so eine bewußte Entscheidung zu treffen. Die Auseinandersetzung mit dem untergehenden und den Vorzügen des neuen Systems wurde im März 1990 auf so simple Wahlkampfparolen reduziert wie die Gleichsetzung von SPD und PDS durch das Kürzel "SPDS". Weitere Slogans waren "Keine Experimente", "Freiheit statt Sozialismus", "Nie wieder Sozialismus", "Umkehr in die Zukunft", "Zukunft statt Sozialismus", "Wohlstand statt Sozialismus" oder "Freiheit ist Leistung". Floskeln ohne Inhalt. Dies gilt besonders für das Ludwig Erhard entlehnte Motto "Wohlstand für alle", das sich als große Lüge herausstellen sollte.

Doch diese oberflächliche Art des Wahlkampfes funktionierte bei der Bereitschaft der Masse der Wähler, lieber scheinbar einleuchtenden Parolen zu folgen, statt die inhaltliche Auseinandersetzung zu suchen. Wer weiß, wie die Wahlen im März 1990 ausgegangen wären, wenn die westdeutschen Propagandisten den Wählern ehrlich gesagt hätten, was sie in der Zukunft erwartete: Deindustrialisierung des Landes, Massenarbeitslosigkeit, Frühverrentung und fortbestehender Unterschied zu den Lebensverhältnissen in Westdeutschland. Zum bevorstehenden Eigentumswandel mit seinen Konsequenzen erfolgten in der Wahlpropaganda keine Aussagen, obwohl er am nachhaltigsten in das Leben des Ostdeutschen eingreifen sollte. Wie Wolfgang Ullmann feststellte, haben die DDR-Vertreter statt die Eigentumsrechte der DDR in den Verhandlungen zu vertreten, diese als Verhandlungsmasse zur Erreichung kurzfristiger politischer Ziele preisgegeben.

Hoch waren die Erwartung und das Vertrauen der Ostdeutschen in die parlamentarische Demokratie. Die ersten freien Wahlen in der DDR im Jahr 1990 zeichneten sich deshalb durch eine beeindruckend hohe Wahlbeteiligung aus. Am 18. März 1990 traten 93, 22% der DDR-Bürger vor die Wahlurne. Zur Bundestagswahl im Jahr 2002 waren es nur noch 73,2 % und zu den Landtags- und Kommunalwahlen pendelt die Wahlbeteiligung nur noch um die 50% als Ausdruck des einsetzenden Vertrauensverlustes in die Effizienz der parlamentarischen Demokratie. Die Oberbürgermeisterwahl in Leipzig 2006, konnte nur noch 35% der Wähler an die Wahlurne locken.

Den Sieg bei den Märzwahlen des Jahres 1990 errang für die meisten überraschend die "Allianz für Deutschland". Große Enttäuschung herrschte bei der

SPD, die in den Voraussagen lange wie der Sieger ausgesehen hatte. Ebenso fühlten sich die Bürgerrechtler um ihr politisches Engagement betrogen. Ihr Einsatz bei der Durchsetzung der friedlichen Revolution wurde nicht honoriert, da ihr Ziel zu dieser Zeit noch eine reformierte DDR war. Eine Mehrheit der Wähler wollte ein solches Experiment nicht eingehen, sondern votierte für das größere Experiment der Vereinigung mit der Bundesrepublik bei ungewissem Ausgang mit der Wahl der Parteien, die eine rasche Vereinigung versprachen. Die Wähler in ihrer Mehrheit brachten Helmut Kohl ein wenig verständliches Vertrauen entgegen, dem er verbal mit seinen vollmundigen Versprechungen von den blühenden Landschaften entsprach. Geradezu kindlich naiv eine Losung auf dem Karl-Marx-Platz in Leipzig: "Helmut nimm uns an die Hand und führe uns in Dein Wirtschaftswunderland".

Im Gegensatz zu den geschichtlichen Erfahrungen wählte die Arbeiterschaft der DDR konservativ und damit die CDU. Damit trug sie entscheidend zum Sieg der "Allianz" bei. Die PDS erzielte mit wenig über 16% der Stimmen einen nicht erwarteten Achtungserfolg. Von ihr hatten die übrigen politischen Akteure in Ost und West geglaubt, daß sie rasch in der Bedeutungslosigkeit verschwinden würde. Doch das weitere Absinken ihres Stimmenanteils im Osten zur ersten gemeinsamen Bundestagswahl auf 11,1% sollte nur ein vorübergehendes Ereignis sein.

Trotz der sich abzeichnenden Vereinigung war das erste Halbjahr 1990 dadurch gekennzeichnet, daß unverändert Zehntausende von DDR-Bürgern mit dem Schlachtruf "Kommt die D-Mark nicht zu uns, dann kommen wir zur D-Mark" in die Bundesrepublik übersiedelten und damit den Unwillen der Bundesdeutschen hervorriefen, die um ihre Arbeitsplätze zu fürchten begannen. Deshalb erfolgte das Versprechen, zum 1. Juli 1990 die D-Mark auch als Währung in der DDR einzuführen. Parallel dazu wurden am 6. Juli 1990 die offiziellen Verhandlungen zwischen der DDR und der Bundesrepublik zur Vorbereitung des Einigungsvertrages aufgenommen.

Ein folgenschwerer Schritt, der der DDR-Industrie den Todesstoß versetzte, war die überstürzte Währungs-, Wirtschafts- und Sozialunion zum 1. Juli 1990. Warnungen vor ihren Gefahren, wie von dem damaligen Bundesbankpräsidenten

Karl Otto Pöhl, wurden von Helmut Kohl in den Wind geschlagen. Mit der Einführung der D-Mark hatte die DDR noch vor der offiziellen Vereinigung ihre Souveränität verloren und unterlag der Verfügungsgewalt und den politischen Ordnungsstrukturen der alten Bundesrepublik Deutschland. Diese de facto Entmündigung der DDR war gewollt. Es bestätigte sich die allgemeine Bedeutung der Feststellung von Karl Marx zur französischen Revolution von 1848: *"Ein ganzes Volk, das sich durch eine Revolution eine beschleunigte Bewegungskraft gegeben zu haben glaubt, findet sich plötzlich in eine verstorbene Epoche zurückversetzt."* In den wenigen Monaten vor dem 3. Oktober 1990 waren mit Hilfe westdeutscher Berater in der formal noch existierenden DDR alle Voraussetzungen geschaffen worden, um das Wirtschafts- und Rechtssystem der Bundesrepublik in den neuen Bundesländern einzuführen.

Die DDR-Bürger erhielten am 1. Juli 1990 die heiß ersehnte D-Mark, die von ihnen mit lautem Jubel und Böllerschüssen begrüßt wurde. Doch nur wenige begriffen die Konsequenzen, die sich aus der totalen Unterwerfung unter das bundesdeutsche Wirtschaftssystem ergaben. Die DDR-Betriebe wurden über Nacht den Gesetzen des freien Marktes ausgeliefert, ohne darauf vorbereitet zu sein. Selbst wenn ihre Produkte dem internationalen Qualitätsstandard entsprachen, ließen sie sich nicht mehr absetzen. Im Ergebnis der Abwertung der DDR-Währung und der Erhöhung der Arbeitslöhne verteuerten sie sich beträchtlich. Die Kunden in Osteuropa waren gezwungen, statt mit dem Transfer-Rubel in harter Währung zahlen, die ihnen nicht zur Verfügung stand. Selbst im eigenen Land fanden die Ostprodukte keine Käufer mehr. Die Betriebe der DDR konnten dem auf sie ausgeübten ökonomischen Druck nicht Stand halten und mußten ihre Pforten schließen. Die DDR-Bevölkerung sah ihren Wunsch nach Teilhabe an der bundesdeutschen Konsumwelt erfüllt. Der Preis dafür war der Verlust des Arbeitsplatzes.

Der zwischen dem versierten Politprofi Wolfgang Schäuble und dem politisch völlig unerfahrenen und opportunistischen Laienspieler Günther Krause ausgehandelte Einigungsvertrag war von Beginn an mit grundsätzlichen Mängeln belastet. Er war nicht das Resultat von Verhandlungen gleichberechtigter Partner und trug damit den Keim künftiger Verweigerung in sich. An der ungleichen Position beider deutscher Verhandlungspartner ließ der damalige Innenminister der Bundesrepublik, Wolfgang Schäuble, keinen Zweifel. Viel zitiert, umriß er die Ausgangssituation gegenüber seinem DDR-Partner wie folgt: *"Liebe Leute, es handelt sich um einen Beitritt der DDR zur Bundesrepublik, nicht um die umgekehrte Veranstaltung"*, und einige Zeilen weiter: *"Aber hier findet nicht die Vereinigung zweier Staaten statt. Wir fangen nicht ganz von vorn bei gleichberechtigten Ausgangspositionen an"* und weiter herablassend großzügig: *"Jetzt habt ihr einen Anspruch auf Teilnahme, und wir nehmen darauf Rücksicht."* In diesen Äußerungen kommt die ganze Arroganz und Überheblichkeit der politischen Klasse der alten Bundesrepublik gegenüber der DDR und ihren im März 1990 frei und demokratisch gewählten Repräsentanten zum Ausdruck.

Im Gegensatz zu Wolfgang Schäuble stand die Verhandlungsposition von Lothar de Maiziére, dem letzten DDR-Ministerpräsidenten, der in seinen Vorstellungen illusionär von zwei gleichberechtigten Partnern ausging. Ein solcher Standpunkt war von vornherein zum Scheitern verurteilt. Die Hoffnung auf eine paritätische Verhandlungsposition beim Einheitspoker mußte für jeden eine Illusion bleiben, der mit den Praktiken bundesdeutscher Politik vertraut ist. Und das waren offensichtlich nur wenige. Zu ungleich war die Verhandlungsstärke der beiden Staaten, um deren Vereinigung es ging. Die politische Klasse der Bundesrepublik schluckt Kreide, wenn sie auf Widerstand stößt, den zu brechen sie nicht in der Lage ist. Anderenfalls werden rückhaltlos nur die eigenen Machtinteressen verfolgt. Das Ergebnis altbundesdeutscher Machtpolitik war eine asymmetrische Vereinigung beider deutscher Staaten, bei welcher der eine das Procedere vorschrieb, dem der andere zu folgen hatte.

Dem außenpolitischen Erfolg von Helmut Kohl ist in diesem Kontext der Respekt nicht zu versagen. Es zeugte von politischem Geschick, wie es ihm gelang, die drei Westmächte, gegen den anfänglichen Widerstand von Frankreich, England und der Sowjetunion ins Boot zu holen. Allerdings die Begründung für das Tempo der Vereinigung, daß das Fenster zur deutschen Einheit nur eine kurze

Zeit offen gestanden hätte, erscheint bei dem desolaten Zustand der Sowjetunion in ihrer Endphase mehr als zweifelhaft. Wolfgang Ullmann vertrat die Auffassung, daß der drohende Zusammenbruch der Sowjetunion als Bedrohungsszenario entweder eine tendenziöse Zweckpropaganda darstellte oder eine Illusion im Ergebnis mangelnder Kenntnis der internationalen Situation. Ebenso ist zu bezweifeln, daß die sich später abzeichnenden innerdeutschen Probleme der Einheit nur dem Tempo ihrer Realisierung zu danken sind. Das Meiste der eintretenden negativen Veränderungen war gewollt, jedoch hatten die Verantwortlichen nicht ihre nachhaltigen Konsequenzen für Gesamtdeutschland bedacht. Zudem war der Stern Helmut Kohls damals in den alten Bundesländern im Sinken begriffen. Jetzt bot sich ihm die einmalige Chance, mit Hilfe der ostdeutschen Wählerstimmen, die vorgezogene Bundestagswahl zu gewinnen. Das Kalkül ging auf.

Binnen Jahresfrist nach dem Beginn der friedlichen Revolution konnte am 3. Oktober 1990 in Berlin mit einer beeindruckenden Veranstaltung am Brandenburger Tor die Vereinigung von DDR und Bundesrepublik Deutschland zur Bundesrepublik Deutschland vollzogen werden. Die Vereinigung erfolgte nicht nach Artikel 146, sondern nach Artikel 23 des Grundgesetzes. Damit stand außer Zweifel, daß sich in der alten Bundesrepublik nichts, aber in dem angeschlossenen Landesteil alles verändern würde.

Der Modus der oben stehend benannten asymmetrischen Vereinigung wird von Jörg Roesler als Anschluß bezeichnet. Asymmetrisch war die Vereinigung, weil sich mit ihrem Vollzug in dem einen Staatswesen nichts, in dem anderen alles veränderte. Bei dieser Form der Zusammenführung zweier Staaten gleichen sich die politischen, administrativen, juristischen, überwiegend auch die sozialen und wirtschaftlichen Strukturen des Anschlußgebietes an die im Hauptland bereits existierenden an. Fritz Vilmar spricht von einer strukturellen Kolonialisierung, ohne jedoch Elemente einer Demokratisierung in Abrede zu stellen.

Im Rahmen der Vereinigung wurde mit Wirkung zum 14. Oktober 1990 in Ostdeutschland die alte Länderstruktur wiederhergestellt, wie sie bis 1952 auch in der DDR bestanden hatte. Dieser Vorgang wurde nicht dazu genutzt, die Effektivität der föderalen Struktur zu überprüfen, die durch eine nicht durchdachte Kompetenzverteilung zwischen Bund und Ländern immer wieder Anlaß zu Mißstimmigkeiten gibt. Die Gesetzgebung führt häufig zu einem unproduktiven Gerangel zwischen Bundestag und Bundesrat, wenn im Bundesrat die Opposition des Bundestages dominiert. Oft entsteht so aus parteipolitischem Kalkül bei wichtigen Entscheidungen eine Blockadesituation. Ebenso ist die Aufteilung der Länder im Hinblick auf ihre Bevölkerungszahl und Wirtschaftsstärke bei weitem nicht optimal. Schließlich entsteht durch die große Zahl der Länder ein hoher Verwaltungsaufwand mit den entsprechenden Kosten. Es scheitern jedoch alle Änderungen der Länderstruktur bisher an den Landesfürsten und ihren Hofschranzen, die nicht bereit sind, Macht abzugeben oder gar darauf zu verzichten.

So endete das Jahr der Selbstaufgabe mit einer totalen Unterwerfung und Verzicht auf jede Eigenständigkeit.

Die Vereinigung – ein Diktat mit Folgen

Die DDR hatte nach Auffassung altbundesdeutscher Eliten nichts in das vereinte Deutschland einzubringen. Weder politisch, sozial, wirtschaftlich noch geistig wurde ihr etwas Eigenes zuerkannt. Dieses abwertende Urteil erfolgte ohne jede Prüfung. Die Vereinigung vollzog sich als Diktat der vor Selbstbewußtsein strotzenden Bundesrepublik gegenüber einer DDR, die auf allen Sektoren des gesellschaftlichen und politischen Lebens der gnadenlosen Verurteilung anheim fiel. Über Nacht wurden das Wirtschafts- und Rechtssystem der Bundesrepublik in den neuen Ländern zum Maßstab des gesellschaftlichen Lebens. Die Eigentumsverhältnisse erfuhren zum Nachteil der Ostdeutschen eine radikale Rückführung auf in Jahrhunderten gewachsene kapitalistische Grundsätze. Daniela Dahn ist zuzustimmen, daß es der politischen Klasse der alten Bundesrepublik nicht, wie vordergründig propagiert, um die Verwirklichung von Menschenrechten oder Menschenwürde ging, sondern um die Ausdehnung ihres Machtbereiches und die Wiederherstellung kapitalistischer Eigentumsverhältnisse zu Lasten der Ostdeutschen und zum Vorteil der Westdeutschen. Der Bürger ist weder politisch noch ökonomisch souverän, sondern unterliegt auf beiden Feldern der Manipulation durch Politik und Wirtschaft.

Die vom verstorbenen Stefan Heym, als einem kritischen Begleiter des Vereinigungsmarathon, vorausgesagten Verdauungsbeschwerden finden in der Gegenwart ihre Bestätigung. Die anhaltenden und sich sogar verstärkenden Beschwerden betreffen sowohl die wirtschaftliche Situation Ostdeutschlands wie auch die Angleichung der sozio-kulturellen Strukturen und die Mentalität der Ostdeutschen an die westdeutschen Vorgaben. Inzwischen lassen auch die alten Bundesländer die analogen Symptome des Verfalls erkennen. Im Gegensatz zu Stefan Heym meinte Helmut Kohl, daß die neuen Bundesländer sich in wenigen Jahren zu blühenden Landschaften entwickeln werden, gerichtet durch die soziale Marktwirtschaft. Ebenso hochtrabend und viel versprechend die Zusicherung, daß es vielen besser und keinem schlechter gehen würde. Konträr zu dieser öffentlich geäußerten Sicht wurden im kleinen Kreis der politischen Akteure Schwierigkeiten im Einigungsprozeß schon frühzeitig zumindest geahnt.

Bemerkenswerte Weitsicht ließ der erzkonservative Politikwissenschaftler Arnulf Baring erkennen. Bereits 1991 sagte er voraus, daß es Jahrzehnte dauern werde, ehe sich die Lebensverhältnisse in Ost und West angleichen. Gleichzeitig warnte er in diesem Kontext vor *"großmäuligen Versprechungen"*. Ebenso prophezeite er bereits damals eine Entvölkerung der DDR wie auch eine schwierige Phase der wechselseitigen Anpassung. All diese Voraussagen sind entgegen anderen Prognosen bittere Realität geworden. Demgegenüber stehen seine Beurteilung der DDR-Intelligenz als *"verzwergt und verhunzt"*, die nicht gerade tolerante Charakterisierung der Bauern der DDR als deutschsprachige Polen und die hiervon abgeleitete Notwendigkeit einer neuen Ostkolonisation. Mit derartigen Äußerungen leistete Arnulf Baring zweifellos keinen positiven Beitrag zu der von ihm prognostizierten schwierigen Phase der wechselseitigen Anpassung.

Die politische Elite der alten Bundesrepublik meinte in Mißachtung derartiger Prognosen unmittelbar an die Nachkriegszeit und die gemeinsame politische und kulturelle Vergangenheit anknüpfen zu können. Im Gegensatz hierzu betont Rolf Badstübner, daß nach der bis etwa 1948 fortbestehenden Option eines einheitlichen Deutschlands im Ergebnis der Politik der westlichen Besatzungsmächte auf eine Westintegration des von ihnen besetzten Deutschland gesetzt und damit die Teilung des Landes zementiert wurde. In der Folgezeit entwickelten sich beide Teile, wie bereits an anderer Stelle geschildert, weitgehend unabhängig voneinander auf dem von ihren jeweiligen Besatzungsmächten vorgegebenen Weg.

Es ging deshalb 1989/90 nicht um eine Wiedervereinigung, wie fälschlicherweise immer wieder behauptet wird, sondern um eine Vereinigung zweier Staaten mit diametral unterschiedlichen politischen und wirtschaftlichen Systemen. Der Begriff Wiedervereinigung hätte nur seine Berechtigung gehabt, wenn zwei völkerrechtlich getrennte, aber auf den gleichen wirtschaftlichen und politischen Grundlagen beruhende Staaten wieder zusammengeführt worden wären. Dies hätte bedeutet, der DDR nach der friedlichen Revolution Zeit und Raum für einen inneren Wandel zu geben und der Vereinigung eine Konföderation beider deutscher Staaten vorwegzuschicken. Eine solche Möglichkeit hatte sogar Helmut Kohl kurzzeitig angedacht.

Aus der eingeengten Sicht der Bonner Politiker und der sich ihnen andienenden Öffentlichkeit durfte in dem angeschlossenen Landesteil nichts so bleiben wie es war. Dem anderen deutschen Staat wurde rückwirkend jede Existenzberechtigung abgesprochen. Das geschah nicht durch eine inhaltliche Auseinandersetzung, sondern durch die Reduktion der DDR auf das Kürzel "Unrechtsstaat", die Kennzeichnung als totalitäres Regime, im Widerspruch zur Definition von Hannah Arendt, und den unsäglichen Vergleich mit der Schreckensherrschaft der Nazis. Es bestätigt sich: Voreingenommenheit bewirkt ein eingeschränktes Wahrnehmungsbewußtsein. Oskar Lafontaine ist zuzustimmen, daß eine Welt, in der alles dem ökonomischen Prinzip unterworfen ist, ebenfalls totalitäre Züge trägt. Auch die erzwungene Unterwerfung unter die Vorgaben der Ökonomie ist eine Form von Totalitarismus.

Die beiden von Struktur und Werten differenten Gesellschaften prallten mit dem Fall der Mauer unvorbereitet aufeinander. In weiten Teilen der DDR-Gesellschaft herrschte bei ihrer Öffnung am 9. November 1989 eine unbeschreibliche Euphorie, die alsbald von den ersten Ängsten abgelöst wurde. Doch dank der Versprechungen von Helmut Kohl schauten viele weiter hoffnungsvoll in die Zukunft, bestärkt durch einen sich zu Beginn abzeichnenden wirtschaftlichen Aufschwung mit Verbesserung der Lebensumstände für viele Menschen. Dies galt zu diesem Zeitpunkt für die Mehrzahl der Altersrentner und diejenigen, denen der Vorruhestand oder die Frührente als Altersoase winkte. Eine Mehrheit der ostdeutschen Bevölkerung, völlig im Unklaren gelassen über die Langzeitfolgen einer derart überstürzten Zusammenführung zweier diametral entgegengesetzter politischer und wirtschaftlicher Systeme, sah sich zunächst mit der Inbesitznahme der D-Mark und Banane am Ziel ihrer lang gehegten Wünsche. Es war nicht die "Sehnsucht nach dem Rechtsstaat", wie es auch formuliert wurde, die die Menschen auf die Straße trieb. Niemand skandierte: Wir wollen den Rechtsstaat. So unterstellt westliches Wunschdenken Erwartungen, die von einer Mehrheit nie geäußert wurden. Sie wollte ihre Konsumwünsche befriedigt sehen. Wenn von Kurt Sontheimer behauptet wurde, daß die Mehrheit der Ostdeutschen die Vereinigung nach Form und Inhalt so wollte, wie sie umgesetzt wurde, so stellt sich die Frage, woher er diese Erkenntnis bezog. Hier wird partikuläres Interesse als Allgemeininteresse ausgegeben, ein bei Politikern beliebter Vorgang. Sie machen sich zum Sprecher und Interpreten der Meinung einer Bevölkerung, ohne sie je danach befragt zu haben.

Die Arbeiter hatten sich für den Kapitalismus entschieden, ohne die geringste Vorstellung davon zu besitzen, was sie in der Zukunft an persönlichen Veränderungen erwartet. Auch wußten sie nicht, wofür sie die gewonnene Freiheit eigentlich nutzen wollten. Keiner der politischen Akteure hatte sie auf die Konsequenzen des vollzogenen Anschlusses aufmerksam gemacht. Nur die Chancen in der westdeutschen Gesellschaft wurden benannt, aber nicht die Risiken. Wer auf letztere aufmerksam machte, wie Gregor Gysi oder Oskar Lafontaine, wurde nicht gehört, bzw. ihm wurde nicht Glauben geschenkt. Ihre politischen Gegner bezichtigten sie der Schwarzmalerei. Die Bevölkerung wollte ihre Hoffnungen bestätigt bekommen und nicht durch Zweifel verunsichert werden. Deshalb ist Daniela Dahn zuzustimmen: *"Die Vereinigung war eine feindliche Übernahme auf Wunsch der Übernommenen."* Ähnlich wie nach 1945 ertönt wieder die Klage: Das haben wir nicht so gewollt – zu spät.

Die benannte Asymmetrie der Vereinigung reflektierte sich in einem nachhaltigen Prozeß, der als Transformation Eingang in die wissenschaftliche Debatte gefunden hat. Ziel der bundesdeutschen Politik war eine rasche und totale Umwandlung der übernommenen Institutionen aus dem DDR-Fundus bei gleichzeitigem Elitetransfer, um den Umbau der Institutionen personell abzusichern. In dem Ausmaß nicht gewollt, aber durch die praktizierte asymmetrische Vereinigung provoziert, ergab sich außerdem die Notwendigkeit eines umfassenden Transfers von Geld und materiellen Gütern von West nach Ost.

Der Transformationsprozeß betraf als entscheidenden Schritt die Rückführung des Volkseigentums auf das Privateigentum. Dieser Vorgang hatte grundlegende Konsequenzen für die Industrie und den privaten Besitz. Begleitet wurde der Eigentumswandel von der Einführung der freien Marktwirtschaft, damals noch als soziale Marktwirtschaft bezeichnet, mit Ablösung der sozialistischen Planwirtschaft. Die institutionelle Transformation betraf die verschiedenen Ebenen der Verwaltung, das Justizwesen sowie das Gesundheits- und Bildungssystem, um die wesentlichen zu benennen.

An dieser Stelle sei ein Rückgriff auf Willy Brandt gestattet, der in der ersten Sitzung des Deutschen Bundestages nach der Vereinigung am 4. Oktober 1990 ausführte: *"Die wirtschaftliche Aufforstung und die soziale Absicherung liegen nicht außerhalb unseres Leistungsvermögens. Die Überbrückung geistig-kultureller Hemmschwellen und seelischer Barrieren mag schwieriger sein. Aber mit "Takt und Respekt vor dem Selbstgefühl der bisher von uns getrennten Landsleute" wird es möglich sein, daß ohne entstellende Narben zusammenwächst, was zusammengehört."*

Willy Brandt hatte begriffen, daß es leicht fällt, politischen und wirtschaftlichen Wandel durchzusetzen, aber es wesentlich komplizierter ist, die Menschen zu gewinnen. Doch vom angemahnten Takt und Respekt kann im aktuellen Diskurs keine Rede sein, weshalb Peter Bender feststellt, daß zwar Deutschland geeint ist, aber nicht die Deutschen. Zitiert wird, wenn aus gutem Grund auch immer seltener, stets nur der letzte Teil des Satzes von Willy Brandt.

Grundkonsens der bürgerlich-kapitalistischen Gesellschaft ist die Garantie des Eigentums sowohl an Unternehmen, Versicherungen, Banken wie Immobilien als auch an privatem Besitz. Darüber hinaus gehören zum Eigentum bewegliche Sachen, das Finanzvermögen, private Forderungen, Ansprüche und Rechte. Bei der Übernahme der DDR in den Verband der Bundesrepublik spielte die Wiederherstellung tradierter Eigentumsverhältnisse die entscheidende Rolle mit nachteiligen Konsequenzen für die neuen Bundesbürger, die von ihnen nicht vorhergesehen wurden. Sie konnten es nicht, weil ihnen die zerstörerischen Kräfte des Eigentums für diejenigen unbekannt waren, die sich an ihm nicht erfreuen dürfen.

Die Eigentumsfrage ist die Grundfrage der deutschen Einheit. Das Eigentum besitzt unter den gewandelten politischen Verhältnissen den Nimbus eines Heiligtums, das an der Spitze aller individuellen und gesellschaftlichen Werte steht und die Moral der Gesellschaft bestimmt. Die Zuweisung definierter Eigentumsrechte an die Wirtschaftssubjekte beinhaltet in der bürgerlichen Gesellschaft die ordnungspolitische Grundvoraussetzung für jegliches Wirtschaften. Privates Vermögen ist gleichzeitig die Basis für Erwerb sowie Bestandssicherung von Wohlstand des Einzelnen und Grundlage für die Wahrnehmung von Freiheitsrechten. Zwar beinhaltet die Eigentumsgarantie, sich am Wohl der Allgemeinheit zu orientieren. Doch handelt es sich hierbei um eine Forderung ohne praktische Konsequenzen. Der Begriff von der sozialen Verantwortung erweist sich als inhaltsleer.

Gegen den bürgerlich-konservativ definierten Anspruch auf Eigentum hatte die DDR aus der Sicht der Vermögenden und Eigentümer sträflich verstoßen und Unrecht geschaffen, indem sie das bürgerlich-kapitalistische Eigentum durch die sozialistischen Produktionsverhältnisse mit dem sogenannten Volkseigentum ablöste. Dies geschah, was gerne vergessen wird, auf der Grundlage von Beschlüssen der alliierten Besatzungsmächte durch die Enteignung des Großkapitals und der Großagrarier mit der Zerschlagung von Vermögenskonzentrationen. Privates Eigentum wurde in genossenschaftliches umgewandelt. So entstand eine von der Bundesrepublik abweichende Eigentumsstruktur, in der privates Eigentum seine alles beherrschende Bedeutung verloren hatte.

Das grundsätzliche Anliegen des Systemwechsels nach dem Anschluß der DDR war die Umkehr der Eigentumsverhältnisse ohne Berücksichtigung der in vierzig Jahren gewachsenen anderen Eigentumsstrukturen. Die Umwandlung begann mit der Aufhebung des Rechtsinstituts "sozialistisches Eigentum" und der Überführung der Kombinate und Betriebe in bürgerlich-rechtliche Eigentumsformen.

Gleichzeitig war die altbundesdeutsche Wirtschaft daran interessiert, die ostdeutschen Betriebe als Konkurrenten vom Binnenmarkt Ostdeutschlands zu vertreiben und diesen in die eigene Regie zu übernehmen. Ebenso war es das Ziel, sich die Außenhandelsbeziehungen der DDR-Betriebe zu Eigen zu machen und sie von den osteuropäischen Märkten zu verdrängen. Dieses Ziel wurde ebenfalls erfolgreich realisiert.

Als Belastung besonderer Art erwies sich die Wiederherstellung der kapitalistischen Eigentumsverhältnisse nicht nur in der Wirtschaft, sondern auch für den sogenannten kleinen Mann. Immobilien sowie Grund und Boden von ehemaligen Bürgern der sowjetischen Besatzungszone und der DDR, die im Verlauf der Zweistaatlichkeit in die Bundesrepublik geflohen, ausgereist oder übergesiedelt waren, befanden sich, oft über Jahrzehnte, im privaten Besitz von verbliebenen DDR-Bürgern. Diese hatten unter komplizierten wirtschaftlichen Voraussetzungen nicht nur materielle Werte vor dem Verfall bewahrt, sondern vermehrt. Nach dem Anschluß der DDR erhoben die ehemaligen Eigentümer, allzu oft nur ihre Nachfahren, Anspruch auf ihr einstiges Eigentum, geregelt durch das "Gesetz zur Regelung offener Vermögensfragen der ehemaligen Deutschen Demokratischen Republik".

97% der Alteigentümer sind nur Erben und nicht die ursprünglichen Eigentümer, die sich 40 Jahre nicht um ihr Eigentum kümmerten. Unter Vernachlässigung der in der DDR entstandenen andersartigen Rechts- und Besitzverhältnisse wurde deren Begehrlichkeiten nach dem Grundsatz Rückgabe vor Entschädigung stattgegeben Es ging nur um Restitution. Kaum einer der durch dieses Gesetz Begünstigten wollte die rückübertragenen Objekte persönlich nutzen. Sie wurden z.T. an Immobilienmakler veräußert, die die ostdeutschen Besitzer von den Grundstücken vertrieben, um diese als Bauland zu nutzen. Durch die Rückübertragung von Eigentumsrechten wurden besonders im Speckgürtel um Berlin Zehntausende gezwungen, ihre meist sorgfältig gepflegten Häuschen und Grundstücke zu verlassen. Von den ehemals 11 000 ostdeutschen Einwohnern Kleinmachnows z.B. verblieben noch 4 000. Die auf 18 000 angewachsene Einwohnerzahl besteht nunmehr zu nahezu 80% aus westdeutschen Eigentümern.

Entsprechende Rückübertragungsansprüche zogen sich, Unsicherheit verbreitend, oft über Jahre dahin, wenn es sich um Erbengemeinschaften oder nicht eindeutig zu klärende Eigentumsverhältnisse handelte.

In Bestätigung der rechtlichen Ungleichbehandlung, erhielten im Grenzgebiet der DDR enteignete Ostdeutsche ihr Eigentum nicht rückerstattet, sondern sie konnten es nur zur Hälfte des Verkehrswertes käuflich erwerben. Die grundrechtlich verbürgte Eigentumsgarantie besitzt offensichtlich nur für den Westdeutschen Gültigkeit und Gesetzeskraft. Diese Tatsache spiegelt sich auch in Urteilen bundesdeutscher Gerichte und des Europäischen Gerichtshofes für Menschenrechte wider. Als rechtens wurde gerichtlich anerkannt, daß die ostdeutschen Erben von Bodenreformland keinen Anspruch auf Entschädigung für das durch den Staat Bundesregierung 1992 enteignete Land besitzen.

Ostdeutsche Eigentümer sind im Ergebnis der Restitution längst überwunden geglaubter Eigentumsverhältnisse im Anschlußgebiet in der Minderheit. Die Ostdeutschen repräsentieren die Bevölkerung in Europa, der am wenigsten von dem Territorium gehört, auf dem sie lebt. Die Vereinigung spülte den Westdeutschen dagegen jährlich 200 Milliarden Euro in die Kassen, allerdings nicht in die der Arbeitnehmer. Die vermögenden Kapitalbesitzer haben ihren Sitz im Westen und die mittellosen Lohnbezieher im Osten. Die Ungleichheit der Vermögen wurde zum Kriterium für die soziale Strukturierung der Gesellschaft im Osten und begründet zahlreiche der zu verzeichnenden Widersprüche. Der für alle Folgen der Vereinigung entscheidende Vorgang war die große Enteignung. Überschreitet die Ungleichheit ein bestimmtes Maß, dann nimmt die Unfreiheit in einer Gesellschaft zu.

Die Aufgabe der Privatisierung und damit Enteignung der volkseigenen Unternehmen wurde ursprünglich der in der DDR als "Anstalt zur treuhänderischen Verwaltung des Volkseigentums" gegründeten Institution übertragen, die nach der Vereinigung im Auftrag der Bundesregierung tätig wurde. Sie wurde Eigentümerin aller DDR-Betriebe mit dem Ziel, diese in Kapitalgesellschaften umzuwandeln. Die "Treuhand" war es, die nach den Folgen der Wirtschafts-, Währungs- und Sozialunion der DDR-Industrie den Todesstoß versetzte und die

Deindustrialisierung Ostdeutschlands vollendete. Es ging jetzt nicht mehr um eine treuhänderische Verwaltung, wie sie noch Detlef Karsten Rohwedder für einen befristeten Zeitraum anstrebte (mußte er vielleicht deshalb sterben?), sondern um eine rasche Sanierung und Privatisierung der Betriebe. Unter der Leitung überwiegend westdeutschen Personals folgte die Treuhandanstalt dem Credo ihrer Chefin Birgit Breuel, daß Privatisierung die beste Form der Sanierung sei. Christa Luft läßt an der zerstörerischen Energie der Treuhand keinen Zweifel.

Als Weg der Privatisierung wurde der Verkauf der Unternehmen an überwiegend westdeutsche Interessenten gewählt. Gleichzeitig wurden die DDR- Betriebe schlecht geredet, ein im Verkaufsgeschäft ganz unübliches Verfahren, wenn ein Produkt zu möglichst guten Preisen abgesetzt werden soll. Die Privatisierung einer Volkswirtschaft mit all ihren Produktionsstätten in kürzester Frist mußte allein aus diesem Grund die Preise drücken und den möglichen Gewinn aus dem Verkauf minimieren. So überrascht nicht, daß die Treuhand ihre Tätigkeit mit Verlust abschloß.

Zudem entsprach die pauschalierte Bewertung der DDR-Industrie als marode und verkommen nicht der Realität, wie u.a. bei Karl Mai nachzulesen ist. Unvoreingenommene Einschätzungen bewerteten ein Drittel der DDR-Betriebe als dem internationalen Standard entsprechend. Ein weiteres Drittel wurde dahingehend bewertet, daß es mit relativ geringem Aufwand zu modernisieren ist. Das letzte Drittel allerdings war derart herunter gewirtschaftet, daß es nur noch für die Abrißbirne reif war.

Die gleichzeitig erfolgende Kritik an der niedrigen Produktivität der Betriebe in der DDR verkennt, daß in diesem Land die ökonomische Zielstellung nicht wie in der Bundesrepublik von der Gewinnmaximierung bestimmt wurde. Vielmehr ging es um die Sicherung sozialer Freiheiten mit Gewährleistung von Vollbeschäftigung, was zwangsläufig mit ökonomischen Defiziten erkauft werden mußte. Das war so gewollt.

In diesem Kontext hatten die Betriebe in der DDR zahlreiche nicht produktive Zielstellungen zu realisieren und zu finanzieren wie die Unterhaltung von Kindergärten, Ferienheimen, Klubhäusern, Polikliniken, arbeitsmedizinischen Einrichtungen u.a.m., was sich negativ auf die Produktivität und den erwirtschafteten Gewinn auswirkte, aber die Kommunikation zwischen den Menschen förderte und das soziale Netzwerk zwischen ihnen festigte. Es wurde mit dieser Politik das gefördert, was heute von den Protagonisten des Neoliberalismus als zwischenmenschliche Solidarität denunziert, von den Menschen in Ostdeutschland überwiegend als Verlust wahrgenommen wird.

Es findet in der heutigen Öffentlichkeit keine Akzeptanz, sondern Abwertung, daß in der DDR die Arbeitswelt ein Lebenszentrum für ihre Bürger darstellte. Mit dem Verschwinden der Betriebe gingen über Jahrzehnte gewachsene zwischenmenschliche Beziehungen und gesellschaftliche Strukturen verloren, ohne daß sie durch ein Äquivalent ersetzt wurden. Aus dem sozialen Netz herausgerissen, vereinzelten die Menschen.

Die von der Treuhandanstalt häufig für den symbolischen Preis von 1 DM verschleuderten Betriebe wurden in zahlreichen Fällen durch die neuen Eigentümer geschlossen. Moderne Maschinen und Eigenkapital wurden in westdeutsche Standorte transferiert. Zurück blieb eine deindustrialisierte Landschaft mit einer stetig zunehmenden Zahl von Arbeitslosen und nur wenigen verbliebenen Industriestandorten. Es überlebten einzelne Großunternehmen, die überwiegend der Automobilindustrie zuzuordnen sind. Zwar erfolgten an Standorten wie Leuna, Dresden und Leipzig einige Neuansiedlungen und Modernisierungen von Betrieben, die jedoch deutlich weniger Arbeitskräfte benötigen als vorher an diesen Orten tätig waren und nur unwesentlich zur Senkung der Arbeitslosigkeit beitragen. Helge-Heinz Heinker demonstriert am Beispiel der sogenannte Boomtown Leipzig, wie wacklig die hoch gepriesenen "Leuchttürme" im Osten Deutschlands sind. Sie bedeuten keine Garantie für wirtschaftlichen Aufschwung, wenn die Globalisierung sie eines Tages als unwirtschaftlich erscheinen läßt. Besser wäre es statt von Leuchttürmen von Oasen in der Wüste zu sprechen.

Die ostdeutsche Gesellschaft stellt sich im Ergebnis der Treuhandpolitik als Dienstleistungsgesellschaft dar. Doch Dienstleistung, ohne eine industrielle Basis im Hindergrund, kann eine Gesellschaft wirtschaftlich nicht stabilisieren, sondern macht sie gegenüber ökonomischen Störungen labil.

Nur ein Bruchteil des früheren sozialistischen Eigentums ging im Gegensatz zu den übrigen postsozialistischen Ländern an Vertreter der Region. Die Geschwindigkeit und das Ausmaß der Privatisierung waren einmalig und nicht vergleichbar mit der Situation in den übrigen östlichen Volkswirtschaften. Der Zusammenbruch der Industrie war in den osteuropäischen Transformationsländern weniger ausgeprägt, und die Arbeitslosigkeit erreichte nicht das Ausmaß wie in Ostdeutschland. *"Das Tempo der Privatisierung durfte dem Tempo der Desillusionierung nicht hinterherhinken"*, so Daniela Dahn.

Bei den in Ostdeutschland verbliebenen Unternehmen erfolgte eine Fragmentation. Große Betriebe, deren Stammhäuser in den alten Ländern lokalisiert sind und einige kleinere ostdeutsche Betriebe haben den Anschluß an die Globalisierung und damit den internationalen Markt gefunden. Das Gros bleibt in seiner Wirksamkeit jedoch örtlich begrenzt im Sinne einer Ghettoisierung und einer auf das engere Umfeld beschränkten Wirkung. Der größte Teil der ostdeutschen mittelständischen Betriebe gehört hierzu. Im Ergebnis ihrer geringen wirtschaftlichen Ausstrahlung und mangels Eigenkapital sind sie bei jeder Abschwächung der Wirtschaft besonders gefährdet und gehen zugrunde mit der Entlassung von Arbeitnehmern. Zudem verhalten sich die Banken bei der Vergabe von Krediten gegenüber diesen kleinen Unternehmen zurückhaltend. Bei Ausschreibungen von Vorhaben unterschiedlichster Art wurden vielfach altbundesdeutsche Unternehmen bevorzugt. Die Angebote der ostdeutschen Unternehmen waren ihnen häufig bekannt, so daß sie diese unterbieten konnten. Wer in diesem Zusammenhang an Korruption denkt, liegt mit dieser Annahme wohl nicht so falsch. In dieser Hinsicht trägt die Bundesrepublik durchaus die Züge einer Bananenrepublik. Wie sich inzwischen herausgestellt hat, gehören Bestechlichkeit und Vorteilsnahme zum Wesen bundesrepublikanischen Alltags. *"Eine Gesellschaft, in deren Unternehmen eine Mentalität des Absahnens und Betrügens grassiert, ist moralisch und ökonomisch dem Niedergang geweiht"*, so John Kenneth Galbraith.

Die verbliebenen und neu errichteten Betriebe stellen in der Regel als Tochtergesellschaften westdeutscher Unternehmen nur die verlängerte Werkbank des

Westens dar. Vorhandene Bodenschätze, wie z.B. Kiesgruben, werden durch westdeutsche Unternehmer ausgebeutet. Bekannt ist die Vernichtung der DDR-Kaliindustrie, um den westdeutschen Absatz zu sichern. Grund und Boden, soweit es sich nicht um solchen handelt, der vor der Gründung der DDR unter der sowjetischen Besatzungsmacht enteignet wurde, erhielten die ehemaligen westdeutschen Eigentümer zurück. Doch auch um die Rückgabe des vor 1949 enteigneten Besitzes wird mit allen zur Verfügung stehenden Rechtsmitteln hartnäckig gerungen, unter Mißachtung von Urteilen des Bundesverfassungsgerichts und selbst des Europäischen Gerichtshofes.

Die Reprivatisierung von zu DDR-Zeiten enteigneten Betrieben durch die Treuhandanstalt erfolgte zum Verdruß des Mittelstands erst an 2. Stelle. Es wurden zwar die Betriebe mit ihren Maschinen an die ursprünglichen Eigentümer zurückgegeben, aber nicht automatisch das seinerzeit vom sozialistischen Staat vereinnahmte Geldvermögen. Diese Tatsache bedeutete für viele Mittelständler das existentielle Aus, da ihnen die finanziellen Voraussetzungen zum Einkauf von Materialien und zur Zahlung der Löhne fehlten. Ebenso besaßen sie nicht die notwendigen Erfahrungen, um im Wettbewerb der freien Marktwirtschaft zu bestehen. Der prognostizierte Aufschwung des Mittelstands blieb weitgehend aus, da eine Vielzahl der reprivatisierten Betriebe nach kurzer Zeit wieder zugrunde ging. Letztendlich erging es vielen von ihnen nicht besser als in der DDR.

Mit der Wiederbelebung der mittelständischen Betriebe verband sich ursprünglich die Hoffnung auf die Schaffung von Arbeitsplätzen in Millionenhöhe für die in den anderen Wirtschaftszweigen freigesetzten Arbeitnehmer. Diese Hoffnung mußte rasch zu Grabe getragen werden. Der Kapitalismus zeigt keine Schwächen bei der Vernichtung von Arbeitsplätzen. Die Schaffung neuer gehört nicht zu seinen Stärken.

Die verbliebenen Handwerksbetriebe, in der DDR durchaus verwöhnt und in der sozialistischen Vergangenheit vom Mangel an Arbeitskräften und Material profitierend, hatten gehofft, nach dem Anschluß eine weitere Steigerung ihres Wohlstandes zu erfahren. Doch fehlten ihnen zum einen die finanziellen Betriebsmittel, um unter den neuen Marktbedingungen erfolgreich agieren zu können. Zum anderen kam ihnen durch die einsetzende Arbeitslosigkeit und die im Vergleich zu den Lebenshaltungskosten niedrigen Löhne die kaufkräftige Klientel abhanden. In den ersten Jahren nach dem Anschluß partizipierten sie von dem Bauboom im Osten, dann brach auch dieser zusammen und damit eine Vielzahl von Betrieben mit ihren Arbeitsplätzen.

Die ökonomische Fehlentwicklung Ostdeutschland unterstreicht die Tatsache, daß der Osten wirtschaftlich nach 14 Jahren deutscher Einheit gerade Mal den Stand der DDR von 1989 erreichte. Soviel staatliche Mißwirtschaft wie in der Zeit der Treuhand hat es selbst in der DDR nicht gegeben. Die blühenden Landschaften finden sich im Westen, wo die Zahl der Einkommensmillionäre um 40% auf mehr als 750 000 gestiegen ist und sich das private Vermögen verdoppelt hat.

Die Deindustrialisierung in Einheit mit der Transformation in Ostdeutschland zeitigt Folgen auf dem Arbeitsmarkt, wie sie von Weitsichtigen zwar vorausgesagt, aber von den meisten nicht erwartet wurden. Die ostdeutsche Bevölkerung hatte zwar eine gewisse Arbeitslosigkeit befürchtet und war bereit, diese als vorübergehendes Übel zu akzeptieren, aber nicht in dem Umfang, wie sie tatsächlich eintrat. 2/3 der Ostdeutschen mußten ein- oder mehrmals ihre Arbeitsstelle wechseln, 1/3 von ihnen schied völlig aus dem Arbeitsleben aus. Die unverändert hohe Arbeitslosigkeit dauert an, und die Nettolöhne betragen maximal 85% der westdeutschen. In vielen Bereichen liegen sie weit darunter, da Tariflöhne nicht gezahlt werden. Das zu Beginn des wirtschaftlichen Zusammenbruchs viel beschworene Licht im Tunnel erwies sich als Irrlicht. Die hohen Arbeitslosenzahlen wären noch höher, wenn nicht durch Altersübergang und Frühverrentung ein großer Teil des überflüssigen Arbeitskräftepotentials abgeschöpft worden wäre. Dies betraf vor allem die über 50-Jährigen.

Die vollzogene Vernichtung der Industrie hat einen stagnierenden "Aufbau Ost" zur Folge mit einer ausgewiesenen Arbeitslosigkeit um die 20%, die real noch höher ist, wenn die Frühverrentungen hinzugerechnet werden. In Gegenden wie der Lausitz, dem Mansfelder Land und dem Erzgebirge werden Werte von 40% erreicht. Für Anklam z.B. findet sich bei Christoph Hein die Angabe, daß die Arbeitslosigkeit 50% ausmacht. Zudem werden die Zahlen noch manipuliert, indem zahlreiche Betroffene aus den Statistiken herausgerechnet wurden und Hunderttausende zu den Arbeitsstätten in den alten Bundesländern pendeln bzw. ganz nach dort verzogen sind. Seit der Vereinigung ist die Bevölkerung von 16,4 Millionen Einwohnern in der DDR auf etwa 13,5 Millionen in den neuen Bundesländern geschrumpft. Der Exodus hat sich nach dem Anschluß nicht verringert.

Trotzdem ging es vielen Ostdeutschen persönlich besser als den Arbeitnehmern in den osteuropäischen Transformationsländern, da der Verlust an Arbeitsplätzen durch enorme finanzielle Transfers aus den alten Bundesländern für Arbeitsbeschaffungsmaßnahmen (ABM), zur Frühverrentung und Zahlung von Arbeitslosengeld kompensiert und so für den Einzelnen über viele Jahre nicht fühlbar wurde.

Das grundsätzliche Problem besteht darin, daß die dafür erforderlichen Mittel nicht in der eigenen Region erwirtschaftet werden, sondern zu einem beträchtlichen Teil in Westdeutschland. Wie sich gegenwärtig abzeichnet, wird es zukünftig vielen Ostdeutschen nicht besser gehen als den immer wieder zum Vergleich herangezogenen Osteuropäern. Der einfache Vergleich höherer Einkommen ostdeutscher Arbeitnehmer mit dem von Arbeitnehmern in Osteuropa ist deswegen obsolet, weil die Lebenshaltungskosten in diesen Ländern deutlich niedriger sind als in der Bundesrepublik. Das wird in den Grenzregionen zu Polen und zur Tschechoslowakei erkennbar ausgenutzt. Benzin, Medikamente, Dienstleistungen und Lebensmittel zu niedrigeren Preisen als in der Bundesrepublik helfen vielen Ostdeutschen zur relativen Erhöhung ihres Wirtschaftsgeldes. Mit dem Eintritt in die EU und Einführung des Euro werden auch in diesen Ländern die Preise steigen, womit der ökonomische Anreiz zum kleinen Grenzverkehr verloren geht.

Die beträchtlichen finanziellen Transferleistungen sind deshalb problematisch und makroökonomisch kontraproduktiv, weil sie überwiegend der sozialen Alimentierung weiter Kreise der Bevölkerung und nicht einem sich selbst tragenden wirtschaftlichen Aufschwung in Ostdeutschland dienen. Erschwerend kommt hinzu, daß sich gegenwärtig in Deutschland zwei Prozesse überschneiden: Die unvollendete Transformation in Ostdeutschland als ein Teil der postsozialistischen Transformation in den osteuropäischen Ländern und die Umbruchs- und Regulationskrise Westdeutschlands in Übereinstimmung mit entsprechenden Prozessen in der übrigen westlichen Welt als Resultat der globalisierten Wirtschaft.

Mit dem Zusammenbruch der Industrie kann der ostdeutsche Konsum zu mehr als einem Drittel nicht aus eigener Leistung bestritten werden. Auch hier sind es Transferlieferungen, die die Produktionslücke schließen. Allerdings fließt der Gewinn aus dem Umsatz der verkauften Produkte in westdeutsche Portefeuilles und bewirkte in den alten Bundesländern einen Wachstumsschub. Auf diese Weise erhielt die 1989 schon im Abschwung befindliche westdeutsche Wirtschaft einen Schub nach vorn und konnte sich noch einmal stabilisieren. Die ersten Jahre nach der Vereinigung waren 7 fette Jahre für den Westen und haben zur Festigung der bereits damals auf Talfahrt befindlichen bundesdeutschen Wirtschaft beigetragen. Aus diesen Gründen besitzt die westdeutsche verarbeitende Industrie kein allzu großes Interesse an einem Ausbau von Produktionskapazitäten im Osten.

Der finanzielle Vereinigungsgewinn gilt nicht für das Gros der westdeutschen Bevölkerung, sondern für Banken, Versicherungen, die großen Handelsketten, Autohersteller, Industrieunternehmen, Baubetriebe, Immobilienbesitzer und alle "Vereinigungsgewinnler" sowie "Besserverdienenden". Die nach der Vereinigung erfolgte Zunahme der Zahl der westdeutschen Millionäre steht im Widerspruch zu der Aussage, daß es angeblich dem Standort Deutschland so schlecht geht. Dem steht in Bestätigung von Daniela Dahn der verarmte Osten gegenüber: *"Wenn sich Reich und Arm vereinen, dann wird das Reiche reicher und das Arme ärmer."* Es entsteht ein Mezzogiorno Ost, vergleichbar den strukturschwachen Regionen anderer Industrieländer wie z.B. in Süditalien.

Die Umgestaltung Ostdeutschlands betraf alle miteinander vernetzten und sich wechselseitig beeinflussenden Lebensbereiche. Das gilt auch für die Transformation der Institutionen und den damit einhergehenden Elitenwechsel. Letzterer wurde von der politischen Klasse für notwendig gehalten, um die umgestalteten Institutionen mit ihren z.T. neuen Aufgabengebieten und komplizierten gesetzlichen Rahmenbedingungen fachlich kompetent begleiten zu können. Außerdem bestand die Sorge, daß in den Führungspositionen belassene ostdeutsche Eliten die Basis für die Bewahrung und Perpetuität mißliebiger sozialistischer Denkmuster darstellen würden. Weiter herrschte zweifellos die Befürchtung, daß dieser Personenkreis sich der Radikalität des Umbruchs widersetzen und der Öffentlichkeit eine unerwünschte Debatte aufzwingen könnte, die die Thesen vom Unrechtsstaat und Totalitarismus in Frage stellt. Mit der Ausschaltung der Eliten wurde zudem eine Konkurrenz beseitigt.

Weniger mit dieser Zielstellung hatte primär die Entlassung von 700 000 Angestellten des öffentlichen Dienstes ohne Einzelfallprüfung zu tun. Dieser Personenkreis wurde in die sogenannte Warteschleife geschickt, d.h. die Betroffenen erhielten noch ein halbes Jahr ihre Bezüge. Während dieser Zeit sollten sie sich um einen neuen Arbeitsplatz bemühen, landeten in der Arbeitslosigkeit oder ergriffen die Möglichkeit des Vorruhestands, wenn sie nicht den Rettungszipfel der vorzeitigen Altersrente ergreifen konnten. Durch diese Maßnahme befreite sich der bundesdeutsche öffentliche Arbeitgeber zugleich von ungeliebten DDR-Altlasten mit dem Parteibuch der SED in der Tasche.

Besonderes Augenmerk wurde nach dem Anschluß der DDR den ostdeutschen Eliten geschenkt und dem Credo von Arnulf Baring gefolgt: *"Ob sich dort einer Jurist nennt oder Ökonom, Pädagoge, Psychologe, Soziologe, selbst Arzt oder Ingenieur, das ist völlig egal: Sein Wissen ist auf weite Strecken völlig unbrauchbar."*

Wird die Bewertung der DDR-Intelligenz durch Arnulf Baring auf die Gegenwart angewandt, so erscheint es widersprüchlich, daß die Kanzlerin der Bundesrepublik Deutschland, einer der Vizepräsidenten des Bundestages und der Vorsitzende der "Volkspartei" SPD zu der derart abgewerteten sozialen Schicht gehören. Es ließe sich das nur so deuten, daß ihre wissenschaftliche Reputation für eine entsprechende berufliche Tätigkeit im bundesdeutschen Alltag tatsächlich nicht ausreicht, und sie deshalb in die Politik gegangen sind. Um Politiker zu werden, bedarf es bekanntlich nicht unbedingt des Sachverstands.

Wie mit den vom Rechtsstaat verfemten Personen zu verfahren ist, wurde bei der Kommunistenverfolgung in den 50er Jahren und der Umsetzung des sogenannten Extremistenerlasses aus dem Jahre 1975 demonstriert. Diese Vorgänge finden sich bei Gerard Braunthal und Diether Posser beschrieben. Das damals entwickelte politische und juristische Instrumentarium zur Ausgrenzung unliebsamer Personen wurde im Umgang mit den DDR-Eliten reaktiviert.

In Durchsetzung der ideologischen Vorgaben erfolgte der Elitenwechsel bei den Hochschullehrern und Wissenschaftlern an den Universitäten mit besonderem Nachdruck. Ein großer Teil von ihnen verlor die Arbeitsplätze ohne Einzelfallprüfung durch Abwicklung der geisteswissenschaftlichen, juristischen sowie wirtschaftswissenschaftlichen Fakultäten und von Hochschulen, die nicht in die bundesdeutsche Hochschulstruktur paßten. In den übrigen Fachgebieten erfolgten Einzelfallprüfungen, die in ihrer Mehrzahl zur Entlassung der Vorgeladenen führten. Die Überprüfungen, die den Charakter von Gesinnungsprüfungen trugen, wurden von den Personalkommissionen vorgenommen. Sie setzten sich aus DDR-Wissenschaftlern zusammen, die nach eigener Einschätzung aus politischen Gründen in ihrer wissenschaftlichen Karriere behindert worden waren. Kündigungsgrund war fast ausschließlich die persönliche Nichteignung, die sich auf den Vorwurf der Staatsnähe und der SED-Mitgliedschaft stützte.

Wie Arno Hecht herausgearbeitet hat, mußten durch Abwicklung und Entlassung etwa 80% der Hochschullehrer der DDR ihren Arbeitsplatz räumen. Der akademische Mittelbau, der sich zur Zeit der friedlichen Revolution besonders engagiert hatte und auf demokratische Reformen drängte, hatte zu 90% die Hochschulen zu verlassen. Grund war der massive Planstellenabbau, um den altbundesdeutschen Normen gerecht zu werden. Weitere 12 000 Wissenschaftler landeten mit der Auflösung der Forschungsinstitute der Akademie der Wissenschaften zum 31. Dezember 1991 auf der Straße. Nur etwa 40% von ihnen, überwiegend aus dem akademischen Mittelbau, fand Aufnahme an den Universitäten und den neu gegründeten Instituten der Max-Planck-Gesellschaft, der Fraunhofer Gesellschaft und der Wissenschaftsgemeinschaft Wilhelm Leibniz. Schließlich verloren ungefähr 80% von 86 000 Wissenschaftlern ihre Arbeit, die in der Industrieforschung tätig waren. Die Ursachen sind in dem Zusammenbruch der DDR-Industrie zu benennen und in der Tatsache, daß die verbliebenen Betriebe sich aus finanziellen Gründen eigene Forschungsabteilungen nicht mehr leisten konnten.

Der "Ausschuß für wirtschaftliche, soziale und kulturelle Rechte der Vereinten Nationen" hat in seinem Bericht vom 02.12.1998 den Umgang mit den DDR-Wissenschaftlern aufgegriffen. Es wurde festgestellt, daß nur 12% der öffentlich Beschäftigten der DDR in Wissenschaft und Technik nach dem Anschluß weiter beschäftigt wurden. Die geäußerte Befürchtung, daß dabei eher politische und weniger berufsbedingte oder wirtschaftliche Gründe eine Rolle spielten, ist traurige Realität. Dieser Bericht wurde in der Öffentlichkeit der Bundesrepublik verschwiegen, schon gar nicht nahm die Regierung davon Kenntnis. Zwar erfolgte auch in der DDR die Ausgrenzung von Wissenschaftlern, wie das Beispiel des Professors für Osteuropäische Geschichte, Günter Mühlpfordt, zeigt, der der Universität verwiesen wurde und an anderer Stelle keine Anstellung fand. Es waren dies im Vergleich zur Personalerneuerung nach 1990 nur Einzelfälle, die trotzdem gegen den Grundsatz der Menschlichkeit verstießen.

Durch die geschilderten Maßnahmen ging der Wissenschaftslandschaft der Bundesrepublik wertvolles Humankapital verloren, das einen Beitrag zur Neugestaltung der Universitätslandschaft hätte leisten können. Der Ersatz erfolgte durch Wissenschaftler mit unterschiedlicher fachlicher Kompetenz aus den alten Bundesländern, die sich seit längerem in einem Berufungsstau befanden. Mit der Vereinigung eröffneten sich für sie neue, nicht vorhergesehene Chancen. Gegenwärtig ist festzustellen, daß nicht die ursprünglich angestrebte Durchmischung von Ost- und Westwissenschaftlern stattgefunden hat, sondern eine Dominanz der Wissenschaftler vorliegt, die ihre Sozialisation in der alten Bundesrepublik erfahren haben.

Die Kahlschlagpolitik in der Wissenschaft hat bewirkt, daß in Ostdeutschland auf 100 000 Einwohner nur 118 Personen in Forschung und Entwicklung tätig sind, in den alten Bundesländern sind es 433, und in Osteuropa immerhin 220.

Ergänzend wähnten Bundesregierung und Bundestag den Prozeß der inneren Angleichung dadurch zu beschleunigen, daß die Intellektuellen der DDR in der medialen Öffentlichkeit diskreditiert wurden mit Anzweiflung ihrer moralischen und fachlichen Kompetenz.

In den anderen staatlichen Institutionen verlief der Elitewechsel unterschiedlich. In der Lehrerschaft gab es zwar Entlassungen, die aber keinen Ersatz aus dem Westen nötig machten, da mit dem dramatischen Rückgang der Schülerzahl weniger Pädagogen benötigt wurden. Der Ersatz der entlassenen Schuldirektoren rekrutierte sich überwiegend aus den eigenen Reihen. Bei der Polizei wurde ein Austausch nur in den leitenden Positionen für erforderlich gehalten. Auf die Masse der Polizisten konnte nicht verzichtet werden, da ihre Ortskenntnis und das Wissen um die Kriminalitätsstruktur im Osten für eine erfolgreiche Verbrechensbekämpfung unerläßlich waren. Die Nationale Volksarmee fand sich, trotz gegenteiliger Behauptungen, mit wenigen Ausnahmen in der Bundeswehr nicht wieder. Im Justizwesen sind es bevorzugt Richter und Staatsanwälte sowie die Direktoren von Landes-, Amts- und Verwaltungsgerichten, die ihre Ausbildung in den alten Bundesländern erfahren haben. Von den vorsitzenden und beisitzenden Richtern beispielsweise stammen etwa 92% aus den alten Bundesländern. Für die ostdeutschen Juristen blieb die Anwaltspraxis, die ihnen in der Regel ein auskömmliches Einkommen sichert.

Auf den verschiedenen Ebenen der kommunalen Verwaltung dominieren Ostdeutsche, die eine Unterstützung durch westdeutsche Berater erfahren haben. In den Ministerien der Landesregierungen werden die Leitungspositionen von Kernbereichen wie Justiz, Inneres und Wirtschaft vorwiegend von Westdeutschen eingenommen. Bei ostdeutschen Ministern steht ihnen ein westdeutscher Staatssekretär zur Seite. Ebenso stammen die Abteilungsleiter überwiegend aus den alten Bundesländern.

In der Wirtschaft schieden Kombinats- und Werksdirektoren mit der Zerschlagung der Kombinate und dem Untergang ihrer Betriebe aus dem Arbeitsleben aus. Vorzugsweise Personal aus der mittleren Leitungsebene gründete häufig kleinere Betriebe, die in der freien Marktwirtschaft z.T. erfolgreich Fuß fassen konnten.

Mit Ausnahme des Politikfeldes sind die Ostdeutschen im Ergebnis des Elitewechsels in allen gesellschaftlichen Bereichen Ostdeutschlands unterrepräsentiert. Die Kandidaten für die Land- und Kreistage sowie die Kommunalparlamente müssen sich notwendiger Weise aus dem örtlichen Angebot rekrutieren.

Nicht jeder westdeutsche Beamte war davon begeistert, "Aufbauarbeit", wie es hieß, in den neuen Bundesländern zu leisten. Die Lebensbedingungen wie die Infrastruktur entsprachen nicht den aus den alten Bundesländern gewohnten Standards. Außerdem genossen die Ostdeutschen keinen allzu guten Ruf. Viele der Westdeutschen hatten das Gefühl, in die Taiga übersiedeln zu müssen. Doch die Bedenken schwanden mit den gewährten finanziellen Zulagen, der sogenannten Buschzulage, der großzügigen Reisekostenregelung und dem Karriereschub, der sich aus vorzeitigen Beförderungen der Beamten ergab. Die Besetzung der Positionen mit Entscheidungsfunktion war auf diese Weise, unabhängig von der Qualität ihrer Inhaber, abgesichert. Vielfach setzte sich das Peter-Prinzip durch, wonach Personen so lange in der Hierarchie aufsteigen bis sie den Posten erreicht haben, dem sie nicht mehr gewachsen sind.

Als besonderes Hemmnis stellt sich heraus, daß den in die neuen Bundesländer Übergesiedelten jegliche Kenntnis von dem Landesteil fehlt, in dem sich ihre zukünftigen Wirkungsstätten befinden. Sie besitzen zwar enge Verbindungen zur altbundesdeutschen Gesellschaft und ihren staatlichen Organen, aber keine zur ostdeutschen. Viele der transferierten Personen fühlen sich infolge der fehlenden mentalen Beziehungen zu ihrer neuen Umwelt isoliert und suchen Kontakt zu "Leidensgenossen" mit einem gleichen Schicksal. Häufig bilden sich in der ostdeutschen "Wüste" isolierte soziale Inseln von gleich gesinnten Westdeutschen, an die sich die ostdeutsche Klientel anzulehnen versucht, die den Anschluß an den Westen geschafft zu haben glaubt.

Der Elitewechsel in den neuen Ländern unterschied sich grundsätzlich vom Procedere nach 1945. Waren es in der alten Bundesrepublik damals nur die mit Machtallokation ausgestatteten politischen Eliten in hohen Entscheidungsfunktionen, die nicht mehr zum Zuge kamen, so betraf es nach 1989 in den neuen Bundesländern auch die mit Kompetenzallokation versehenen wissenschaftlichen Funktionseliten an den Universitäten, Hochschulen, den außeruniversitären Forschungseinrichtungen und der Industrieforschung.

Von den Kriterien des Einigungsvertrages, die einer Beschäftigung von Angehörigen der Funktionseliten im öffentlichen Dienst der Bundesrepublik entgegen standen, griff im wesentlichen, wie Arno Hecht zeigen konnte, der Vorwurf der mangelnden persönlichen Eignung. Dieser stützte sich auf die nicht näher begründete These vom "Unrechtsstaat". Die Funktionseliten, insbesondere die ehemaligen SED-Mitglieder, unterlagen so der kollektiven Schuldvermutung, durch ihre fachliche Tätigkeit und ihr politisches Engagement das "Unrechtsregime" gestützt zu haben.

Es stellt sich die Frage, warum den DDR-Eliten ihr Bekenntnis zum Sozialismus zum Vorwurf gemacht und in den Rang einer Schuld erhoben wird, wenn Thomas Mann den Antikommunismus als die Grundtorheit des Jahrhunderts bezeichnete und Karl Jaspers äußerte, daß der Sozialismus der Grundzug unseres Zeitalters sei. In der unzulässigen Vermengung der Begriffe Schuld und Verantwortung wurde das Verhalten der DDR-Eliten zur Zeit der DDR als Schuldvorwurf instrumentalisiert. Dieser besaß zwar keine strafrechtliche Relevanz, genügte jedoch auch in Arbeitsgerichtsprozessen als Entlassungsgrund.

Es machte sich Ersatz für die frei gewordenen Positionen in der Verwaltung erforderlich. Aus politischen Gründen gerieten so nach dem Anschluß in Ostdeutschland zahlreiche Personen in verantwortliche Funktionen, denen die fachlichen Voraussetzungen und praktischen Erfahrungen für ihre Tätigkeit fehlten. Damit wurde der gleiche Fehler gemacht, wie er für die sowjetische Besatzungszone und die Anfangsphase der DDR typisch war: Politisch gewollt, entschied über die Besetzung von Leitungspositionen in der Verwaltung und Wirtschaft nicht die fachliche Befähigung, sondern die proletarische Herkunft. Konrad Adenauer sicherte dagegen den wirtschaftlichen Aufstieg der Bundesrepublik dadurch ab, daß er die fachlich kompetenten Funktionseliten von Nazi-Deutschland nicht ausgrenzte, sondern übernahm.

Die unzureichende fachliche Kompetenz der in der Verwaltung verbliebenen ostdeutschen Angestellten hatte eine Abhängigkeit von z.T. wenig sachkundigen westdeutschen Beratern zur Folge, die zu zahlreichen Fehlentscheidungen auf kommunaler Ebene führte. Sie gingen von westdeutschen Erfahrungen aus, ohne die ganz andere Situation in den neuen Bundesländern zu berücksichtigen. So wurden Trinkwasser- und Abwasseranlagen in Dimensionen errichtet, die an den Erfordernissen weit vorbei gingen. Nicht beachtet wurde etwa der sich abzeichnende geringere Bedarf durch den Zusammenbruch der Industrie und die sinkende Wasserabnahme durch die Bevölkerung infolge der deutlich gestiegenen Wasserpreise und die Abwanderung nach Westdeutschland. Die Konsequenz sind gegenwärtig überhöhte Wasser- und Abwasserpreise für die Abnehmer.

Im Osten wurden Erlebnisbäder, auf engstem Raum zusammengedrängt, errichtet. Falsche Beratung aus westdeutschem Mund und winkende Fördergelder ließen alle Rentabilitätsberechnungen vergessen. Zinsen für Kredite waren zu bedienen, Unterhaltung, Reparaturen und Ersatzleistungen waren zu begleichen bei Einnahmen, die weit unter den Erwartungen blieben. Auch diese wurden falsch kalkuliert, weil die hohe Arbeitslosigkeit und das geringe Einkommen der Bevölkerung nicht beachtet wurden.

Das für 16 Millionen D-Mark errichtete Erlebnisbad im erzgebirgischen Seifen ist seit mehreren Jahren geschlossen und sucht verzweifelt einen Betreiber. Andere derartige Fehlinvestitionen stehen ebenfalls vor der Insolvenz. Eine weitere derartige Fehlplanung scheint sich im sächsischen Vogtland mit dem Neubau einer Großschanze in der Nähe von Klingenthal anzubahnen. Ein Prestigeobjekt, dem infolge des Klimawandels der Naturschnee und eines Tages auch das Geld fehlen wird. Weitere Fehlinvestitionen waren die Chip-Fabrik in Frankfurt/O., der Lausitzring oder der Cargo-Lifter im Land Brandenburg unter der Ägide von Manfred Stolpe.

Dieser Entwicklung entspricht die Beobachtung, daß westdeutsche Konsumketten sich aus Ostdeutschland zurückziehen, die teureren Waren des gehobenen Bedarfs aus den Regalen verschwinden und leer gezogene Einkaufsmärkte die schwindende Kaufkraft Ostdeutschlands dokumentieren.

Der Elitewechsel und die Transformation der Institutionen verliefen nahezu parallel und wurden in bemerkenswert kurzer Frist abgeschlossen. Die staatlichen Einrichtungen sind von besonderer Bedeutung, weil die Beziehungen des Bürgers zum Staat sich über seine Kontakte zu Ämtern und Behörden realisieren. Als öffentliche Einrichtungen dienen Institutionen der Verwirklichung für die Gesellschaft wichtiger Aufgaben, wie u.a. der Rechtssprechung, der Gesundheitsversorgung, der Bildung und der Kultur. Da Charakter, Organisation und Zielstellung dieser Institutionen vom ideologischen Anspruch des herrschenden politischen Systems bestimmt werden, machte sich mit dem Systemwechsel eine institutionelle Neuordnung erforderlich. Sie war total, da die Übernahme und Integration positiver DDR-Erfahrungen von vornherein ausgeschlossen wurde. Als derart positive und überprüfenswerte Erfahrungen werden von Stefan Bollinger und Fritz Vilmar unter anderem das polytechnische Prinzip im Bildungswesen, die bildende Kunst der DDR, das Zivilgesetzbuch der DDR, die Erfassung von Sekundärrohstoffen durch SERO, die Arbeitswelt als Lebenszentrum, die Polikliniken und die landwirtschaftlichen Produktionsgenossenschaften benannt. Letztere konnten z.T. als Agrargenossenschaften überleben. Dies verdanken sie einem Zufall: Es wurde versäumt, sie der Treuhand zuzuordnen.

Das entscheidende Instrument des Staates zur Durchsetzung und Bewahrung seiner Macht ist das Recht. Wie Hermann Klenner formuliert, macht Macht Recht und Machthaber sind die Rechthaber. Die Durchsetzung des bundesdeutschen Rechts und der Verwaltungsvorschriften auf den verschiedenen Ebenen der ostdeutschen Gesellschaft setzte somit eine institutionelle Transformation des Justizwesens mit Übernahme der altbundesdeutschen Strukturen und der Rückkehr zur wilhelminischen Gerichtsorganisation mit Amts-, Land- und Oberlandesgerichten voraus.

Als einer der ersten und entscheidenden Schritte wurde deshalb ohne Übergangsfrist in den neuen Ländern die bundesdeutsche Rechtsordnung eingeführt, der die Prinzipien des demokratischen und sozialen Rechtsstaates zugrunde liegen. Dazu gehören die verfassungsmäßige Sicherung der Grundrechte, die Verfassungs- und Verwaltungsgerichtsbarkeit, die Rechtsbindung der drei Gewalten, der Exekutive, Legislative und Judikative sowie das im Absatz des Artikels 20 des Grundgesetzes festgeschriebene Sozialstaatsprinzip. Doch auch der

Rechtsstaat offenbart sich als Machtstaat und verschleiert die strukturellen Gewalten in der Gesellschaft, wie sich tagtäglich im Umgang mit seinen Bürgern zeigt.

Die Umstellung der Rechtsordnung erfolgte schlagartig nach Artikel 8 des Einigungsvertrages, der ohne Übergangsfristen mit dem 03. Oktober 1990 bundesdeutsches Recht auf dem ehemaligen Gebiet der DDR in Kraft setzte. Vom Rechtssystem der DDR blieb nichts erhalten. Das für jeden Bürger verständliche und leicht handhabbare Zivilgesetzbuch wurde durch das komplizierte und für ihn unverständliche Bürgerliche Gesetzbuch aus dem Jahre 1896 ersetzt. Das herrschende Recht erweist sich als ausgesprochen volksfremd. Dies gilt schon für die westdeutschen Bürger, aber in noch stärkerem Maß für die Ostdeutschen. Die Menschen verstehen das komplizierte Recht nicht. Deshalb versuchen etwa 141 000 Rechtsanwälte die Unsumme von zivilrechtlichen Streitigkeiten zu bewältigen.

Im Ergebnis des Wandels im Rechtssystem mußte der Ostdeutsche lernen, daß er es mit einem Gesetzesstaat zu tun hat, der mit bemerkenswerter Regelwut versucht, das menschliche Zusammenleben in Paragraphen und Verwaltungsvorschriften zu gießen. Der gesunde Menschenverstand ist bei Entscheidungen weniger gefragt, als das ihm häufig widersprechende formale Recht. Statt ein Problem im Diskurs zu bewältigen, löst es ein neues Gesetz aus.

Neu war auch die Erfahrung, daß der gleiche juristische Sachverhalt bei verschiedenen Richtern zu unterschiedlichen Urteilen führen kann, ohne dadurch das Gleichheitsgebot des Grundgesetzes zu verletzen. Der Ermessensspielraum der Richter erweist sich als beträchtlich und führt bei gleichem Sachverhalt zu ganz unterschiedlichen Urteilen. Die propagierte Unabhängigkeit der Richter stellt sich vor allem bei politischen Strafverfahren als eine nur scheinbare heraus.

Mit Einführung der neuen Rechtsordnung erfolgte gleichzeitig eine rechtliche Ungleichbehandlung der Ostdeutschen u.a. durch das Sozialrecht, das Eigentumsrecht, das Tarif- und Arbeitsrecht. Die fortbestehende Ungleichbehandlung der Ostdeutschen läßt sich am Beispiel des Hochschulpersonals demonstrieren. So erhält bei Erreichung des Ruhestandsalters der ostdeutsche Professor nur etwa ein Viertel der Bezüge seines westdeutschen Kollegen im Nachbarzimmer. Auch wurde die BAT-Bestimmung außer Kraft gesetzt, die Angehörigen des öffentlichen Dienstes nach 15-jähriger Tätigkeit einen Kündigungsschutz aus betrieblichen Gründen gewährt. Der BAT-Ost bildet auch nach 15 Jahren noch die Grundlage für die Entlohnung der ostdeutschen Angestellten. Der ostdeutsche Arzt hat im Vergleich zu seinem westdeutschen Kollegen ein deutliches Mehr an Arbeit zu leisten, erhält dafür aber nur 72% seines Einkommens.

Begleitet wurde der personelle und strukturelle Wandel der Justiz von einer Demontage des Rechtsstaates durch die einsetzende Strafverfolgung politischer Verfehlungen und von Verstößen gegen das Recht auf Leben an der deutsch-deutschen Staatsgrenze. Es wurde der untaugliche Versuch unternommen Geschichte mit juristischen Mitteln aufzuarbeiten. Den Startschuß gab Klaus Kinkel mit seiner Aufforderung an die deutschen Richter, die DDR zu delegitimieren.

Wie der ostdeutsche Rechtsanwalt Friedrich Wolff feststellt, blieb die rechte Vergangenheit unbewältigt, die linke wurde überwältigt. Die politische Justiz der Bundesrepublik gegen die Nazis war eine gegen Freunde, während die gegen die "Roten" eine gegen die Feinde war und ist. Deshalb das Ziel, nicht justiziable Sachverhalte der DDR-Geschichte juristisch aufzuarbeiten. Dies gelang nur unter Einführung gewagter Rechtspositionen und durch Rückgriff auf das Naturrecht, Aufhebung des Rückwirkungsverbotes und Aussetzung von Verjährungsfristen. Richter und Staatsanwälte des obsiegenden Staates urteilten über die Hoheitsträger und mit hoheitlichen Aufgaben betrauten Soldaten sowie Juristen des untergegangenen Staates. Es ist deswegen nicht völlig abwegig, von Siegerjustiz zu sprechen, da das Recht der neu entstandenen Situation angepaßt wurde. Siegerjustiz ist die Justiz der Sieger, und wer der Sieger ist, daran besteht kein Zweifel. Um politisch motivierte Prozesse handelte es sich in jedem Fall, wenn, darauf verweist Friedrich Wolff, dies auch gern in Abrede gestellt wird. Politische Justiz wird immer als unpolitisch ausgegeben, obwohl sie die Arbeit der Politik mit juristischen Mitteln realisiert. Auch die rechtsstaatliche Ordnung, so Otto Kirchheimer, verfügt über ein reiches Waffenarsenal, um den politischen Gegner zu bekämpfen.

Ob es so gelungen ist, die Vergangenheit der DDR juristisch aufzuarbeiten, ist angesichts der Unmöglichkeit Geschichte überhaupt aufzuarbeiten, zu bezweifeln. Es läßt sich aus den Erfahrungen der Vergangenheit nur lernen. Viele Rechtswissenschaftler hatten ihre Bedenken an der praktizierten Vorgehensweise der bundesdeutschen Justiz angemeldet. Doch politischer Wille und wissenschaftliche Bewertung der Realität stimmen selten überein. Staatsanwalt und Richter dienen in politischen Verfahren dem Staat und nicht der Gerechtigkeit.

Die politisch-juristische Abrechnung begann mit Erich Honecker über Egon Krenz bis zu den letzten Prozessen gegen die ehemaligen Politbüromitglieder und Bezirkssekretäre der SED Siegfried Lorenz von Karl-Marx-Stadt und Hans-Joachim Böhme von Halle. Nicht zu vergessen die Mauerschützenprozesse, in denen Soldaten abgeurteilt wurden, die am Ende der Befehlskette stehend, wie in jeder Armee üblich, nur Befehlen ihrer Vorgesetzten gehorchten.

Selbst nach 14 Jahren Einheit wurden Offiziere der Grenztruppen der DDR vor Gericht gestellt, die für das Legen von Minen an der Grenze verantwortlich waren. Wenn sie letztlich auch nicht verurteilt wurden, so bedeutet das Gerichtsverfahren als solches eine Verletzung der Menschenwürde. Für die Gegenwart und Zukunft in diesem Kontext bedenkenswert die Aussage eines bundesdeutschen Richters, daß der Schutz des Lebens Vorrang vor dem Schutz des Staates habe. Offensichtlich gilt dieser Standpunkt nur für die Opfer an der deutsch/deutschen Grenze. An der Grenze zwischen den USA und Mexiko oder den Außengrenzen der Europäischen Union scheint dieser Grundsatz, der zudem rechtlich nicht verbürgt ist, keine Gültigkeit zu besitzen. Auch im Irak besitzt das Leben unschuldiger Zivilisten keinen Vorrang vor den staatlichen Ölinteressen der USA. Ihr Tod ist das Resultat der sogenannten Kollateralschäden, eine beschönigende Umschreibung für Mord an unschuldigen Zivilisten.

Als beschämend für die bundesdeutsche Justiz und das Rechtsverständnis der hinter ihr stehenden Politik ist die Tatsache anzusehen, daß ehemalige Bürger der DDR vor die Schranken des Gerichts gezerrt wurden, die bereits von den Vorgängern der heutigen Juristengeneration in Nazi-Deutschland zu mehrjährigen

Zuchthausstrafen verurteilt und in Konzentrationslager eingewiesen wurden. Hierauf verweist Monika Zorn.

Eine grundsätzliche Wandlung erfuhr das in der DDR staatlich organisierte Gesundheitswesen. Es umfaßte Polikliniken als selbstständige Einrichtungen oder gebunden an Betriebe und Krankenhäuser, staatliche Arztpraxen neben einer verschwindend geringen Zahl privat niedergelassener Ärzte. Das Gesundheitswesen zeichnete sich inhaltlich durch die Einheit von ambulanter und stationärer Betreuung sowie von Therapie und Prophylaxe aus. Es umfaßte zahlreiche Dispensairs für chronische Krankheiten, entfernt vergleichbar dem verfemten DMP (Disease-Mangement-Program). Beispielhaft waren die Mütter und Schwangerenbetreuung, die Jugendzahnpflege und die Betreuung der Diabetiker. Für den Patienten waren Medikamente, Heilhilfsmittel und Krankenhausaufenthalt kostenlos. Die vorhandenen Mängel des DDR-Gesundheitswesens beruhten nicht auf ärztlicher Betreuung oder mangelnder Qualifikation des medizinischen Personals, sondern auf seiner ungenügenden materiell-technischen Ausstattung. Im Gegensatz zu den 60 000 Medikamenten in der Bundesrepublik, genügten in der DDR wenig mehr als 2000 der gesundheitlichen Betreuung der Bevölkerung.

Trotz seiner vor dem Anschluß positiven Bewertung durfte vom DDR-Gesundheitswesen nichts übrig bleiben. Die Ärzte der DDR waren überwiegend in staatlichen Polikliniken und Krankenhäusern als Angestellte tätig. Diese Organisationsform entsprach zwar alten Forderungen der Arbeiterbewegung, widersprach jedoch dem Verständnis der Standesvertreter der altbundesdeutschen Ärzteschaft. Bereits in Vorbereitung der Einheit hatte sich die Ärztelobby durchgesetzt und die einzuschlagende Marschrichtung vorgegeben. Im Artikel 22 Gesundheitswesen des Staatsvertrages heißt es: "*… wird die Deutsche Demokratische Republik schrittweise eine Veränderung in Richtung des Versorgungsangebots der Bundesrepublik Deutschland mit privaten Leistungserbringern vornehmen …*"

Die Polikliniken wurden zerschlagen und die Einheit von stationärer und ambulanter Betreuung beseitigt. Das staatliche Gesundheitssystem der DDR wurde nach westdeutschem Vorbild umgestaltet. Wenn auch nicht von einem massiven Personalwandel begleitet, mit Ausnahme der Besetzung von Chefarztpositionen in Einrichtungen wie den ehemaligen Bezirkskrankenhäusern. Trotzdem war der für die in der Praxis tätigen Ärzte mit dem Anschluß eintretende Wandel nicht weniger gravierend und existenzbedrohend als für andere Berufsgruppen. Bei vielen Ärzten stieß die Forderung auf Niederlassung nicht auf Gegenliebe. Diese bedeutete, sich in fortgeschrittenem Alter, ohne finanzielle Reserven, mit Krediten in beträchtlichem Ausmaß zu verschulden. Letzteres ergab sich aus dem Erfordernis, die neu einzurichtenden Praxen apparativ den Anforderungen einer modernen ärztlichen Diagnostik und Betreuung entsprechend zu gestalten. Die Bedienung der Kredite wird dadurch erschwert, daß sich der Punktwert für ärztliche Leistungen nicht wie erwartet erhöhte, sondern sank. Auch können die ostdeutschen Ärzte bei gleichen und höheren Leistungen weniger abrechnen als ihre westdeutschen Kollegen.

Besonders im Osten stößt auf Unverständnis, daß die für das Gesundheitswesen Verantwortlichen in der Bundesrepublik nicht in der Lage sind, eine flächendeckende ärztliche Versorgung zu gewährleisten. Auch in der DDR bereitete die ärztliche Versorgung in bestimmten Gegenden Schwierigkeiten, die durch befristete Lenkung von Absolventen behoben werden konnten. Doch läßt dies das Recht auf Selbstbestimmung nicht zu, und das zum Nachteil der Kranken, die in bestimmten Fachgebieten Monate auf einen Arzttermin warten und große Wegstrecken in Kauf nehmen müssen.

Aufgegeben wurde die vorbildliche Sektionsgesetzgebung der DDR als eine wesentliche Voraussetzung für eine aussagekräftige Morbiditäts- und Mortalitätsstatistik sowie die Gewährleistung von Rechtssicherheit. Durch die geringe Obduktionsfrequenz in der Bundesrepublik werden nach Angaben von Rechtsmedizinern etwa 50% der gewaltsamen Tötungen (Morde) nicht erkannt.

Die beispielhafte Betreuung von Mutter und Kind wurde abgeschafft ebenso wie die Schwangerenberatung, die Jugendzahnpflege und die Trinkwasserfluoridierung. Das gleiche Schicksal erlitten die Dispensairs für verschiedene chronische Krankheiten. Von einem Gesundheitswesen, das international und vor dem Anschluß auch in Westdeutschland bei vielen Fachleuten ein hohes Ansehen genoß, blieb nichts als die Erinnerung. Sicher spielte bei seiner Transformation Konkurrenzdenken eine nicht unerhebliche Rolle. Zerschlagen wurde auch die einheitliche Sozialversicherung.

Wie Werner Scheler und Peter Oehme darlegen, hatte der langjährige Vorsitzende des Zentralen Gutachterausschusses für Arzneimittel der DDR, Friedrich Jung, der Bundesregierung vorgeschlagen, Experten dieses Gremiums in entsprechende Strukturen des Bundesministeriums ebenso wie bewährte Bestimmungen der Arzneimittelgesetzgebung der DDR zu übernehmen. Natürlich wurde ein solches Angebot ohne Diskussion verworfen.

Für den ostdeutschen Arzt ist die Erfahrung neu und ungewohnt, daß er weniger als Arzt, sondern in erster Linie als Leistungserbringer zu agieren hat. Während die Beziehungen des Arztes zu seinen Patienten in der DDR sich unabhängig von wirtschaftlichen Zwängen abspielten, werden ihm heutzutage ganz andere Leistungen abverlangt. Der Arzt leitet unter den neuen gesellschaftlichen Bedingungen keine Arztpraxis, sondern ein Kleinunternehmen, das er nach betriebswirtschaftlichen Gesichtspunkten zu führen hat. Der Arzt ist Akteur auf dem Gesundheitsmarkt. Der Patient bewegt sich nur an seinem Rand. Er muß sich zuvörderst rechnen, erst dann bestimmt seine Krankheit das Handeln des Arztes. Im Ergebnis der Fremdbestimmung durch die Krankenkassen und Politik erweist sich der Spielraum für seinen Umgang mit dem Patienten als ein Korsett. Selbst viele Ärzte, die mit großen Hoffnungen in die Bundesrepublik eingetreten sind, äußern im Ergebnis ihrer negativen Erfahrungen Mißmut und Unzufriedenheit, wie sie in zwar etwas überspitzter, in ihrem Kern aber zutreffender Form, bei Uwe Kerner anzutreffen sind.

Für den Patienten änderte sich mit der Transformation des Gesundheitswesens zunächst nicht viel, bis auch er den wirtschaftlichen Zwängen zum Opfer fiel. Unter dem Schlagwort von der Erhöhung der Eigenverantwortung erfolgte eine zunehmende finanzielle Herausforderung durch Selbstbeteiligung an den Kosten für Medikamente, Heilhilfsmittel, Krankenhausaufenthalte und Kuren bis hin zur zahnärztlichen Betreuung. Diese Belastungen des Patienten lassen bei ihm positive Erinnerungen an die DDR wach werden, in der die Leistungen des

Gesundheitswesens für ihn kostenlos waren. Keineswegs stößt es auf Verständnis, wenn Abgeordnete parlamentarischer Gremien im Gegensatz zur übrigen Bevölkerung ihr Sterbegeld erhalten, obwohl es doch auch einem toten Abgeordneten nichts nutzt, so ein "grünes" Argument zu seiner Abschaffung für die übrige Bevölkerung.

Zur Kritik und Ablehnung fordert jeden zuerst sozial und dann wirtschaftlich Denkenden die Privatisierung von Krankenhäusern heraus. Den Forderungen des Gesundheitsmarktes folgend, schon die Kombination von Gesundheit und Markt läßt schaudern, bedeutet Krankheit nicht mehr die gesundheitliche Beeinträchtigung des Individuums, sondern eine Ware, an der es zu verdienen gilt. So erfolgen zu Lasten der Patienten ein Abbau des Pflegepersonals und eine Reduzierung der Zahl der Ärzte. Das bedeutet Senkung der Lohnnebenkosten und erhöhten Gewinn für den oder die Betreiber eines privaten Krankenhauses. Die Rhön-Klinikum AG wird z.B. bereits an der Börse notiert. Damit eröffnet sich die Möglichkeit, aus dem Leiden kranker Menschen Profit zu erzielen. Stabile Börsenwerte sind gesichert, denn kranke Menschen wird es immer geben. Es geht nicht mehr allein um Kostendeckung, sondern auch in diesem gesellschaftlichen Sektor um die Erzielung von Profit.

Der unstillbare Drang, alles wieder in alte, besser veraltete und überholte Bahnen zu drängen, machte vor dem Bildungssystem der DDR nicht Halt. In der DDR gewährten die 10-klassige polytechnische Oberschule und die erweiterte Oberschule (EOS) als Gemeinschaftsschule allen Kindern unabhängig von ihrer sozialen Herkunft und dem Einkommen der Eltern, eine umfassende Ausbildung. Die Einheitsschule wurde mit dem Anschluß abgeschafft. Statt der 10-Klassenschule mit anschließender Oberstufe im Sinne der erweiterten Oberschule wurde das dreigliedrige Schulsystem mit seiner sozialen Differenzierung der Schüler wieder inthronisiert. Gemeinsam gehen die Kinder nur bis zur 6. Klasse in die Schule. Anschließend erfolgt eine Gliederung in Hauptschule, Realschule und Gymnasium. Ergänzt wird dieses dreigliedrige System durch die Gesamtschule. In ihr soll durch Vereinigung der drei Schultypen der Übergang zwischen ihnen erleichtert werden. Privatschulen vervollständigen die Schullandschaft.

Diese Gliederung hat zur Folge, daß eine Differenzierung der Schüler nach der sozialen Herkunft erfolgt. Der Besuch der Hauptschule wird den Kindern aus den Unterschichten zugewiesen, die damit die Unterklassenschule repräsentiert. Sie ist die Schule der Bildungsverlierer, denen der soziale Aufstieg versagt bleibt. Heribert Prantl, der sich mit der Problematik der sozialen Gerechtigkeit auseinandersetzt, meint, es ist besser von der Minderheiten- als von der Hauptschule zu sprechen.

In den Gymnasien erfolgt eine Konzentration der Kinder aus den Mittel- und begüterten Oberschichten mit Eröffnung einer beruflichen Zukunft. Es läßt sich mit Wolfgang Engler von einer sozialen Vererbung der Bildungschancen sprechen. Selbst Aufsteiger aus den unteren Bildungsschichten erlangen in der Regel keine Spitzenpositionen.

Kompliziert wird diese dreifache Gliederung durch Besonderheiten in den einzelnen Bundesländern, denen die Bildungshoheit zukommt. So hat jedes Bundesland seine eigenen Lehrpläne und Schulbücher, was die Kompatibilität erheblich einschränkt. Selbst die Dauer des Schulbesuchs bis zum Abitur ist unterschiedlich. Als Bedrohung konservativer Vorgaben werden moderne Schultypen wie die Ganztagsschule und die Gemeinschaftsschule mit gemeinsamem Unterricht bis zur 9. Klasse angesehen. Um Lohnkosten bei den Lehrern zu sparen, wird die Schülerfrequenz in den Klassen entgegen allen pädagogischen Prinzipien möglichst hoch gehalten. Die Lehrmittelfreiheit wurde weitgehend abgeschafft und den Eltern die finanzielle Last der Schulbücher für ihre Kinder aufgebürdet. Ebenso haben die Eltern in ländlichen Gegenden die u.a. im Ergebnis der Ausdünnung der Schulstandorte entstehenden Kosten für den Transport ihrer Kinder im Schulbus zu übernehmen.

Das Resultat dieses in sich widersprüchlichen Schulsystems zeigte sich in der Pisa-Studie, in der die deutschen Schüler nicht besonders gut abschnitten. Diskutiert wurde ihr Ergebnis, geändert hat sich jedoch nichts Wesentliches. Den weiterhin beschämenden Rückstand des deutschen Bildungssystems bestätigt ein vorgelegter Bericht der Organisation für wirtschaftliche Zusammenarbeit und Entwicklung (OECD = Organization for Economic Cooperation and Development).

Hans-Georg Golz stellt bei einer Bilanzierung der ersten 10 Jahre der Einheit fest, daß der Befund für viele Jugendliche in Ostdeutschland wenig hoffnungsvoll ist. Dazu trägt u.a. auch das Schulsystem bei, das in seiner Gesamtheit nicht leistungsfördernd wirkt. Dem Leistungswillen in der Schule ist zudem das Wissen nicht förderlich, daß nach erfolgreichem Schulabschluß eine Lehrstelle nicht gesichert ist. Der Anteil der Hauptschüler, die die Schule vorzeitig verlassen, ist im Osten höher als im Westen. Dies entspricht der Tatsache, daß das Lehrstellenangebot in den neuen Ländern geringer ist als in den alten. Beschämend ist das Leistungsvermögen von Mittel- und Hauptschülern, das vor allem in den Fächern Deutsch und Mathematik den Ansprüchen der betrieblichen Praxis nicht entspricht.

Trotz dieser einschneidenden institutionellen Veränderungen ergab sich keine Inkompatibilität zwischen den neuen Institutionen und der Bevölkerung Ostdeutschlands. Die Systemangleichung verlief ohne Schwierigkeiten. Die übernommenen Institutionen wurden von den Ostdeutschen ohne äußeren Widerstand angenommen.

Die formale Akzeptanz bedeutet jedoch nicht, daß die damit verbundenen Inhalte auf uneingeschränkte Zustimmung der Neubürger rechnen können. Es wurde von den ostdeutschen Bürgern eine Einschränkung von Handlungsmöglichkeiten und die Erfahrung von Fremdbestimmtheit erlebt. Die Institutionen wurden etabliert, aber die westdeutsche Gesellschaft konnte nicht Fuß fassen. Die soziale Angleichung stieß auf bisher kaum überwundene Schwierigkeiten, denn Mentalitäten lassen sich nicht so rasch verändern wie Institutionen.

Die Chance der Überprüfung und Veränderung überholter Strukturen wurde nicht genutzt. Dies lies die Überheblichkeit der Bundesdeutschen nicht zu, die davon überzeugt waren, das alles so unverändert weiter gehen würde wie bisher. Der ostdeutschen Wissenschaftslandschaft wurden auf diese Weise nicht nur die erstarrten und überholten westdeutschen Hochschulstrukturen überzogen, sondern der Personalaustausch an den wissenschaftlichen Institutionen erreichte Dimensionen, wie er bis dato in der deutschen Wissenschaftsgeschichte unbekannt und einmalig war, selbst wenn die Veränderungen in der sowjetischen Besatzungszone nach 1945 berücksichtigt werden.

Mit dem Transfer der längst reformbedürftigen Strukturen des westdeutschen Hochschulsystems in die ostdeutschen Länder wurden diese zusätzlich konserviert, statt die Gelegenheit zu der unbedingt notwendigen Neuordnung zu nutzen. Die Übertragung reformbedürftiger Institutionen hatte als Nebeneffekt zur Folge, daß anstehende Reformen im Westen ausblieben und die Stabilisierung eines von Strukturen und Inhalten längst überholten Hochschulsystems erfolgte, statt den Vereinigungsprozeß für Neues zu nutzen. Auch dies hat zu den wirtschaftlichen Verwerfungen beigetragen, unter denen Deutschland zunehmend leidet, und der Tatsache, daß die einst international das Niveau bestimmende deutsche Wissenschaft keinen Spitzenplatz mehr einnimmt.

Das Resultat von Elitewechsel und Transformation ist aus der Sicht Ostdeutschlands nicht positiv zu bewerten, wenn Politik und öffentliche Meinung auch zu einer anderen Einschätzung gelangen. Beflügelt von durch Überheblichkeit und Arroganz geprägter Siegeslaune glaubten die altbundesdeutsche politische Klasse und die mit ihr verbundenen Eliten, angefeuert durch die öffentliche Meinung, daß, nach dem Grundsatz "am (west)deutschen Wesen soll die (ostdeutsche) Welt genesen", die Herstellung der Einheit nur gelingen kann, wenn alle politischen, wirtschaftlichen und gesellschaftlichen Strukturen der DDR zerschlagen und nach Art eines Diktates die westdeutschen übertragen werden. Die rechtlichen Voraussetzungen waren durch den Anschluß nach Artikel 23 GG gegeben.

Statt Anpassungsstrategien mit einer Übergangszeit zu entwickeln, spielte die Bundesrepublik ihre Überlegenheit aus und wählte das Diktat. So vollzog sich in Ostdeutschland kein sozialverträglicher Wandel, sondern ein zerstörerischer Umbruch mit dem Resultat einer Trümmerlandschaft. Das eigene System wurde an keiner Stelle in Frage gestellt. Es erfolgte keine Prüfung von DDR-Erfahrungen auf ihre Kompatibilität mit westdeutschen Strukturen.

Der vorstehend beschriebene Transformationsprozeß sollte den "Aufbau Ost" vorantreiben. Er ließ tatsächlich zu Beginn der Vereinigung positive Ansätze erkennen. Sein Motor war die die Bauwirtschaft. Der Bauboom band Arbeitskräfte und Kapital. Er verdeckte den Zusammenbruch der Industrie mit seinen nachhaltigen Folgen. Mit dem Fiasko des Bauwesens als Träger des wirtschaftlichen Aufschwungs stagnierte auch der "Aufbau Ost". Diese Entwicklung war vorauszusehen, da die Belebung der Bauwirtschaft sich weniger auf eine ostdeutsche Nachfrage stützte als auf die Abschreibungsmöglichkeiten und Steuervorteile für westdeutsche Anleger. Nachdem der Immobilienmarkt in Ostdeutschland zusammengebrochen ist, hat das Interesse der westdeutschen Klientel an ihm deutlich nachgelassen.

Eine innere Angleichung im Ergebnis eines wirtschaftlichen Aufschwungs ist nicht zu erwarten. Die Weichen in den ersten Jahren nach der Vereinigung wurden nur zu Gunsten der westdeutschen Unternehmer gestellt. Nicht die Menschen in Ostdeutschland erfuhren die Aufmerksamkeit der Politik. Kerne für eine Reindustrialisierung sind kaum vorhanden. Es fehlen vor allem mittelständische Betriebe mit einer Belegschaft zwischen 200 und 1000 Mitarbeitern. Die Unternehmen der alten Bundesländer siedeln sich überwiegend nicht in Ostdeutschland an, sondern expandieren in Billiglohnländer. Infolge des in Ostdeutschland herrschenden Mangels an Arbeitsplätzen, verlassen junge Menschen in Scharen ihre Heimat und wandern in die westdeutschen Bundesländer ab. Ganze Landschaften Ostdeutschlands verwaisen und vergreisen. Der Aufschwung Ost hat sich, gemessen an seinen Ergebnissen, als eine Fata Morgana herausgestellt.

Im Ergebnis des vom Staat weitgehend dem Selbstlauf überlassenen Transformationsprozesses kann seit 1995 von einer schnellen Aufholjagd nicht mehr die Rede sein. Die Hoffnung auf einen sich selbst tragenden Aufschwung verwandelte sich stattdessen in die Realität eines sich selbst tragenden Abschwungs. Die wirtschaftliche Stabilität in Ostdeutschland kann nur durch Transfers aus den alten Bundesländern aufrechterhalten werden. Die rigiden Transformationsvorgänge haben dazu geführt, daß im Osten mehr verbraucht als produziert wird. Ostdeutschland hat sich zu einer Problemzone Europas entwickelt und ist zu einer Transfergesellschaft verkommen.

Trotz gegenseitiger Vorwürfe hatte sich in der Vergangenheit weder die CDU-geführte Bundesregierung noch die ihr gefolgte Koalition aus SPD und Bündnis 90/Die Grünen ernsthaft der Verbesserung der Situation in den neuen Ländern angenommen. In Wahlzeiten wird der Osten zur Chefsache erklärt, um dann wieder in die Gegenstandslosigkeit zu versinken. Von der im Jahre 2005 gebildeten großen Koalition ist trotz Kanzlerin mit einer DDR-Sozialisation keine Besserung zu erwarten.

Durch die in kürzester Frist erfolgte Transformation der Institutionen und den Elitewechsel standen die Ostdeutschen unvorbereitet einer völlig neuen Lebenswelt gegenüber. Zu ihrer Bewältigung reichten die in der Vergangenheit gewonnenen sozialen Erfahrungen nicht nur nicht aus, sondern sie standen im Widerspruch zu den neun Anforderungen. Es wurde bei den Menschen eine Reaktion ausgelöst, die Wolfgang Wagner als Kulturschock beschreibt. Dieser beinhaltet eine erfahrene und zu verarbeitende plötzliche Konfrontation mit den Normen, dem Wertesystem sowie den Verhaltensmustern einer fremden Kultur unbekannten Ausmaßes. Alles was den Menschen bisher vertraut war, wurde ihnen nahezu schlagartig genommen: Mit dem geschlossenen Betrieb der Arbeitsplatz, die gewohnte Arbeitsumwelt mit den geliebten und auch ungeliebten Kollegen und dem üblichen Klatsch. Keine Möglichkeit mehr, sich über den Parteisekretär und den Plan zu ärgern. Das gewohnte Fernsehen wurde abgestellt, bekannte Gesichter von Künstlern, Nachrichtensprechern, Kommentatoren u.a. schwanden ins telegene Nirwana. Dafür beleben unbekannte Gesichter den Bildschirm. Die Zeitungen blieben, aber die Inhalte vermittelten das Gegenteil des Bisherigen. Die Sowjets sind auf einmal die Bösen, und im Kino tauchen Filme mit völlig neuen, zumeist leeren Inhalten auf. Beliebte Schriftsteller und Autoren werden auf den Müll der Geschichte geworfen, weil sie nicht in die veränderte Kulturlandschaft passen und zu den politischen Altlasten gehören. Staatskünstler ist das abwertende Urteil.

Das gelebte Leben der Vergangenheit wurde entwertet und als nicht existent betrachtet. Der kleine Mann hat noch weniger mitzureden, und was es 40 Jahre nicht gab, er gehört wieder der Unterschicht an. Nicht handelndes Subjekt ist er, sondern als Objekt Spielball der Mächtigen. Nichts blieb wie es war.

Mit Pierre Bourdieu war der Code zum Verständnis der politischen und sozialen Zusammenhänge der bundesdeutschen Gesellschaft den meisten Ostdeutschen weitgehend unbekannt und mußte erst schrittweise gelernt und verinnerlicht werden. Manchem ist er heute noch fremd. In der DDR wußte jedermann im Ergebnis des sozialen Lernprozesses, wie er sich zu verhalten und auf Einwirkungen und Veränderungen seiner politisch-sozialen Umwelt zu reagieren hatte. Jetzt waren die Bürger der DDR schlagartig einem paradigmatischen Wandel aller sozialen Werte und Strukturen ausgesetzt, der sich in der westlichen Welt und der Bundesrepublik in einem Jahrzehnte währenden Prozeß vollzogen hatte. Der bekannte englische Zeithistoriker Eric Hobsbawm brachte dies für die westlichen Gesellschaften folgendermaßen zum Ausdruck: *"Die kulturelle Revolution des späten 20. Jahrhunderts könnte man also am besten als den Triumph des Individuums über die Gesellschaft betrachten. Alle Fäden, die den Menschen in der Vergangenheit in das soziale Netz eingeflochten hatten, waren durchtrennt worden"*. Der Kulturschock nach der deutsch-deutschen Vereinigung ergriff nur diejenigen nicht, die sich keine Illusionen hinsichtlich der Denk- und Handlungsweise der altbundesdeutschen politischen Klasse gemacht und den Klassencharakter der beiden so unterschiedlichen Gesellschaften begriffen hatten. Ihre Zahl war jedoch erstaunlich gering.

Die Bürger der DDR waren mit dem Anschluß gleichsam ausgewandert ohne sich bewegt zu haben, Emigranten und Asylbewerbern vergleichbar. *"Die Menschen obwohl daheim geblieben, fanden sich in einem fremden Land"*, so Wolfgang Wagner. Andere Verteilungsmodi des Reichtums der Gesellschaft waren nunmehr bestimmend und den sozio-kulturellen Strukturen der DDR wurde jegliche Einflußnahme auf die Gestaltung der Gesellschaft im vereinten Deutschland verwehrt. Im Osten erfolgt erneut eine Fremdbestimmung, dieses Mal unter demokratischem Vorzeichen. Es wurde von außen festgelegt, was für die Ostdeutschen notwendig und wichtig ist, ohne daß diese auf irgendwelche Entscheidungen Einfluß nehmen konnten.

Der Kulturschock als Erleben eines paradigmatischen Wandels der bisherigen Lebenswelt wurde durch die Mehrheit der davon betroffenen relativ rasch überwunden. An den erlebten Paradigmenwandel schlossen sich die Mühen der Ebene an. Diese bestanden und bestehen darin, mit der veränderten Situation mental und bei der Gestaltung des zukünftigen Lebens fertig zu werden. Mit dem Verkraften des Schocks kehrten Erfahrungen der Vergangenheit zurück, Hoffnungen wurden geweckt und Enttäuschungen erlebt. Das neue Leben wurde mit dem alten verglichen, ein Vergleich, der durchaus nicht nur zu Gunsten der alten Bundesrepublik ausfällt und durch getäuschten Erwartungen gekennzeichnet ist.

Getäuschte Erwartungen

Die Vereinigung der beiden deutschen Staaten wurde von großen Erwartungen begleitet, die nur allzu bald in Enttäuschungen umschlagen sollten. Die Hoffnungen betrafen die übernommenen neuen Bundesbürger wie auch die Akteure, die den Ablauf des Vereinigungsprozesses bestimmt hatten. Diese waren davon überzeugt, den Königsweg der Vereinigung gewählt zu haben. Ihre Enttäuschung war groß als sie bemerken mußten, daß die Angeschlossenen mehrheitlich nicht bereit waren, sich kritiklos den durch den Systemwechsel ausgelösten Veränderungen zu unterwerfen und die bundesdeutsche Wirklichkeit vorbehaltlos anzuerkennen. Es geschah etwas, womit die politische Klasse und ihre öffentliche Meinung nicht gerechnet hatten. Mit dem Erleben beider politischer Systeme, einen Vorzug den nur die Ostdeutschen für sich in Anspruch nehmen können, begannen sie zu vergleichen. Im Gegensatz zum bundesdeutschen Dogma verglichen sie die DDR nicht mit der Nazi-Diktatur, maßen sie nicht allein an ihren politischen und wirtschaftlichen Defiziten, sondern zogen zum Vergleich die bundesdeutsche Wirklichkeit heran unter Einbeziehung der Erwartungen und Ansprüche, die sie an die Bundesrepublik und ihre Politiker gestellt hatten. Die Ostdeutschen unterliegen nicht dem Zwang der Bestätigung eigener Vorurteile wie die Westdeutschen, ohne das ihnen fremd erscheinende Land und die Lebenswelt seiner Bewohner zu kennen. Da sich die Glitzerwelt des Konsums mangels finanziellen Rückhalts für viele nicht so öffnete, wie sie sich früher in den Werbespots des Westfernsehens dargestellt hatte, machte sich Unzufriedenheit auch mit dem politischen System breit.

Mit den neu gewonnenen Erfahrungen kamen Zweifel an der Verwirklichung der im Grundgesetz fest geschriebenen Grundrechte auf und ihrer Gültigkeit für jeden Bürger. Unter Beachtung des Gleichheitsprinzips wurde deutlich, daß die einen gleicher sind als die anderen, und die Ostdeutschen mehrheitlich zu den Ungleichen gehören.

Die Freiheitsrechte stellen neben der Eigentumsgarantie als zentrales Recht, ein wesentliches Kennzeichen der freiheitlich-demokratischen Grundordnung dar. In diesem Kontext ist auf das Recht auf Freizügigkeit, das Recht der freien Meinungsäußerung und das Recht auf Pressefreiheit zu verweisen. Einschränkungen läßt bereits das Recht auf Freizügigkeit erkennen, das nur für das Gebiet der Bundesrepublik gilt. Diese Begrenzung wird von einer Mehrheit in der Bevölkerung nicht wahrgenommen, da Freizügigkeit sich für sie auf Reisefreiheit und ungehemmte Mobilität reduziert.

Im Mittelpunkt des Freiheitsbegriffs der bürgerlich-kapitalistischen Gesellschaft steht das Individuum. Freiheit bedeutet in diesem Kontext in erster Linie Selbstbestimmung, Selbstverwirklichung und Entscheidungsfreiheit.

Die Forderung nach Selbstbestimmung unter der Wahrnehmung von Eigenverantwortung entspricht der Vorstellung von der Gewährung umfassender Freiheitsrechte. Die Realisierung dieser Forderung ist jedoch an eine Reihe von Prämissen gebunden, ohne deren Verwirklichung Selbstbestimmung ein Phantom bleibt. Eine dieser Voraussetzungen besteht in der Notwendigkeit, dem Bürger finanzielle Unabhängigkeit zu ermöglichen. Doch Geld ist allein nicht alles. Selbstbestimmung erfordert ebenso eine umfassende Bildung und Ausbildung als Grundlage für moralisch-ethische zweifelfreie, sachgerechte Entscheidungen. Diese Prämissen sind für einen Großteil der Bevölkerung nicht gegeben, weshalb Selbstbestimmung ein Privileg der Vermögenden bleibt. Um frei zu sein, muß das Individuum nicht nur die Möglichkeit der Freiheit besitzen, sondern auch die Voraussetzungen, um sie zu nutzen.

Mit Arbeitsmarktreform und Sozialabbau verkommt der Begriff zunehmend zu einem Fremdwort. Wie kann ein Empfänger von Arbeitslosengeld II noch ein selbstbestimmtes Leben führen? Er besitzt auf sein eigenes Dasein keinen gestaltenden Einfluß, sondern unterliegt der Fremdbestimmung durch den Staat, wie sie ausgeprägter nicht sein kann. Nicht er entscheidet darüber, was mit seinen Ersparnissen geschieht, wie er mit seiner Lebensversicherung verfährt, und ob er sein Auto behält oder seine Wohnung. Diese Entscheidungen nimmt ihm der Staat ab, meist ohne daß der Betroffene sich dagegen mit Erfolg wehren kann.

Freiheit in der heutigen Gesellschaft ist nicht grenzenlos. Sie unterliegt vielfältigen Einschränkungen und Begrenzungen, deren wesentliche durch das Eigentum vorgegeben sind. Freiheitsrechte sind nur für den Rechte, der sie sich leisten kann. Für viele bedeuten sie zwar eine Chance, die aber unerreichbar bleibt. Ökonomische Freiheit besitzt nur der Unternehmer. Reisefreiheit bedarf finanzieller Voraussetzungen. Die einen reisen in ferne Länder, die anderen können sich nicht einmal eine Urlaubsreise im eigenen Land gönnen. Die Freiheit zur Wahl des Arbeitsplatzes existiert nur theoretisch, da die Wirtschaft sich nicht in der Lage sieht, ausreichend Arbeitsplätze zur Verfügung zu stellen. Auch die freie Berufswahl ist eine Chimäre, wenn nicht genügend Ausbildungsplätze vorhanden sind, und ein Studium unfinanzierbar ist. Die Möglichkeit zu letzterem wird durch die Einführung von Studiengebühren weiter eingeschränkt. Die Vielzahl real existierender Chancen ist nur für einen kleinen Personenkreis einlösbar. In der realsozialistischen Vergangenheit regulierte der Staat. Diese Aufgabe nimmt ihm heute die Wirtschaft ab.

Die Freiheit stößt dort auf Grenzen, wo die Durchsetzung eigener Vorstellungen die Einengung der Freiheit anderer bedeutet. Die Überschreitung der Grenzen ist allein dem gestattet, der über das nötige Eigentum und die politische Macht verfügt. Wahrnehmung des Rechts auf Freiheit setzt zudem neben finanziellen Mitteln Sachkenntnis voraus. Diese ist entscheidende Voraussetzung für Entscheidungsfreiheit und erfordert gleiche Bildungschancen für jedermann.

Die Erfahrungen der Ostdeutschen mit der neu gewonnenen Freiheit und ihren verschiedenen Erscheinungsformen sind zwiespältig. Bürgerliche und soziale Freiheiten sind zu gewährende Menschenrechte. Die bürgerlichen Freiheiten werden zwar garantiert, doch nicht uneingeschränkt. Wie noch darzulegen sein wird, erfährt die Realisierung der sozialen Menschenrechte zur Überraschung vieler Ostdeutscher keine Aufmerksamkeit. Freiheitsrechte ohne gleichzeitig zugestandene soziale Freiheiten erweisen sich als Phantom. Soziale Sicherheit und ein menschenwürdiges Leben wird in der Bundesrepublik nur demjenigen zuteil, der das nötige Vermögen mitbringt. So wie in der DDR die Grenzen der Freiheit von der Ideologie gezogen wurden, erfüllt in der bürgerlichen Gesellschaft diese Funktion das Geld. Diese zu späte Erkenntnis tut weh.

Doch Freiheit ist unteilbar, wenn sie allen Bürgern zu Gute kommen soll. Soziale und bürgerliche Freiheitsrechte lassen sich nicht gegeneinander aufrechnen. Soziale Sicherheit läßt sich ebenso wenig als Unfreiheit charakterisieren und als Ausdruck von Rückständigkeit im politischen Denken disqualifizieren, wie die Reisefreiheit nicht die Sorge des Arbeitslosen um seine materielle Existenz beseitigt. Dem Philosophen Herbert Hörz ist zuzustimmen.

Freie Meinungsäußerung als Grundrecht, wer möchte das verneinen. Doch freie Meinungsäußerung setzt voraus, eine eigene Meinung zu besitzen. Ihre Bildung erfordert eine Vielfalt voneinander abweichender Informationen und die Fähigkeit diese bezüglich ihres Wahrheitsgehaltes zu bewerten. Doch beide Voraussetzungen treffen selten zusammen. Bei einer Analyse der Fülle der Informationen, die über die Print- und elektronischen Medien auf den geistigen Konsumenten herabrieseln, fällt auf, daß die Informationsvielfalt nur eine scheinbare ist. Es werden mehrheitlich in den Medien nur die Informationen weiter gereicht, die dem herrschenden Zeitgeist und der "political correctness" entsprechen. Wer davon abweichende Meinungen und Wertungen zur Kenntnis nehmen will, muß das "Neue Deutschland" aufschlagen oder bei dem Fernsehkanal "arte" reinschauen. Manches Mal lohnen auch die Nachtprogramme der öffentlich-rechtlichen Sender. Doch wer schaltet sich schon in diese ein? Die Auflagenhöhe kritischer Blätter und die Einschaltquoten der Fernsehsender sprechen Bände. Auch fehlen dem Konsumenten häufig die erforderliche Sachkenntnis und Kritikfähigkeit. So bildet sich der Durchschnittsbürger keine eigene Meinung, sondern er reproduziert die ihm durch die Medien und am Stammtisch vermittelte. Das was ihm an scheinbaren Fakten und ihren Wertungen vorgesetzt wird, nimmt er in das eigene Denken auf und gibt es als Produkt desselben aus.

Wichtig ist der Gegenstand der frei geäußerten Meinung. Über Politik und Politiker kann jedermann in aller Öffentlichkeit kundtun, was er für mehr oder weniger bedeutsam hält. Es wird ihm bloß niemand zuhören, und sei es noch so richtig. Auf Reaktionen zu kritischen Bemerkungen wird der Bürger vergeblich warten. In der DDR durfte derart gestaltete Kritik öffentlich nicht geäußert werden. Erfolgte sie in Gestalt von Eingaben, wie bei Peter Stosiek nachzulesen, erfolgte eine Antwort.

Die Bewertung der freien Meinungsäußerung in der Bundesrepublik ist deshalb zwiespältig. Der ehemalige Ministerpräsident des Landes Sachsen-Anhalt, Reinhard Höppner, äußert sich zu ihr mit folgender Sentenz: *"Es reicht ja nicht, wenn die Freiheit der Rede die Narrenfreiheit ist, wenn man zwar alles sagen kann, sich aber nichts verändert."* Eine vergleichbare Schlußfolgerung zieht Daniela Dahn: *"In der DDR durfte vieles nicht gesagt werden. Aber das Nichtgesagte wurde prompt von allen zur Kenntnis genommen. In der BRD darf alles gesagt werden, aber das Gesagte wird eigentlich von niemandem zur Kenntnis genommen."* Und Friedrich Schorlemmer bringt die Möglichkeiten der freien Meinungsäußerung mit der Feststellung zum Ausdruck: *"Heute können wir sagen, was wir wollen, es ändert sich nichts."* Diesen Zitaten bleibt nichts hinzuzufügen.

Die Möglichkeit der freien Meinungsäußerung wird von den Ostdeutschen grundsätzlich anerkannt, doch hat sie an Bedeutung verloren mit der Erkenntnis, daß sie sich auf Beliebigkeit ohne Konsequenzen reduziert. In der DDR war die freie Meinungsäußerung auf der Arbeitsstelle alltäglich. Kritik an den Vorgesetzten und dem Ablauf des Arbeitsprozesses war üblich und sogar erwünscht. Der Werktätige nahm kein Blatt vor den Mund, wenn es um betriebliche Mißstände ging. In dieser Kritik erfuhr er häufig Unterstützung durch die Gewerkschaft und die örtliche Parteigruppe. Die verantwortlichen Leiter sahen sich so einem doppelten Druck von oben durch die SED und von unten durch die Werktätigen ausgesetzt. Eine Gegenwehr durch Entlassung unliebsamer Mitarbeiter gab es nicht.

Der Arbeitnehmer der Gegenwart steht einer ganz anderen Situation gegenüber. Er hat nur die ihm übertragenen Aufgaben zu erfüllen. Freie Meinungsäußerung am Arbeitsplatz mit Kritik an seinem Arbeitsgeber ist nicht empfehlenswert. Sie kann mit der Kündigung enden und sich in der Beurteilung wieder finden. Selbst gewerkschaftliche Mitsprache ist nicht erwünscht. Dies geht so weit zu verhindern, daß die Gewerkschaft im Unternehmen Fuß faßt.

Anders sah es in der DDR mit der freien Meinungsäußerung in der Öffentlichkeit aus, wenn sie grundsätzliche Kritik an politischen Funktionären oder dem politischen System betraf. Es genügte mit bestimmten politischen Wertungen nicht überein zu stimmen, um die Aufmerksamkeit der Partei auf sich zu ziehen und Nachteile zu erleiden. Auch war der Bürger damals gezwungen seinen Antisemitismus, den Ärger über die "Kanaken", "Fidschis" und "Briketts" (Schwarzafrikaner) in der Öffentlichkeit zu verbergen, ebenso wie sein abwertendes Urteil über die "Spaghettifresser" und faulen "Polacken". Diese Termini waren in der Alltagssprache der Bevölkerung gegenwärtig und gewiß nicht Ausdruck einer positiven Einstellung gegenüber Ausländern. Internationale Völkerfreundschaft war für eine Mehrheit ein Schlagwort ohne Inhalt.

Demokratie läßt sich nicht auf die freie Meinungsäußerung reduzieren. Dies ist ein verkürzter Blickwinkel. Ebenso wichtig ist die Toleranz gegenüber Andersdenkenden, wie sie zu Recht von der DDR eingefordert wurde. Doch auch die Demokratie in der Bundesrepublik läßt diese Toleranz gegenüber Andersdenkenden vermissen und beschneidet sich damit selbst.

Bei ihren Erfahrungen mit der freien Meinungsäußerung stießen die Ostdeutschen einmal auf ihre Grenzen und zum anderen ihren Mißbrauch. Wagt sich jemand mit seiner Meinung zu weit vor, der im öffentlichen Dienst der Bundesrepublik Deutschland beschäftigt ist und ihr den Diensteid geleistet hat, so muß er durchaus mit Restriktionen rechnen. Als Beispiel ist auf die Reaktion zu verweisen, die Lehrer bei der Darstellung der Gründe des Attentats in New York am 13. September 2001 bei ihrem öffentlichen Arbeitgeber auslösten. Die Lehrer wurden abgemahnt, da sie sich vor den Schülern jeder persönlichen Meinung zu enthalten hätten. Andere Beispiele zeigen, daß diese Einschränkung nicht gilt, wenn der Standpunkt des Lehrers Antisemitismus, Antiislamismus, rechtes Gedankengut oder Ausländerfeindlichkeit erkennen läßt. Wie die politische Klasse des ständig beschworenen Rechtsstaates Demokratie und Toleranz begreift, demonstriert die Reaktion auf die Entscheidung des ostdeutschen Schauspielers und Regisseurs Peter Sodann bei den Bundestagswahlen 2005 für die PDS zu kandidieren. Prompt erfolgt die Drohung, in einem derartigen Fall seine Filme vom Bildschirm zu nehmen. In vergleichbarer Weise wurden in Sachsen zwei Schulleiter degradiert bzw. versetzt, weil sie es wagten gegen geplante Schulschließungen zu demonstrieren. Was bleibt in diesen und anderen Fällen von der politischen Entscheidungsfreiheit des mündigen Bürgers? Es sei allerdings bemerkt, daß einer der eben genannten Schulleiter über ein Gerichtsverfahren seine Stellung behaupten konnte.

Nicht kritische Menschen beschädigen die Demokratie, sondern staatliche Eingriffe, die Minderheiten in der Ausübung ihrer Rechte und ihrer Meinungsfreiheit begrenzen. Insofern ist die 5%-Klausel bei Wahlen ein zweischneidiges Schwert. Sie erleichtert zwar die Bildung von Mehrheiten im Parlament. Gleichzeitig verhindert sie, daß neue Gruppierungen den Weg in die demokratische Öffentlichkeit finden. Wer nicht im Parlament sitzt, erfährt in der Öffentlichkeit keine Aufmerksamkeit.

Der Mißbrauch der freien Meinungsäußerung äußert sich darin, daß jedermann in der Öffentlichkeit ungehindert antisemitische, antiislamische und ausländerfeindliche Auffassungen äußern kann, ohne dafür belangt zu werden. Das Gleiche gilt z.B. für abfällige Äußerungen über alte und behinderte Menschen. Nicht selten gehen derartig motivierte verbale Schimpfattacken in Tätlichkeiten über mit schweren Verletzungen der Betroffenen bis hin zur Todesfolge. Das Recht der freien Meinungsäußerung steht auch Parteien wie der NPD zu. Sie kann in aller Öffentlichkeit, in der Regel unter Polizeischutz, auftreten und ihre antisemitischen, ausländerfeindlichen und nationalsozialistischen Parolen verbreiten. Die Aktionen der Staatsmacht richten sich in der Regel gegen die Gegendemonstranten.

Die freie Meinungsäußerung ist durch den Artikel 5 des Grundgesetzes geschützt. Das öffnet der bewußten Verbreitung von Unwahrheiten Tür und Tor. Gegen sie kann nicht juristisch vorgegangen werden, z.B. durch eine Verleumdungsklage. Der geäußerte Sachverhalt wird als freie Meinungsäußerung und nicht als Tatsachenbehauptung bewertet. Eine frei geäußerte Meinung darf richtig oder falsch sein. Auf diese Weise kann man sich der Verfolgung falscher Tatsachenbehauptungen entziehen. Jedoch gibt es auf dem politischen Feld auch hier Unterschiede. Rechtes Gedankengut kann gefahrlos verbreitet werden, während die Justiz sehr rasch auf dem Plan erscheint, wenn es sich um Meinungsäußerungen aus dem linken Spektrum handelt.

Presse- und Rundfunkfreiheit sind ebenfalls durch den Artikel 5 des Grundgesetzes gedeckt. Für sie gilt das, was vorstehend für die Meinungsfreiheit im Allgemeinen gesagt wurde. Zwar haben die Presse und die elektronischen Medien die Pflicht wahrheitsgemäß zu berichten. Das schützt jedoch in keiner Weise vor der Verbreitung von Unwahrheiten. Nur sollen diese nicht bewußt unter die Leser, Hörer und Fernsehzuschauer gebracht werden, was jedoch immer wieder geschieht.

Das Ergebnis der Pressefreiheit ist nicht eine inhaltliche Vielfalt von kontroversen Informationen und Meinungen. Vielmehr erscheinen in allen Zeitungen und auf den verschiedenen Nachrichtenkanälen des Hör- und Fernsehfunks die gleichen Informationen in nur unterschiedlicher Verpackung. Häufig sind die Nachrichtensendungen wie Unterhaltungssendungen aufgemacht. Eine sachliche Berichterstattung wird als langweilig gewertet.

Die sich fast täglich widersprechende Informationsflut bewirkt letztlich eine Desinformation und Verwirrung der geistigen Konsumenten. Nicht bestätigte Meldungen werden verbreitet und am nächsten Tag widerrufen. Halbwahrheiten werden als ganze Wahrheiten verkauft und verschwinden bei Nichtbestätigung kommentarlos aus dem Nachrichtenpool. Besonders widersprüchliche Wirtschaftsdaten, in Vorbereitung befindliche Gesetzesvorlagen und geplante Reformen, zu denen jeden Tag eine abweichende Aussage erfolgt, und die von verschiedenster Seite unterschiedlich kommentiert werden, verängstigen die Menschen, deren Bildungsstand nicht ausreicht, um die Spreu vom Weizen zu trennen. Viele Informationen dienen nur dazu, um die Reaktion von Betroffenen zu testen.

Die Privat- und Intimsphäre Prominenter wird an das Licht der Öffentlichkeit gezerrt. Selbst wenn damit ein nicht zu leugnender Voyeurismus bedient wird, sollten Anstand und Moral verbieten Menschenwürde auf diese Weise zu verletzen. Doch die Rundfunk- und Pressefreiheit kennt keine Grenzen, wenn es um Einschaltquoten und Zeitungsauflagen geht, also letztlich wieder um das liebe Geld. Es soll nicht in Abrede gestellt werden, daß der investigative Journalismus auch mal Korruption und Vetternwirtschaft aufdeckt. Der dafür zu zahlende Preis ist hoch und das Resultat zweifelhaft, denn auch Journalisten sind nicht immun gegen Bestechlichkeit und politisch wie wirtschaftlich korrumpierbar.

Presse- und Informationsfreiheit, die das angebliche Recht der Bevölkerung auf Information bedienen, entarten zu einer die Menschenwürde verletzenden Aktion, wenn nicht eine innere moralisch-ethische Bremse den Journalisten verharren läßt. Doch diese aus dem eigenen Bewußtsein gewachsene Hemmung existiert nicht mehr. Als Beispiel ist auf die Art und Weise zu verweisen wie mit dem Leiden der ins Wachkoma verfallenen Terry Schiavo und dem Sterben von Papst Johannes Paul II. umgegangen wurde. Es fällt schwer zu begreifen, daß durch diese Art der Berichterstattung Menschenwürde gewahrt bleiben soll. Doch diejenigen, die so mit dem Sterben in der Öffentlichkeit umgehen, äußern sich verständnislos, wenn ihr zweifelhaftes Gebaren kritisiert wird.

Presse- und Meinungsfreiheit werden wie heilige Kühe behandelt und lassen jede Empathie mit den von ihr Betroffenen vermissen. Sie macht nicht Halt vor der Verletzung religiöser Gefühle anderer, wie der Muslime. Die Gründe für die mit Gewalt verbundene Reaktion auf die bildhafte Darstellung Mohammeds in einer fragwürdigen Karikatur, werden nicht in der Selbstgefälligkeit und Überheblichkeit der Europäer, sondern bei den Mohammedanern gesucht. Ursache und Wirkung werden, wie üblich, verkehrt.

Die gewaltsamen Reaktionen in islamischen Staaten sind zwar nicht zu billigen, aber doch zu verstehen. Sie richten sich nicht allein gegen die zur Diskussion stehenden Karikaturen, sondern sind Ausdruck des Frustes, der sich in der islamischen Welt gegenüber dem Westen aufgestaut hat. Schließlich haben nicht islamische Staaten europäische oder die USA überfallen, sondern Afghanistan und der Irak mußten die militärische Knute des Westens über sich ergehen lassen. Ihnen sollen Werte aufgezwungen werden, die nicht ihrer kulturellen Tradition entsprechen.

Presse- und Meinungsfreiheit, die keine Grenzen und Selbstkontrolle kennt, muß Reaktionen heraufbeschwören, die vorhersehbar sind, wenn nicht vom europäischen Kulturkreis ausgegangen wird. Doch was wird von einer Gesellschaft erwartet, die auch auf die religiösen Gefühle der eigenen Bürger keine Rücksicht nimmt. Nur erweist sich das als weniger folgenschwer, da die christlichen Werte kein Allgemeingut mehr sind und die Gläubigen eine Minderheit darstellen im Gegensatz zu den islamischen Staaten.

Eine besondere Rolle spielen Journalisten in der politischen Publizistik, wenn es darum geht die öffentliche Meinung im Sinne der politischen Klasse zu prägen und unliebsame Mahner und Kritiker aus der linken Ecke zu diffamieren. Sie folgen kritiklos den von der Politik vorgegebenen Parolen. Es besteht häufig ein erkennbarer Unterschied zwischen dem offiziellen Diskurs und der völlig anderen Meinung der Bürger. Der parlamentarische Raum tritt mit der Geschlossenheit einer Sekte auf, in der sich Politik und ihre Journalisten unbeeinflußt von der sozialen Umwelt bewegen. In ihrer Borniertheit sind sie davon überzeugt, daß die Realität dieses Raumes die Wirklichkeit in der Gesellschaft reflektiert.

Einen freien Journalismus gibt es nicht mehr. Wer gegen die politische correctness verstößt, wird aus dem elitären Zirkel der Politik- und Meinungsmacher verstoßen und kann nicht mehr die süße Ambrosia des Herrschaftswissens genießen. Schließlich schmeichelt es der Eitelkeit des Journalisten, wenn er mit dem Mikrofon in der Hand oder am Revers des Interviewten die aktuelle Meinung aus dem Mund eines Mächtigen erfahren darf, die jedoch vielfach nicht den nächsten Tag überlebt. Kaum ein Journalist traut sich, bei einem prominenten und einflußreichen Politiker kritisch nachzufragen und die gegebenen Antworten anzuzweifeln. Wer dies wagt, muß mit dem Ausschluß aus dem Kreis der Geduldeten rechnen. Vieles im Geschäft des Journalismus erinnert an Hofberichterstattung.

Demokratie war neben Freiheit das Schlagwort, das den Wandel in der DDR begleitete. In der bisherigen Geschichte von Staaten wird kein Begriff so mißbraucht wie dieser. Demokratie, im Wortsinne die Herrschaft des Volkes, hat es in der Geschichte der Menschheit, selbst im antiken Griechenland, nie gegeben. Dies gilt in der Neuzeit für die sogenannten Volksdemokratien wie die freiheitlich-demokratischen Verhältnisse in den modernen westlichen Industriestaaten. Demokratie wurde und wird immer nur ausgeübt als eine Herrschaft über das Volk. Dies gilt auch für die Gegenwart der Bundesrepublik. Entscheidend ist es, den Schein von Demokratie zu wahren. Bertolt Brecht bezeichnete es als den ältesten Trick der Bourgeoisie, den Wähler frei seine Unfreiheit wählen zu lassen. Statt realer Teilhabe an der Demokratie muß der Bürger erleben, daß Interessenverbände, an ihrer Spitze die einflußreichen Großverbände wie der Bundesverband der deutschen Industrie (BDI), die Bundesvereinigung deutscher Arbeitgeber (BDA) und der Deutsche Industrie- und Handelstag (DIHT) die Politik von Parlament und Regierung bestimmen.

Freie Wahlen werden als das Kriterium der Demokratie gepriesen. Sie gelten für Staaten wie den Irak oder die Ukraine als Kennzeichen herrschender Demokratie. Die Bewertung ist jedoch eine andere, wenn, wie in Palästina, eine Partei gewählt wird, die nicht in das Konzept westlicher Politik paßt. So meinte in diesem Kontext Bundeskanzlerin Angela Merkel, daß Wahlen allein für eine Kennzeichnung als Demokratie nicht genügen.

Freie Wahlen stellen nach Auffassung der gegenwärtig Herrschenden das Instrument dar, mit dem ein Volk seine Herrschaft ausübt. Das gilt besonders für die Wahlen im Rahmen einer parlamentarischen Demokratie. Gewiß verlaufen diese Wahlen geheim, wenn auch nicht immer frei wie im Irak, wo sie unter alltäglichem Terror und der Regie eines Besatzungsregimes stattgefunden haben.

Dem Wähler steht es frei, zwischen mehreren Parteien zu wählen und der seine Stimme zu geben, die er als geeignet für die Vertretung seiner Interessen ansieht. Doch die Parteien unterscheiden sich nicht wirklich in ihren Zielen, da die freiheitlich-demokratische Grundordnung verpflichtet, keine Veränderung des herrschenden Kapitalismus zuzulassen, selbst wenn es nur um seine Reform im Sinne eines menschlichen Kapitalismus geht. Eine Partei, wie die PDS, die

die Erscheinungsform des Kapitalismus in seiner gegenwärtigen Ausprägung in Frage stellt, ohne ihn selbst abschaffen zu wollen, wird bekämpft, ohne eine inhaltliche Auseinandersetzung mit ihren Thesen zu führen.

Dem Bürger bleibt die Wahl zwischen Scylla und Charybdis. Meist wendet er sich enttäuscht von der gerade an der Macht befindlichen Partei ab und schenkt seine Stimme der oppositionellen, vergessend, daß er diese vor ein oder zwei Wahlperioden abgewählt hatte, weil ihre Politik seinen Vorstellungen zuwider lief. Auch sie vertrat nur die Interessen der begüterten Schichten. Doch im Zweifel entscheidet sich der Wähler eher für das neoliberale Meinungskartell als für sozialistische Alternativen. Das politische Langzeitgedächtnis des Wählers erweist sich als erschreckend kurz. Der Wähler wird stets darüber getäuscht, daß er mit der Wahl einer Partei keinesfalls die Politik oder einen Politikwechsel bestimmt. Vielmehr hat er die Verantwortung an diejenigen delegiert, die alles andere im Auge haben, nur nicht das Wohl und Wehe des Wählers.

Dem fehlenden Einfluß auf die Politik, den die Ostdeutschen schon in der DDR vermißt haben, begegnen sie unter gewandeltem Vorzeichen somit erneut. Ebenso erweist sich die Tatsache für sie nicht als neu, daß sie keinerlei Mitspracherecht bei der Aufstellung der Kandidaten für die Wählerlisten haben. Als Resultat bleibt die viel beklagte Politikverdrossenheit, die in Wirklichkeit eine Politikerverdrossenheit ist. Der Bürger bleibt der Wahl fern, weil er sich fremdbestimmt fühlt.

Der Umgang mit der Demokratie läßt den Eindruck entstehen, daß sie nur für die Oberschichten und bestenfalls für das obere Drittel der Mittelschichten geschaffen ist, aber an der Masse der Bevölkerung vorbei geht. Dieser Gedanke findet sich bei John Kenneth Galbraith. Von der Teilnahme an der Demokratie weitgehend ausgeschlossen sind Rentner, Arbeitslose, Sozialhilfeempfänger und Arbeitnehmer in den weniger qualifizierten Berufen bzw. die Unqualifizierten, also insgesamt alle sozial Schwachen. Über sie wird nur entschieden. Selbstbestimmung erweist sich auch in diesem Kontext als ein Schlagwort ohne Inhalt. Die benannten sozialen Randgruppen erfahren eine Abschiebung innerhalb der Gesellschaft, an deren Geschick sie nicht mehr teilhaben können.

Die "mündigen" Bürger werden in keiner Weise in demokratische Entscheidungsprozesse einbezogen. Im Gegenteil unterliegen sie einem kontinuierlichen Verdummungsprozeß, zu dem das Fernsehen und die Boulevardpresse ihren Beitrag leisten. Ein dummes Volk läßt sich bekanntlich leichter regieren. Kurt Sontheimer spricht offen aus, was von nicht wenigen gedacht wird. Danach fehlen vielen Menschen die Voraussetzungen für eine vernünftige Art der Beteiligung am politischen Prozeß, zu dem zweifellos die Wahl der Parlamentarier gehört. Demokratie und Mitbestimmung gilt nur für den engen Kreis der gesellschaftlichen Eliten.

Im Bundestag wird dem Bürger Demokratie vorgespielt. Scheingefechte bestimmen das Wechselspiel zwischen Regierungspartei(en) und Opposition. Im Grundsatz sind sich die Opponenten einig und finden sich nach scheinbar kontroverser Debatte zum gemeinsamen Umtrunk am Stammtisch wieder. Nicht das Was steht zur Diskussion, sondern nur das Wie.

Die Ostdeutschen entwickelten aus ihrer kritischen Distanz eine ablehnende Haltung gegenüber der in der Bundesrepublik praktizierten Demokratie. Bereits vor nahezu 40 Jahren hat Karl Jaspers Bedenken geäußert, wie sie sich in der Bundesrepublik darstellt. So formulierte er: *"Alle Deutschen Träger des Staates? Nein, sie sind bisher meist noch Untertanen, nicht echte Träger des Staates."* Weiter stellte er fest, daß das Grundgesetz die Wirksamkeit des Volkes auf ein Minimum einschränkt. Dazu trägt bei, daß die Bürger alle 4 Jahre einen Bundestag wählen, nachdem bereits eine Vorwahl stattgefunden hat. Die Parteien legen Listen und Personen vor, die bereits vorher durch die Partei gewählt worden sind. *"Man kann nicht behaupten, daß in der Bundesrepublik eine politische Willensbildung des Volkes stattfindet."* Daran hat sich bis zur Gegenwart nichts geändert. Im Bundestag existiert kein kritisches Potential. Alternative Gesellschaftskonzepte besitzen keine Aussicht in der Öffentlichkeit diskutiert zu werden. Zudem bleibt eine Demokratie unvollständig, wenn sie neben freien Wahlen, Parteienpluralismus, Meinungsvielfalt, Freiheitsrechten nicht auch soziale Grundrechte und das Gleichheitsprinzip auf der gleichen Ebene anerkennt.

Die Art und Weise des Umgangs mit der Demokratie kann nicht überraschen, weil das Politikerfeld die Verantwortung für das Geschehen im Land immer mehr aus der Hand gibt. Die Politik fühlt sich nicht mehr der Aufgabe verpflichtet, den Interessenausgleich zwischen den verschiedenen sozialen Schichten der Gesellschaft zu realisieren. Es existiert für sie nur noch ein Interessent, die Wirtschaft. Die Macht im Staat hat die dazu nicht durch Wahlen legitimierte Wirtschaft übernommen. Sie diktiert das wirtschaftliche, politische und gesellschaftliche Leben im Lande, das nur einem Ziel zu dienen hat, dem Maximalprofit. Neben dem Gewinn gehören zu den Glaubensgrundsätzen der liberalisierten Wirtschaft das Eigentum, die Deregulierung aller Wirtschaftsprozesse, die Senkung der Lohnnebenkosten und ein umfassender Sozialabbau.

Die Ablösung der Verantwortung der Politik durch die Verantwortungslosigkeit der Wirtschaft kann nur auf Ablehnung stoßen. Der verstorbene Altbundespräsident Johannes Rau läßt im Gespräch mit Friedrich Schorlemmer erkennen, welche Machtstellung die Wirtschaft im Vergleich zur Politik einnimmt: *"Es ist natürlich richtig, daß ein Unternehmen wie die Deutsche Bank oder Daimler Chrysler mehr Macht hat als eine nationale Regierung, jedenfalls was die Wirtschaft betrifft."* Er ergänzte zwar, daß die Regierungen die Macht und Möglichkeit besitzen, Rahmenbedingungen zu setzen, die die Wirtschaft bändigen. Das stimmt zweifellos, doch werden diese Rahmenbedingungen nicht im Sinne der Mehrheit der Bevölkerung, sondern der Wirtschaft gesetzt. Von Daniela Dahn stammt der Ausspruch: *"Mit Blick auf die von mir erlebte poststalinistische DDR und die finanzstalinistische BRD scheint mir: Die Summe der Repression ist immer gleich."* Für diese Aussage erntete sie in der Öffentlichkeit natürlich keinen Beifall. Doch meint die Autorin zweifellos nicht die politische Repression, sondern die von der Wirtschaft ausgeübte. In diesem Sinne ist der Autorin nicht die Zustimmung zu versagen.

Wenn der ehemalige Vorsitzende der SPD, Franz Müntefering, gegen die wachsende Macht des Kapitals wettert, er in der Profit-Maximierungs-Strategie auf die Dauer eine Gefährdung der Demokratie sieht und gleichzeitig der regierende SPD-Kanzler eine Politik nach den Wünschen der Wirtschaft betreibt, so begegnen wir wieder dem Mangel an Wahrhaftigkeit. Wie das Ergebnis der Bundestagswahl 2005 demonstriert, scheut sich die SPD nicht eine Koalition mit der Partei einzugehen, deren Programm sie im Wahlkampf auf das energischste bekämpft hat.

Es berührt schon merkwürdig, daß zwei Parteien, die sich im Wahlkampf als Gegner gegenüber standen (obwohl sie in den Grundzügen der Politik übereinstimmten) von den Wählern mit beträchtlichen Stimmverlusten abgestraft wurden, anschließend eine große Koalition bilden, die angeblich die Meinung des Volkes repräsentiert. So wird der Wählerwille ad absurdum geführt und verfälscht. Allerdings trägt der Wähler selbst die Schuld, wenn er nicht den Mut findet sich für echte Alternativen zu entscheiden.

Letztlich erweist sich die Entscheidung der SPD für eine große Koalition als konsequent, da die Politik des Sozialabbaus von Gerhard Schröder jetzt gemeinsam mit der CDU fortgesetzt werden kann.

Die Herrschaft der Wirtschaft über den Staat hat zur stillen und kommentarlosen Aufgabe des Begriffs von der sozialen Marktwirtschaft geführt. Bestenfalls taucht er noch vor Wahlen auf. Stattdessen wird von freier Marktwirtschaft, allenfalls noch von der sozialen Verantwortung der Wirtschaft gesprochen. Doch wie diese aussieht, lehrt den Ostdeutschen das Fürchten. Er ist aus seiner Vergangenheit eine etatistische Denkweise gewohnt, die den Staat in der sozialen Verantwortung sieht und für seine Bürger Voraussetzungen schafft, die sie gegenüber den sozialen Risiken wie Arbeitslosigkeit und Krankheit absichern und ihnen eine Rente zugesteht, die ein weitgehend sorgenfreies Alter ermöglicht. Ob das in dem Umfang wie in der DDR geschehen muß, und nicht eine gewisse Eigenbeteiligung sinnvoll ist, darüber läßt sich trefflich streiten. Doch widerspricht es allen Beteuerungen zur Wahrung der Menschenwürde, wenn der Arbeitnehmer allein verantwortlich für die Absicherung unverschuldeter Lebensrisiken sein soll, und die Unternehmer immer mehr aus ihrer sozialen Verantwortung und solidarischen Mitwirkungspflicht entlassen werden.

Was gegenwärtig in der Bundesrepublik propagiert wird ist ein grober Mißbrauch der Begriffe Selbstbestimmung und Eigenverantwortung. Dem Bürger

Eigenverantwortung für sein soziales Dasein aufzuerlegen und den Umfang der sozialen Sicherung selbst zu bestimmen, setzt voraus ihm zu ermöglichen, die dafür erforderlichen finanziellen Voraussetzungen zu erarbeiten. Das, was gegenwärtig als Reform bezeichnet wird, verdient diesen Namen nicht. Es bleibt völlig gleich, ob es dabei um die Steuerreform, die Arbeitsmarktreform, die Gesundheitsreform oder die Rentenreform geht.

Der Begriff Reform ist in seiner Bedeutung positiv belegt. Im Gegensatz hierzu handelt es sich gegenwärtig um einen Rückbau des Sozialstaates, wobei Rückbau bekanntlich die euphemistische Umschreibung für Abriß ist. Statt von Reformen wäre es ehrlicher von Konterreformen zu sprechen. Allerdings verweist Wolfgang Engler darauf, daß Reform nicht nur die erwähnte positive Bedeutung besitzt. Etymologisch aus dem Lateinischen stammend ist er auf re = zurück und forma = Gestalt zurückzuführen. Das bedeutet eine Umgestaltung im Sinne einer Rückführung auf eine frühere Gestalt. Der politische Konservatismus verkörpert diese Rückwertung des Reformbegriffs mit der Beschneidung der durch die Arbeitnehmer in vergangener Zeit mühsam erkämpften sozialen Garantien.

Die soziale Marktwirtschaft im Verständnis von Ludwig Erhard wurde durch die Ostdeutschen durchaus positiv wahrgenommen. Wohlstand für alle war sein Credo und die enge Verbindung zwischen Wirtschafts- und Sozialpolitik. Die Menschen wünschten sich eine Bundesrepublik der sozialen Marktwirtschaft, wie sie annähernd bis 1989/90 existierte. Ihnen war nicht ersichtlich, was Kennern der Materie von Beginn an deutlich war, daß der Sozialstaat nur unter dem Druck der Systemkonkurrenz als Reaktion auf die "sozialen Errungenschaften" in der DDR konzipiert wurde und nicht primär im Interesse der Schwachen der Gesellschaft. Dies wird nunmehr auch deutlich ausgesprochen. Nachdem der Konkurrent ausgeschaltet ist, hält die Wirtschaftselite die Zeit für gekommen, den Begriff "sozial" zu streichen und zu den menschenunwürdigen Grundsätzen des Manchester-Kapitalismus zurückzukehren. Wie weiter unten ausgeführt wird, nimmt der mentale Wandel in Ostdeutschland in Richtung einer eigenständigen Identität in dem Ausmaß zu, wie der Neoliberalismus an Kraft gewinnt, und begriffen wird, daß die neoliberale Marktwirtschaft allein dem Profit der Unternehmer dient und nicht dem Wohl der Arbeitnehmer.

Ein politisches Handeln findet kaum noch statt, weil die Manager der Monopolgesellschaften die Richtung bestimmen. Es ist schon beeindruckend, mit welcher Unverfrorenheit die Unternehmerverbände sich über ihre Vorsitzenden in die Belange des Staates einmischen und ihm Vorschriften machen, wie er und in wessen Interesse er seine Geschäfte zu führen und die eingenommenen Steuern zu verteilen und vor allem zu senken hat. In diesem Kontext ist nicht bewiesen, daß Steuersenkungen einem konjunkturellen Abschwung entgegen wirken. Den Bedürftigen versagen Politik und Wirtschaft in trauter Eintracht das Geld, und den Begüterten werfen sie es hinterher.

Die ablehnende Haltung vieler Ostdeutscher gegenüber dem bundesdeutschen Staat erfährt eine Akzentuierung durch die Sozialpolitik im Rahmen der von Gerhard Schröder initiierten Agenda 2010. Unter dem Stichwort Freiheitszuwachs (?) sucht sie die Eigenverantwortung als erstrebenswerten Wert dem Bürger schmackhaft zu machen. Eigeninitiative und Eigenverantwortung für die Risiken des Lebens wie Krankheit, Altersvorsorge und Arbeitslosigkeit, d.h. die dazu notwendigen finanziellen Voraussetzungen soll der Bürger erbringen.

Unter den gegenwärtigen Bedingungen besitzt der Arbeitnehmer nur die Wahl zwischen Altersarmut oder Einschränkung seines aktuellen Lebensstandards. Es fehlen ihm die erforderlichen finanziellen Ressourcen, um sich einen angemessenen Lebensstandard zu sichern, der oberhalb der Armutsgrenze liegt. Dies gilt für alle Langzeitarbeitslosen, Sozialhilfeempfänger und Menschen mit geringem Einkommen. Ganz besonders trifft es die Menschen im Osten, die niedrigere Löhne und ein geringeres Alterseinkommen als die Westdeutschen beziehen. Zudem konnten sie im Gegensatz zu Westdeutschen keinerlei finanzielle Rücklagen erarbeiten. Die Demontage des Sozialstaates und die zunehmende Entsolidarisierung treffen die Ostdeutschen besonders hart und akzentuieren die Grenze zwischen Profiteuren und Verlierern der Einheit. Es geht nicht um eine Kaufzurückhaltung, wie der gegenwärtige Zustand euphemistisch umschrieben wird, sondern die immer stärker reduzierte Kaufkraft der Bevölkerung.

Für Menschen, die 40 Jahre in einem politischen System gelebt haben, das die Umsetzung der sozialen Menschenrechte auf seine Fahnen geschrieben hatte, bedeutet es eine große Enttäuschung, was ihnen das gewählte neue System unter dem Schlagwort von der Gesundheitsreform an schmerzhaften Einschnitten zumutet. Das beginnt mit den 10 EUR Eintrittsgebühr, die bei einem Arztbesuch zu entrichten ist, setzt sich fort mit der Beteiligung an den Kosten bei einem Krankenhausaufenthalt, der Zuzahlung bei Medikamenten, Heilhilfsmitteln und physiotherapeutischen Maßnahmen und endet mit der Streichung des Sterbegeldes. Viele Medikamente wurden aus dem Leistungskatalog der Krankenkassen völlig herausgenommen und müssen von dem Patienten bezahlt werden. Für zahlreiche Leistungen, die zwar eine Krankheit nicht heilen, aber dem Patienten Linderung verschaffen, übernehmen die Krankenkassen ebenfalls nicht die Kosten. Der Patient verspürt den Stachel von IGEL (individuelle Gesundheitsleistungen). Diese nutzen ihm häufig wenig, belasten sein schon knappes Budget, helfen dem Arzt zum Ausgleich zu gering vergüteter Leistungen und entlasten die Krankenkassen.

Bürger, die aufgrund der Hartz IV-Reform nicht mehr krankenversichert sind, müssen alle entstehenden Kosten aus der eigenen leeren Tasche bezahlen. Der vom Staat gewährte Zuschuß von 140 EUR genügt nicht für eine ausreichende Versicherung. Mit der Zusammenlegung von Sozial- und Arbeitslosenhilfe zum Arbeitslosengeld II sind viele Lebenspartner von Betroffenen, wie auch ihre Kinder, nicht mehr in den gesetzlichen Krankenkassen versichert. Da sie nicht die Mittel besitzen, um sich privat zu versichern, müssen sie ärztliche Leistungen und Medikamente direkt bezahlen. Wird zukünftig ein Patient mit einer Blinddarmentzündung abgewiesen werden, weil er die erforderlichen 3600 EUR für die lebensrettende Operation nicht aufbringt? Wir nähern uns unaufhaltsam amerikanischen Verhältnissen.

Dafür leisten sich die Krankenkassen aufwendige Verwaltungsbauten und verschleudern das Geld für den Verwaltungsaufwand bei mehr als 200 Krankenkassen. Wird durch die Versicherten über die Erhöhung ihres Eigenanteils ein Überschuß erwirtschaftet, so führt das nicht zu einer Senkung des Krankenkassenbeitrags, sondern zu einer Erhöhung des Gehalts der Chefs und Vorstandsmitglieder der Krankenkassen. Die Zweiklassenmedizin ist nicht mehr nur eine Drohung, sondern bittere Realität; denn wer sich privat versichern kann, braucht die erwähnten Beschränkungen nicht zu fürchten.

Der zweite Ansatz zur Umverteilung des Volksvermögens ist die Rentenreform. Als besondere Leistung im Ergebnis der Vereinigung wird von den Verantwortlichen hervorgehoben, daß es den ostdeutschen Rentnern wesentlich besser geht als zu DDR- Zeiten und z.T. auch als den Rentnern in Westdeutschland. Doch relativiert sich dieser positive Effekt bei näherem Hinsehen. Die Mindestrente in der DDR war tatsächlich nicht sehr hoch. Doch einmal lebten durchaus nicht alle Rentner nur von der Mindestrente, und die Lebenshaltungskosten waren deutlich niedriger als in den alten Bundesländern. Die Miete betrug in der Regel nicht mehr als 10–15% des Renteneinkommens. Lebensmittel und die Fahrt mit einem Verkehrsmittel kosteten nur etwa 10% von dem, was nach der Vereinigung zu entrichten ist. Die Gesundheitsversorgung verlangte dem Rentner keinen Pfennig ab, und die Fernsehgebühren wurden ihm erlassen. Es wird bewußt übersehen, daß die gegenwärtig vergleichsweise hohen Renten bei einem Teil der Ostdeutschen ein Resultat der Sozial- und Arbeitspolitik der DDR sind. Sie ermöglichte es den Rentnern nach ihrem Übertritt in die Bundesrepublik ein nicht durch Arbeitslosigkeit unterbrochenes Erwerbsleben nachzuweisen.

Völlig anders sieht es mit den Neurentnern aus, die nach dem Jahr 2000 in das Rentnerdasein eintreten. Sie können keine ungebrochene Erwerbsbiographie mehr nachweisen und werden zukünftig eine Rente erhalten, die Altersarmut einschließt. Die Arbeitnehmer auf beiden Seiten des einst trennenden Flusses Elbe, im Osten mehr als im Westen, werden sich entscheiden müssen, ob sie ihr Entgelt dazu verwenden, um sich ein halbwegs lebenswertes Leben zu gestalten mit der Altersarmut vor Augen, oder ob sie während ihres Arbeitslebens Verzicht leisten, um im Alter eine Rente zu erhalten, die nur wenig über dem Existenzminimum liegt. Mit der Einführung des Nachhaltigkeitsfaktors wird eine Korrelation zwischen Beitragszahlern und Rentnern hergestellt, die zukünftig eine Minderung der Rente nach sich zieht. Außerdem erfolgt bereits jetzt von

Staatswegen eine Reduzierung der Rente bei den Bestandsrentnern. Bei ihnen entfallen seit 2004 die bisherigen Rentenerhöhungen. Daran wird sich auch zukünftig nichts ändern. Diskutiert werden Rentensenkungen, was durchaus im Bereich des Möglichen liegt. Gleichzeitig müssen die Rentner mehr in die Pflegeversicherung einzahlen und sich an der Zahnversicherung beteiligen. Kinderlose Rentner haben einen Abschlag hinzunehmen. Dieser Rentenminderung stehen eine stete Erhöhung der Lebenshaltungskosten sowie eine stärkere Beteiligung an den Gesundheitskosten gegenüber. Das Realeinkommen von Rentnern wie Arbeitnehmern erfährt auf diese Weise eine kontinuierliche Minderung, wozu die ab 2007 erfolgende Erhöhung der Mehrwertsteuer um 3% ihren Beitrag leisten wird.

Das dritte Standbein zur Umverteilung des gesellschaftlichen Reichtums von unten nach oben stellt die Arbeitsmarktreform dar. Ihr Ziel besteht in der Senkung der Lohnnebenkosten, d.h. einer Bevorteilung der Unternehmen. Außerdem soll ein Druck auf die angeblich arbeitsunwilligen Arbeitslosen ausgeübt werden, so ist es immer wieder in der Öffentlichkeit zu hören, eine Tätigkeit im ersten Arbeitsmarkt aufzunehmen. Das als Hartz IV firmierte Projekt beruht u.a. auf der Zusammenlegung von Arbeitslosenhilfe und Sozialhilfe zum Arbeitslosengeld II. Dieses gewährt den Betroffenen, zu denen überwiegend Langzeitarbeitslose gehören, zusammen mit einem Mietgeldzuschuß ein Dasein am Rande des Existenzminimums. Die Empfänger dieser Brosamen vom Tisch der Reichen können nicht mehr am kulturellen und gesellschaftlichen Leben teilnehmen, und die Zukunft stellt sich für die Mehrzahl von ihnen hoffnungslos dar. Die Leidtragenden sind im Besonderen ihre Kinder; denn trotz Kindergeld gehören sie in der Schule zu denen, die sich die Ausgrenzung durch ihre Mitschüler gefallen lassen müssen, weil das Kindergeld auf das ALG II angerechnet wird. Weder können diese Kinder in Markenklamotten auftreten noch an Klassenfahrten teilnehmen. Ihre Eltern mußten sich bis auf den letzten Cent durchleuchten lassen, um das Arbeitslosengeld II überhaupt zu erhalten. Niemand erklärt den ALG II-Empfängern, wie sie die Altersvorsorge realisieren können, die ja zukünftig in Eigenverantwortung geschehen soll.

Doch nicht allein die Arbeitslosen müssen auf alle Annehmlichkeiten des Lebens verzichten. Selbst das Entgelt der Arbeitnehmer, die noch einer geregelten Arbeit nachgehen, reicht in vielen Fällen nicht aus, um einen angemessenen Lebensunterhalt zu bestreiten. Gleichzeitig nimmt der Druck der Unternehmer auf sie zu. Der Kündigungsschutz wird de facto aufgehoben. Die Arbeitszeit wird ohne Lohnausgleich verlängert. Urlaubs- und Weihnachtszuwendungen werden gestrichen. Die Arbeitgeber treten aus den Arbeitgeberverbänden aus, um nicht die mit den Gewerkschaften vereinbarten Tarife zahlen zu müssen. Selbst die Tarifautonomie wird in Frage gestellt. All diese Einschnitte erfolgen nach der Salamitaktik, um die Arbeitnehmer zu täuschen und Widerstand zu vermeiden. Die einzelne Veränderung scheint nicht so gravierend, ihre Summe macht es.

Ergänzt wird dieser Umbau des Arbeitsmarktes durch eine Steuerreform, die die Unternehmer begünstigt, jedoch für die Geringverdiener keinen spürbaren Effekt besitzt. Auf unerklärliche Weise sollen so Arbeitsplätze für die etwa 5 Millionen offiziellen Arbeitslosen entstehen. Dies wird nicht geschehen, sondern die Arbeitnehmer werden immer stärker der Willkür ihrer Arbeitgeber ausgesetzt sein. Aus Angst, den Arbeitsplatz zu verlieren, sind sie mit Lohneinbußen einverstanden und vermeiden im Krankheitsfalle die Krankschreibung.

Trotz dieser enormen Belastung der Arbeitnehmer regt sich kein Widerstand, wenn von den Demonstrationen im Osten im Vorfeld der Einführung von Arbeitslosengeld II abgesehen wird. Die Betroffenen sehen sich in einer ausweglosen Lage, unterwerfen sich ergeben allen ihnen verordneten Bösartigkeiten und glauben an die Demokratie und den Rechtsstaat. Das können die doch nicht mit uns machen, hört man immer wieder. Doch, sie können! Dies ins Kalkül ziehend, werden Staat und Wirtschaft nicht davon ablassen, den Arbeitnehmer einem immer stärkeren sozialen Druck auszusetzen. Gabriele Gillen, eine westdeutsche Publizistin, beschreibt mit Akribie und Sachkenntnis die Gründe, die Politik und Wirtschaft treiben, mit Hartz IV einen entscheidenden Schritt zur Verelendung großer Teile der deutschen Bevölkerung zu tun. Erstaunlich bleibt, daß der soziale Frieden bisher trotzdem gewahrt bleibt.

Der Staat zieht sich nicht nur aus seiner sozialen Verantwortung zurück. Es gab eine Zeit, da fühlte er sich zu Dienstleistungen gegenüber seinen Bürgern verpflichtet, selbst wenn diese nur mit finanziellen Zuschüssen gewährt werden konnten. Zu diesen Dienstleistungen gehörten der Brief- und Paketdienst zu Preisen, die nicht Kosten deckend sein mußten, einschließlich eines engmaschigen Netzes von Postämtern und Briefkästen. Den gleichen Dienstleistungscharakter trug die Eisenbahn. Sie bediente auch Nebenstrecken und fuhr selbst dann, wenn die Züge nicht ausgelastet waren. Auch die Straßenbahn war ein Zuschußbetrieb, erfüllte aber trotzdem den Dienstleistungsauftrag des Staates bzw. der Kommune.

Dieser Verpflichtungen gegenüber seinem Bürger hat sich der Staat in den letzten Jahren entledigt mit Privatisierung der entsprechenden Institutionen. All dies geschah zum Nachteil des Bürgers, der mit seinem Obolus den Beitrag dazu leisten muß, daß die privatisierten Dienste sich nicht nur rechnen, sondern Gewinn erwirtschaften. Zu diesem Zweck wurde der öffentliche Nahverkehr ausgedünnt, Eisenbahnverbindungen wurden gestrichen und der Bürger hat mindestens 500 m zu laufen, um den nächsten Briefkasten zu finden, der nur einmal am Tage geleert wird. Selbst eine Postagentur befindet sich häufig nicht mehr in erreichbarer Nähe. Zur Begründung wird dem Bürger eingeredet, daß mit der entstehenden Konkurrenz die angebotenen Leistungen für ihn kostengünstiger werden. Das Gegenteil ist der Fall.

Auch Krankenhäuser wurden und werden privatisiert und bringen dem Betreiber beträchtliche Gewinne bei Verschlechterung der Krankenbetreuung. Die "marode" DDR dagegen hatte ihre Dienstleistungspflicht gegenüber ihren Bürgern bei moderaten Preisen bis zu ihrem Untergang erfüllt.

Zu einer kritischen Betrachtung fordert der Artikel 26 GG heraus, der einen Angriffskrieg als verfassungswidrig ansieht. Die Beziehungen zwischen den Staaten haben sich seit dem Zusammenbruch der Sowjetunion grundsätzlich gewandelt. Nicht mehr das Völkerrecht regelt die Beziehungen zwischen ihnen, sondern die Willkür der gegenwärtig einzigen Großmacht USA. Mit dem Zusammenbruch der realsozialistischen Staatenwelt träumten Utopisten von einer friedlichen Welt. Zu den Träumern gehörte auch Helmut Kohl, der meinte, daß die Welt nunmehr eine friedliche sein werde. Ulrich Beck dagegen sah zur gleichen Zeit, mit dem Zusammenbruch der Sowjetunion und ihrer Satelliten nicht das Tor zum ewigen Weltfrieden geöffnet, sondern eher den Startschuß zur Neuauflage alter Konflikte. Diese Vorausschau sollte sich sehr rasch bestätigen und auch die Bundesrepublik involvieren. Das Zeitalter der Kriege hat kein Ende gefunden, sondern nur andere Formen angenommen.

Ein Rückblick in die Geschichte zeigt, daß jede Störung eines bestehenden Machtgleichgewichts zu einer Neuaufteilung der Interessensphären führt, die durchaus nicht nur friedlich ablaufen muß. Schaffte es die Nationale Volksarmee (NVA) der DDR im Jahre 1968 nur in Bereitschaftsstellungen zu den Grenzen der CSSR, begegnen wir gegenwärtig deutschen Soldaten auf den verschiedensten Kriegsschauplätzen der Welt. Ihre Blessuren holen sie sich in euphemistisch als Friedensmission bezeichneten Einsätzen. Die Freiheit der Bundesrepublik wird jetzt am Hindukusch verteidigt, und die Bundeswehr versucht als Teil der KFOR mit fraglichem Erfolg das im Kosovo zu stabilisieren, was der ehemalige Außenminister Hans-Dietrich Genscher durch seine im Alleingang praktizierte Jugoslawienpolitik mit der übereilten und international nicht abgestimmten Anerkennung Kroatiens provoziert hat. Deutsche Kampfflugzeuge waren an Einsätzen gegen Serbien beteiligt. Diese Einsätze "out of area" lassen an den Boxeraufstand 1900 in China und den Hereroaufstand 1904 in Afrika denken, an deren Niederschlagung vor 100 Jahren deutsche Soldaten ebenfalls beteiligt waren. Die Zahl der im Auslandseinsatz getöteten deutschen Soldaten ist noch gering. Doch wird der "Heldentod" ohne Zweifel immer mehr Soldaten ereilen. Mütter gegen den Krieg kennt bisher nur Rußland.

Anerkennung verdient die Weigerung von Gerhard Schröder, deutsche Soldaten in den Irak zu schicken. Allerdings sicherte ihm diese Ablehnung die Stimmen zahlreicher Bürger der neuen Länder bei den Bundestagswahlen im Jahr 2002, da sie noch durch die Friedenspolitik der DDR verdorben sind. Übersehen wird, daß die Bundesrepublik durch logistische Unterstützung trotzdem ihren Beitrag zur Aggression der USA geleistet hat.

Auf Truppenübungsplätze braucht der Neubürger unter den gewandelten Verhältnissen auch nicht zu verzichten. Die der NVA wurden durch die Bundeswehr übernommen und statt sowjetischer Bomben sollen nun solche aus NATO-Flugzeugen auf das Bombodrom an der Grenze zwischen Mecklenburg-Vorpommern und Brandenburg abgeworfen werden. Es bleibt abzuwarten ob der Widerstand der Bevölkerung letztlich erfolgreich sein wird. Eher nicht. Der ehemalige Verteidigungsminister Peter Struck vertrat eine andere Option, die auch zukünftig bestimmend sein wird. Der jeweilige Verteidigungsminister entscheidet und nicht die Interessen irgendwelcher Bürger und Tourismusverbände.

Mit Erstaunen nimmt der Ostdeutsche zur Kenntnis, daß die nicht realisierten Weltherrschaftspläne der Sowjetunion nunmehr einen dezidierten Nachfolger in den USA gefunden haben. Unter der Gott gewollten Führung von George W. Bush, in einer Sendung von "arte" wurde er als dümmster Sproß des Bush-Clans vorgestellt, beanspruchen sie die Vorherrschaft in der Welt, deren Notwendigkeit Zbigniew Brzezinski, Sicherheitsberater von US-Präsident Jimmy Carter, ausführlich begründet hat. Am Beispiel Irak demonstrieren die USA wie diese Pläne umgesetzt werden, wenn die Gefolgschaft verweigert wird und religiöses Sendungsbewußtsein das Handeln bestimmt. Einem vergleichbaren politischen Sendungsbewußtsein ist der Ostdeutsche in der Vergangenheit begegnet, als es noch um die Realisierung des Kommunismus ging.

Es erinnert an die Begründung des Feldzuges gegen Polen durch Adolf Hitler, mit welchen Lügen George W. Bush sein Volk und die internationale Staatengemeinschaft mit dem angeblichen Vorhandensein von Massenvernichtungswaffen täuschte, um seinen militärischen Überfall auf den Irak zu rechtfertigen. Neu war nur die Dreistigkeit, mit der er es tat. Begann doch in der Vergangenheit der Vietnamkrieg mit der Lüge vom Tongking-Zwischenfall und der 1. Irakkrieg von Vater Bush mit der von einer amerikanischen PR-Agentur inszenierten angeblichen Ermordung von Säuglingen durch irakische Soldaten in einem Kuwaiter Krankenhaus.

Mit "Präzisionsschlägen" wurden irakische und afghanische Hochzeitsgesellschaften zu Tode gebombt, Internationales Recht gilt für die USA nicht. Wozu die Besatzungsmacht eines sich selbst zur beispielhaften Demokratie der Welt ernannten Landes fähig ist, demonstrieren die Veröffentlichen über Folterungen von Irakern in einem Bagdader Gefängnis sowie die Behandlung der Gefangenen in der amerikanischen Enklave im kubanischen Guantánamo. Mit Menschenwürde und Menschenrecht haben diese Verbrechen nichts gemein.

Dies ahnt irgendwo auch die amerikanische Führung, die eine Zusammenarbeit mit dem internationalen Gerichtshof in Den Haag ablehnt. Es gilt zu verhindern, daß sich dort amerikanische Militärs für ihre Untaten verantworten müssen. Wo bleibt die Kritik der politischen Klasse der Bundesrepublik, die sich als Hüter von Recht und Menschenwürde versteht? Immerhin fielen diesem Krieg bisher 100 000 Zivilisten zum Opfer. Wenn die USA Israel das Recht auf Selbstverteidigung zuerkennt, aber gleichzeitig fordert, die Zivilbevölkerung zu schonen, so ist das nach dem eben Beschriebenen reine Heuchelei. Es wird nach dem Grundsatz aller Mächtigen verfahren: Der Zweck heiligt die Mittel.

Es ist beunruhigend wie nunmehr versucht wird, analog zu der in der Vergangenheit erfolgten Christianisierung der alten und neuen Welt, unter Mißachtung staatlicher Souveränität westliche Demokratie als einzig anerkannte politische Lebensform in anderen Kulturen durchzusetzen. Dies erfolgt dort, wo es gefahrlos für die eigene Existenz geschehen kann, mit militärischen Mitteln. Ansonsten mischen sich die westlichen Demokratien mit Ratschlägen und Geld in die inneren Belange anderer Staaten ein, wie jüngst in der Ukraine. Den Betroffenen bleibt verborgen, daß westliche Demokratie bedeutet, die Wirtschaft des eigenen Landes mit Hilfe korrupter Politiker der Herrschaft internationaler Unternehmen und Bankenkonsortien auszuliefern unter Verlust der nationalen Souveränität.

Der kritische Beobachter fühlt sich an die Zeit des Kalten Krieges erinnert, der in den Beziehungen zu Rußland durch einen kalten Frieden abgelöst zu sein scheint mit dem Ziel seiner militärischen und ökonomischen Einkreisung. Bisher erreicht wurde eine Reaktivierung russischer Atomraketen und eine militärische und wirtschaftliche Annäherung an die zukünftige Weltmacht China. Die Unterschätzung Rußlands mußten bereits Napoleon Bonaparte und Adolf Hitler mit ihrer Niederlage bezahlen. Die gegenwärtige Weltordnung ist trotz, oder besser wegen der Militärmacht USA äußerst fragil.

Die schon jetzt zerbrechliche Machtbalance innerhalb der EU-Strukturen wird durch die EU-Osterweiterung nachhaltig gestört. Diese dient weniger der Verbesserung der Lebensverhältnisse der Mehrheit der Bevölkerung als der Sicherung einer höheren politischen Stabilität, der Unumkehrbarkeit der postsozialistischen Transformationsprozesse und dem endgültigen Herausbrechen der ehemaligen Sowjetrepubliken aus dem Machtgefüge Rußlands mit dem Ziel seiner Schwächung. Gute Beziehungen der EU zur Türkei sind wichtig. Doch schwer zu vermitteln ist die für erforderlich gehaltene Aufnahme dieses überwiegend islamischen und auf dem asiatischen Kontinent befindlichen Staates in die EU.

In diesem Zusammenhang sind terroristische Angriffe gegen unschuldige Zivilisten scharf zu verurteilen. Sie lassen sich jedoch nicht durch immer stärkere Einschränkung bürgerlicher Freiheitsrechte und den ausufernden Überwachungsstaat bekämpfen. Es wird von den politisch Verantwortlichen, seien es George W. Bush, Tony Blair oder Wladimir Putin, nur an den Erscheinungsformen des Terrorismus herumgedoktert. Niemand der Mächtigen befaßt sich mit seinen wirklichen Ursachen wie der Armut in der Dritten Welt und der Verweigerung der Selbstbestimmung der Völker. Vielmehr wird der Versuch unternommen, Völkern mit anderen Kulturen die Vorstellung von westlicher Lebensart und Demokratie mit Gewalt aufzudrängen, obwohl sie den "american way of life" nicht für erstrebenswert halten. Terror, so Oskar Lafontaine, ist die Waffe der Schwachen.

Demokratie, wenn sie überzeugen soll, ist an die Integrität und Glaubwürdigkeit ihrer obersten Repräsentanten, der Bundestagabgeordneten, der Mitglieder der Regierung und der Parteiführungen gebunden. Schon nach kurzer Zeit wurde den neuen Bundesbürgern deutlich, daß die moralischen Defizite dieses Personenkreises beträchtlich sind. Korruption, Bestechlichkeit, Vorteilsnahme im Amt, nicht eingelöste Versprechungen, Behauptung von Unwahrheiten gehören zu ihrem alltäglichen Repertoire. Typisch für das politische Klima in Deutschland ist die Doppelzüngigkeit von öffentlichen politischen Bekundungen und privaten

Meinungsäußerungen in der Gesellschaft. Die Politik interessiert nicht das Wohl derjenigen, in deren Sinne sie wirken soll.

Politik beinhaltet den Kampf der verschiedenen sozialen Gruppen zur Durchsetzung ihrer spezifischen Interessen, an deren erster Stelle die Auseinandersetzung um den Gewinn der Macht steht. Machtgewinn und Machterhaltung bestimmen das Wesen von Politik sowie die ideologische Rechtfertigung des Machtanspruches. In der Politik geht es nur um Macht und Personalfragen und erst an 2. Stelle um Sachfragen. Diese Meinung vertritt Oskar Lafontaine, und er muß es wissen.

Die Berufspolitiker haben sich längst von ihren Wählern entfernt. Je höher sie in der Rangordnung stehen, desto ferner erscheint ihnen die reale Welt. Die erfolgte Trennung zwischen Berufspolitiker und Bürger ist ein strukturelles Element der real existierenden Demokratie. Am Ende steht ein totaler Realitätsverlust, da die Politiker sich nur in sozialen Räumen bewegen, in denen sie sich der Zustimmung zu ihrer Vorgehensweise gewiß sind. Im Ergebnis von Wahlen wechseln nur die Mehrheiten, jedoch nicht die Politik. Die demokratischen Spielregeln haben dem Bürger inzwischen jede Einflußnahme auf die Machtkonstellation genommen.

Wie Daniela Dahn darlegt, beruht das Unbehagen der Ostdeutschen über das neue politische System auch auf der Erfahrung des Mangels an Wahrhaftigkeit. Unter ihr ist das Verhältnis des in der Öffentlichkeit geäußerten Standpunkts zur vorausgesetzten Wahrheit zu verstehen. Es handelt sich um die Übereinstimmung der öffentlich proklamierten Überzeugung mit dem eigenen Handeln durch Politik und Gesellschaft unter Vermeidung von Doppelmoral, Unaufrichtigkeit und Heuchelei.

Beim Vergleich des Verhaltens der bundesdeutschen Politik und Gesellschaft im Umgang mit den Folgen des Nationalsozialismus und dem mit den Hinterlassenschaften der DDR, läßt sich wahrlich nicht von Wahrhaftigkeit sprechen. Bei der Auseinandersetzung mit den Nachwirkungen des 3. Reiches werden andere Maßstäbe angelegt als im Umgang mit der DDR. Den Mangel an Wahrhaftigkeit bringt die gern gebrauchte Floskel "Was schert mich mein Geschwätz von gestern" zum Ausdruck. Diese Formulierung macht deutlich, daß das heute Gesagte bereits irrelevant ist, sobald es über die Lippen getreten ist. Den Aussagen und Bekenntnissen eines Politikers ist nicht zu trauen. Die Selbstfixierung auf Macht macht egoman und süchtig auf immer mehr Macht. Sie wirkt wie eine Droge, deren Wegnahme zu Entzugserscheinungen führt. Dieser Einschätzung von Jürgen Leinemann kann die Zustimmung nicht versagt werden.

Nur ein kleiner Kreis von Eliten bestimmt die Politik eines Landes. In der DDR als Diktatur verlief dieser Prozeß relativ unkompliziert und durchschaubar ab, da sich der Machtzirkel auf das Politbüro der SED beschränkte. Die Bevölkerung hatte auf politische Entscheidungen keinen Einfluß. In dieser Frage unterschied sie sich nicht wesentlich von der der Bundesrepublik. Nur ist hier der Kreis derjenigen, die politische Entscheidungen zu beeinflussen suchen, größer. Scheinbar spielt sich die Vorbereitung von Entscheidungen in der Öffentlichkeit ab und ist ein langwieriger und komplizierter Prozeß. Doch ist dieser nicht Ausdruck grundsätzlicher Meinungsverschiedenheiten. Um dem Wahlvolk Führungsqualität und Machtbewußtsein zu demonstrieren, wird es von den Repräsentanten der verschiedenen Parteien mit den unterschiedlichsten und gegensätzlichen Auffassungen zu dem gleichen Sachverhalt konfrontiert, die den Charakter von Beliebigkeit tragen.

Von allen Berufsgruppen genießt der Politiker nach zahlreichen Umfragen unter der Bevölkerung das geringste Ansehen. Die neue Politikerkaste zeichnet sich im Vergleich mit der DDR nicht durch überraschend neue Charaktereigenschaften aus. Sagten die Politiker der DDR dem Bürger nicht die Wahrheit, so verbreiten die bundesdeutschen bewußt Unwahrheiten, wenn es gilt Wahlen zu gewinnen, die Macht zu erhalten und die eigenen Machtansprüche durchzusetzen. Wirtschaftsdaten und Arbeitslosenziffern werden manipuliert, um nach Art von Politbüromitglied Günter Mittag die ökonomische Entwicklung schön zu reden. Es empfiehlt sich die Voraussagen der "Wirtschaftsweisen" und des jeweils amtierenden Finanzministers ein Jahr später mit der tatsächlichen Lage zu vergleichen. In der politischen Auseinandersetzung bestimmen nicht Argumente die Diskussion, sondern verbale Anwürfe gegen den politischen Gegner. Die

Debatten des Deutschen Bundestages liefern dafür zahlreiche Beispiele. Nachzulesen bei Gerhard Zwerenz. Auch diese unglaubwürdige und z.T. unwürdige Politschau ist ein Grund für die Wahlverweigerung großer Teile der Bevölkerung und trägt zu ihrem Vertrauensverlust bei.

Politiker üben keine Vorbildwirkung aus, sondern lassen eher an ihrer Reputation zweifeln. Gewiß sind auch sie nur Menschen mit all ihren Schwächen. Doch lassen sie die einfachsten Regeln des Anstands und des Respekts vor anderen vermissen und scheuen sich nicht vor persönlichen Diffamierungen. Als allseits bekannte Beispiele sei an den ehemaligen CDU-Ministerpräsidenten des Landes Schleswig-Holstein, Uwe Barschel, erinnert, der sich vergebens durch mehrere gelogene Ehrenworte von den Folgen seiner zweifelhaften Machenschaften zu befreien versuchte. Altbundeskanzler Helmut Kohl, der frühere Bundesinnenminister Manfred Kanther oder Otto Graf von Lambsdorff waren in undurchsichtige Affären verwickelt. Ihrer politischen Reputation hat das nicht im Geringsten geschadet.

Erinnert sei an den Flick-Parteispenden-Skandal. Vor dem eingesetzten Untersuchungsausschuss litt Helmut Kohl unter permanentem Gedächtnisverlust. Die gerichtliche Verurteilung wegen Steuerhinterziehung behinderte Graf Otto von Lambsdorf in keiner Weise an seiner weiteren politischen Karriere. Der ehemalige grüne Bundesaußenminister Joseph Fischer und der frühere sozialdemokratische Bundesinnenminister Otto Schily haben in ihrer politischen Entwicklung eine geradezu beispielhafte Kehrtwendung vollzogen. Dies brachte Joseph Fischer einen Spitzenplatz in der Beliebtheitsskala der Politiker ein. Ein peinliches Beispiel politischer Machtversessenheit bot die ehemalige sozialdemokratische Ministerpräsidentin von Schleswig-Holstein, Heide Simonis, als sie sich bis zur moralischen Selbstaufgabe an ihr Amt zu klammern versuchte. Selbstachtung scheint bei Bundespolitikern ein unbekanntes Wort. Dies demonstrierte Gerhard Schröder bei der Bundestagswahl 2005. Obwohl die SPD eindeutig verloren hatte, die Koalition mit den Grünen nicht mehr regierungsfähig war, erklärte er sich in arroganter Machtbesessenheit erneut zum Bundeskanzler. Damit bekannte er sich zu einem merkwürdigen Demokratieverständnis. Wenn der

Vorsprung der CDU/CSU auch nur gering war, den Kanzler stellt die stärkste Partei, selbst wenn dies im Grundgesetz nicht eindeutig festgelegt ist.

Wer dagegen seinen politischen Grundsätzen treu bleibt, wie Oskar Lafontaine, kann sich beim Volk keiner Zustimmung erfreuen. Es fragt sich, warum das Hinwerfen des SPD-Vorsitzes durch Franz Müntefering nicht zur Kritik herausfordert. Die Antwort ist einfach. Oskar Lafontaine wollte eine andere Politik. Franz Müntefering dagegen vertritt die Politik eines Sozialabbaus. Eine ehrliche und aufrechte Politikerin wie Hildegard Hamm-Brücher gilt in der korrupten Politikerkaste nichts und kam selbst in ihrer eigenen Partei, der FDP, nicht zu bemerkenswertem Einfluß und Ehren. Dabei ist es nur konsequent sich der Verantwortung zu entziehen, wenn die Mehrheit in der Parteispitze eine ganz andere Politik plant als ursprünglich verkündet. Doch Selbstachtung ist nicht gefragt. Nicht viel anders erging es Horst Seehofer, der Norbert Blüm der CSU, wie er gern genannt wird. Dem zwischen Edmund Stoiber und Angela Merkel ausgehandelten Gesundheitskompromiß die Zustimmung versagend, mußte er seinen Hut als Fraktionsvize der CDU/CSU-Bundestagsfraktion nehmen. In den Medien wurde er für seine konsequente Haltung als Querulant abgestempelt. Allerdings darf er nach gewonnener Bundestagswahl als soziales Aushängeschild wieder die Ministerriege stärken, nachdem er Anpassungsbereitschaft demonstriert hat.

Auch in der Demokratie gilt, entweder heult das Parteimitglied gegen seine Überzeugung mit den Wölfen oder es zieht sich zurück. Deshalb äußern sich Norbert Blüm oder Heiner Geißler wirklich kritisch erst, seitdem sie aus der aktiven Politik ausgeschieden sind.

Es ist eine Eigenheit der politisch Verantwortlichen, auch darin unterschied sich die DDR nicht von der Bundesrepublik, das Auge immer nach vorn zu richten: Keine Fehlerdiskussion, kein rückwärts gewandter Blick! Eine weitere übereinstimmende Eigenschaft besteht darin, daß die Realität schön geredet und die Schwierigkeiten mit der Gegenwart in den Fehlern der Vergangenheit gesucht werden. Tauchen gegenwärtig Probleme in Ostdeutschland auf, seien es politische, wirtschaftliche oder mentale, dann wird die DDR-Vergangenheit als Schuldige beschworen. Welcher Ostdeutsche erinnert sich nicht daran, daß in der DDR bei auftauchenden Schwierigkeiten die Kainsmale des Kapitalismus für sie verantwortlich gemacht wurden. In der DDR wurde der notwendige Verzicht in der Gegenwart mit der goldenen Vision des Sozialismus in der Zukunft begründet. Die Politiker der Bundesrepublik fordern den Verzicht für die Gegenwart, um die Zukunft besser gestalten zu können. Für wen? Wie in der DDR soll die Gegenwart durch die Brille der Zukunft gesehen werden.

Der politische Stil in der Bundesrepublik weist zu viele Ähnlichkeiten mit dem in der DDR auf, als daß sich ihm die Ostdeutschen unkritisch unterwerfen könnten. Es scheint sich zu bestätigen, daß Mentalität und Handlungsweise von Politikern weniger von der politischen und wirtschaftlichen Grundstruktur eines Gemeinwesens als von dem Streben nach der Macht und ihrer Bewahrung geprägt werden. Politiker können nicht besser sein als die Gesellschaft, aus der sie kommen.

In der DDR wurde alles gerechtfertigt, was im Namen des Sozialismus geschah, den es um jeden Preis zu schützen galt. Wird Sozialismus durch die Begriffe Rechtsstaat und Demokratie ersetzt, so begegnen wir dem gleichen Argumentationsmuster, dem sich der Bürger unterzuordnen hat. Unüberwindbare Schwierigkeiten türmen sich immer dann auf, wenn es um eine Verbesserung z.B. der demokratischen Rechte der Bürger geht. Erinnert sei an die Problematik möglicher Volksentscheide.

Zusammengefaßt stellt sich den Ostdeutschen in ihrer Mehrheit die Frage, was sich durch den Systemwechsel für ihn geändert hat, wenn von der Chance der Arbeitslosigkeit und des sozialen Abstiegs, der Altersarmut und des verkommenden Gebisses abgesehen wird. Da Selbstbestimmung ohne Eigentum nichts wert ist, sieht er sich unverändert einer Fremdbestimmung ausgesetzt.

Was war geschehen? Die Neubürger mußten die deprimierende Erfahrung machen, daß ihr Einfluß auf die Politik in der parlamentarischen Demokratie nicht entscheidend größer ist als in der DDR unter dem Schlagwort von der sozialistischen Demokratie. Im Ergebnis ihres gewachsenen Mißtrauens zeichnet sich ihr Wahlverhalten unter den gewandelten Verhältnissen durch eine geringere

Parteienbindung aus als in den alten Bundesländern und eine große Bereitschaft die Parteien zu wechseln. Die Arbeiter zeigen nicht die traditionelle Bindung an die Sozialdemokratie. Sie gaben und geben ihre Stimme überwiegend der CDU. Nicht die Demokratie an sich wird im Osten abgelehnt, wie gern behauptet wird, sondern die praktizierte Demokratie.

Die vorstehend beschriebenen Alltagserfahrungen der Ostdeutschen mit der erlebten politischen und wirtschaftlichen Realität der bürgerlich-kapitalistischen Welt lassen ihre tiefe Enttäuschung verstehen. Ihre aus dem Ableben der DDR gespeisten Hoffnungen haben sich nicht verwirklicht. Mental haben sie zu verarbeiten, daß sie nach dem verlorenen 2. Weltkrieg, dem Zusammenbruch der DDR nun zum dritten Mal auf der Verliererseite stehen.

Die Ostdeutschen passen nicht ins Raster

"Die Menschen machen ihre eigene Geschichte, aber sie machen sie nicht aus freien Stücken, nicht unter selbstgewählten, sondern unter unmittelbar vorgefundenen, gegebenen und überlieferten Umständen." Diese Feststellung von Karl Marx gilt sowohl für die ehemaligen Bürger der DDR wie auch die der alten Bundesrepublik. Dieses Faktum außer Acht lassend, wird dem jeweils anderen ein Grad von Entscheidungsfreiheit und Selbstbestimmung zuerkannt, wie er in der Realität nie bestanden hat. Als Folge werden die Meinungen über die jeweils anderen von Vorurteilen geprägt.

Wir müssen sie erdulden, doch können wir sie nicht lieben. So etwa lautet das Fazit, das aus westdeutscher Sicht über die so fremd erscheinenden Ostdeutschen gezogen wird. In der Bewertung ostdeutscher Befindlichkeit herrscht weitgehend Einigkeit. Dies gilt für den westdeutschen Durchschnittsbürger, literarische Zeugnisse altbundesdeutschen Unverstandes, die politischen Repräsentanten und reflektiert sich auf akademischem Niveau in sozialwissenschaftlichen Betrachtungen.

Um die Bevölkerung der Bundesrepublik Deutschland auf die Linie der politischen Klasse einzuschwören, wurde sie derart instrumentalisiert, daß sich deren Bewertung des politischen Gegners, in diesem Fall besser des politischen Feindes, in ihr Alltagsbewußtsein einprägt und ihre Denkmuster bestimmt. Im Falle des kommunistischen Gegners brauchte die politische Propaganda nicht bei Null anzufangen, sondern konnte auf langjährige Erfahrungen in der Wilhelminischen Zeit, der Weimarer Republik und in Nazi-Deutschland zurückgreifen. In der Zeit des Kalten Krieges wurden pejorative Wertungen des Kommunismus bei der westdeutschen Bevölkerung weiter vertieft. Die Propaganda war von Erfolg gekrönt. Die Bevölkerung der alten Bundesrepublik folgte kritiklos dem antikommunistischen Credo ihrer Regierung und Parteien.

Gegenwärtig ist die antikommunistische Grundhaltung an der Einstellung der Bundesbürger alt gegenüber den Menschen aus der nach Osten erweiterten Bundesrepublik zu erkennen. Ihre Bewertung der Ostdeutschen wird durch die übernommene Denkweise des Kalten Krieges geprägt und einer daraus erwachsenen mangelnden Empathie gegenüber dem Schicksal ihrer "Brüder und Schwestern" nach dem Anschluß ihres Staates und der für diese sich daraus ergebenden Umstellungs- und Anpassungsprobleme. Obwohl sie seit fünfzehn Jahren unter dem gemeinsamen deutschen Dach wohnen, fühlt sich die Mehrzahl der Ostdeutschen gegenüber den Westdeutschen so fremd wie vor der Vereinigung. Im Gegenteil, das Gefühl der Fremdheit hat auf beiden Seiten nach dem gegenseitigen Kennenlernen zugenommen. Eine nahe Fremde ist einer fremden Nähe gewichen. Die Gründe sind auf beiden Seiten zu suchen. Doch scheinen die Ressentiments auf dem westlichen Ufer der Elbe ausgeprägter, da Andersartigkeit generell nicht als Bereicherung der kulturellen Landschaft akzeptiert, sondern als Fremdartigkeit und Rückständigkeit verurteilt wird.

Bei den Westdeutschen besteht gegenüber dem Schicksal ihrer Landsleute im Osten weitgehend Unverständnis. Die Summe der kleinen Demütigungen, Verdächtigungen, Denunziationen und vielfältig geäußerten Unwahrheiten über die DDR und ihre Bewohner, die angemaßte Deutungshoheit über alles und jeden, dem die Ostdeutschen ständig ausgesetzt sind, die arrogante Abwertung jeder anderen Erinnerungskultur als der vorherrschenden, erzeugen ein gefährliches Gemenge von Politiker- und Parteienverdrossenheit, Wahlverweigerung, Ablehnung des gegenwärtigen politischen Systems und Rückzug auf sich selbst. Es deutet sich eine gefährliche Kaskade an, die in der Systemverdrossenheit endet.

Die Erfahrungen der Ostdeutschen mit ihren westdeutschen "Brüdern und Schwestern" sind in Abhängigkeit von ihrem Bildungsstand und ihrer sozialen Zugehörigkeit ambivalent. Sie reichen vom Umgang mit der Geschichte der DDR durch die Politiker, die Art und Weise wie Vergangenheit und Gegenwart der Ostdeutschen durch die Sozialwissenschaft bewertet werden bis hin zur Meinung der altbundesdeutschen Stammtischstrategen über seine ihm zugefallenen, ungeliebten Mitbürger. Im Ergebnis selektiver Wahrnehmung entstehen so ganz unterschiedliche Bilder von der DDR und dem Transformationsprozeß mit seinen Folgen. Das Grundmißverständnis, meint Daniela Dahn, zwischen Ost und West besteht darin, daß die einen glauben, sie gäben das Letzte und die anderen ihnen würde das Letzte genommen.

Es machen sich diejenigen zu einfach, die hinter dem Verhalten der westdeutschen Bürger nur Unverständnis und Bösartigkeit vermuten. Die Konsequenzen, die die Vereinigung zunehmend für die alten Bundesländer nach sich zieht, werden unzureichend und einseitig reflektiert. Der kritische Blick der Westdeutschen auf den Osten ist nur zu verständlich. Die Einheit wurde ihnen von den Ostdeutschen und ihren Politikern unter der Führung von Helmut Kohl gleichsam aufgezwungen. Die Mehrheit der Bundesbürger alt war weder vereinigungswillig noch –fähig. Die Vereinigung hat dem Durchschnittsbürger in den alten Bundesländern keinerlei Gewinn, sondern nur Verluste gebracht. War doch versprochen worden, daß die Herstellung der deutschen Einheit für sie ohne jede finanzielle Belastung vonstatten geht. Doch die Portokasse von Helmut Kohl ist schon lange leer, und die Sozialkassen wurden geplündert, um die deutsche Einheit zu finanzieren. Da auch ihr Inhalt nicht unermeßlich ist, fließen jährlich Milliarden an Steuermitteln in den Osten, wie in ein Faß ohne Boden. Im Gegensatz zu den ursprünglichen Versprechungen müssen die Westdeutschen mehr Steuern zahlen, ihnen wurde gemeinsam mit den Ostdeutschen der Solidaritätsbeitrag auferlegt, und sozial wie wirtschaftlich befindet sich die Bundesrepublik seit dem Anschluß der DDR auf einer abschüssigen Bahn.

Diese Entwicklung trifft die westdeutschen Bürger um so mehr, als sie aus der Vergangenheit ein ständiges Wirtschaftswachstum gewöhnt waren mit positiven Auswirkungen auf ihr persönliches Leben. Gewohntermaßen nur nach Äußerlichkeiten urteilend, sehen sie ausschließlich die nicht zu bestreitenden positiven Veränderungen in Ostdeutschland, die sich an der ausgebauten Infrastruktur, den verschönten Innenstädten und den neu errichteten Siedlungen in den Speckgürteln vieler Städte ablesen lassen. Gleichzeitig macht ihnen die Politik in Einheit mit den Medien an Hand geschönter Statistiken deutlich, daß es den ostdeutschen Rentnern besser geht als den westdeutschen. Selbst wenn das in Einzelfällen so ist, wird verschwiegen, daß die Rente für den Ostdeutschen im Gegensatz zum Westdeutschen die einzige Einkommensquelle darstellt. Zusatzrenten stehen nicht zur Verfügung. Auch besitzen die meisten Ostdeutschen keine Rücklagen, auf die sie z.B. im Krankheitsfall zurückgreifen können. Falsch und damit irreführend ist ebenfalls die Behauptung, daß die Lebenshaltungskosten deutlich niedriger sind als in den westlichen Bundesländern.

Selbst von offizieller Seite wird immer öfter darauf verwiesen, daß die deutsche Einheit mehr kostet als erwartet und für die eingetretenen Schwierigkeiten verantwortlich zu machen ist. Die Schuld hierfür wird bei den Ostdeutschen und ihrer Unfähigkeit gesucht und nicht in der verfehlten Vereinigungspolitik der Bundesregierung sowie dem Versagen der Wirtschaft. So werden Aversionen gegen die Ostdeutschen geschürt, von denen die jeweiligen Parteien hoffen, daß der westdeutsche Wähler sie mit seiner Stimmabgabe honoriert. Als "Scheißossis" bezeichnete ein verärgerter altbundesdeutscher Trainer ostdeutsche Fußballspieler.

Die mentale Betroffenheit der Westdeutschen erfährt eine Steigerung durch die Beobachtung, daß die Ostdeutschen sich trotz allem unzufrieden zeigen und zudem die falsche Partei wählen, die aus Sicht der Westdeutschen die alleinige Schuld an dem Zusammenbruch der DDR und den sich daraus ergebenden Folgen trägt. Dieses Mißvergnügen ist um so verständlicher, als niemand die Altbundesbürger darüber aufklärt, wer die Verantwortung für das eingetretene Desaster wirklich trägt. Keiner erklärt ihnen, daß die durch die Politik verschuldete Deindustrialisierung Ostdeutschlands jeden sich selbst tragenden Aufschwung verhindert, und den Aufbau Ost im Morast der politischen und wirtschaftlichen Inkompetenz versinken läßt. Keiner sagt ihnen, daß die gewaltigen finanziellen Transfers einmal z.T. wieder zurückfließen und zum anderen Ausgaben ausgewiesen werden, die auch für die alten Bundesländer erbracht werden müssen. Das betrifft z.b. den üblichen Länderfinanzausgleich und die Unterhaltung der Bundeswehrstandorte. Diese nicht verdeutlichten Widersprüche sind es, welche die mentale Spaltung zwischen Ost und West zementieren und schwer zu überwindende Hindernisse auf dem Weg zur inneren Einheit errichten.

Die Klischees über den Osten und seine Bürger erfahren eine Bestätigung und Vertiefung durch literarische Erzeugnisse, wie sie von Luise Endlich (Gabriele Endling), Thomas Roethe oder Felix R. Mindt publiziert wurden. Der Darstellung von Luise Endlich in ihrer naiven Unbedarftheit läßt sich noch ein gewisses Verständnis abgewinnen, denn ihr mangelndes Verstehen ist das Resultat zweier unterschiedlicher Kulturen und sozialer Strukturen, die sich unvorbereitet gegenüber stehen. Die Autorin erlebte eine Art individuellen Kulturschock, als es sie zeitweilig nach Ostdeutschland verschlug. Die beiden anderen Bücher zeichnen sich durch Halb- und Unwahrheiten über die DDR und ihre Menschen aus. Sie müssen jeden unkritischen Altbundesbürger, und das ist die Mehrheit, in seiner von Antipathie geprägten Haltung sowohl gegenüber der DDR wie auch ihren Bürgern, bestärken. Derartige Veröffentlichungen polarisieren und vertiefen die gegenseitigen Aversionen, statt sie abzubauen. Das unterstreichen die bemerkenswert hohen Auflagen, in denen diese Bücher erschienen sind. Wie das Leben in der DDR sich wirklich abspielte ist der "Prenzlauer Berg-Tour" von Daniela Dahn zu entnehmen.

Das Leben in der DDR war anders, als es neunmalkluge Westdeutsche den ihnen Zugewachsenen einreden und sogenannte Bürgerrechtler in ihrer Arroganz und dem Glauben an ihre eigene Unfehlbarkeit vorschreiben wollen. Es war auf der einen Seite durch geistige Enge und ideologische Betonköpfigkeit geprägt, auf der anderen bestanden von vielen nicht erkannte und wahrgenommene Freiräume. Das Leben in der DDR war so, wie es von vielen geschildert wird, aber auch ganz anders. Werner Heiduczek macht am Beispiel seines eigenen Lebens die verschiedenen Gesichter der DDR-Wirklichkeit deutlich.

In die Reihe der drei genannten Publikationen reiht sich nahtlos das Büchlein von Wolfgang Herles ein mit dem Titel: "Wir sind kein Volk". Der Autor benennt durchaus zutreffend die mit der Vereinigung begangenen Fehler, wenn ihm auch nicht in allen Punkten zugestimmt werden kann. Der größte Teil der Ausführungen widmet sich jedoch erwartungsgemäß der Undankbarkeit der Ostdeutschen, ihrer schrecklichen DDR-Nostalgie, ihrem hartnäckigen Beharren auf Wertevorstellungen, die jedem Westdeutschen ebenso zuwider sein müssen wie ihre Neidgefühle. Kaum ein Klischee wird von dem Autor ausgelassen und ein Pauschalurteil jagt das andere. Zustimmung ist ihm in den alten Bundesländern gewiß, in den neuen wird es nicht als Beitrag zur Förderung der inneren Einheit verstanden. Die Schuld für die bestehende Misere sieht Wolfgang Herles bei den Ostdeutschen. Er outet sich als prononcierter Vertreter der Sozialisationshypothese, wonach die Gründe für die mangelhafte wirtschaftliche Entwicklung in Ostdeutschland und das Ausbleiben der inneren Einheit in der DDR und der dort erfolgten sozialen Prägung der Ostdeutschen zu suchen sind.

Die Ablehnung, die den Ostdeutschen durch Westdeutsche zuteil wird, erfährt eine Unterstützung durch den Umgang der Politik mit Intellektuellen deren Herkunftsland die DDR ist. So verhinderte die Berliner CDU, daß der leider zu früh verstorbenen Regine Hildebrandt die Louise-Schröder-Medaille verliehen wurde. Die gleiche Ehrung versuchte sie, wenn auch erfolglos, bei Daniela Dahn zu blockieren. Ebenso wurde verhindert, daß Daniela Dahn in das Brandenburger Verfassungsgericht gewählt wurde. Einem Wissenschaftler wurde mit wissenschaftsfremden Argumenten versagt ein Buch unter seinem Namen zu veröffentlichen. Wichtiger als die ungeschriebenen sind die verbotenen (DDR d. Verf.) und die verschwiegenen (BRD d. Verf.) Bücher, so der ostdeutsche Verleger Elmar Faber. Es ist im bundesdeutschen Zeitungswald die Regel, dem Zeitgeist und der politischen correctness widersprechende Bücher im Feuilleton der überregionalen Blätter nicht zu referieren. Grundsätzlich haben es solche Publikationen schwer, einen Verleger zu finden. Die Ablehnung bezieht sich in der Regel nicht auf den Inhalt, sondern auf vorausgesagtes mangelndes Interesse bei der Leserschaft. Auch eine Form des Verschweigens, wesentlich moderater als die Zensur in der DDR, aber nicht weniger effektiv. Besprechungen von Büchern zum Gegenstand DDR aus ostdeutscher Sicht durch westdeutsche Rezensenten zeichnen sich überwiegend durch Einseitigkeiten, negative Werturteile, Vorurteile und das Bemühen aus, die Legende vom Unrechtsstaat DDR zu zementieren.

Die eben skizzierte Betrachtungsweise der bestehenden Probleme in den Ost-West-Beziehungen wie auch ihre Reduktion auf die Mentalitätsschiene und die Besonderheiten der ostdeutschen Verhaltensweisen und Sozialisation erspart den Akteuren die kritische Auseinandersetzung mit dem von ihnen selbst akzeptierten politischen und wirtschaftlichen System. Es wird auf einen Nebenkriegsschauplatz ausgewichen.

Nur eine Minderheit von Westdeutschen hat sich eine unvoreingenommene Sicht auf die Vorgänge und Menschen in Ostdeutschland bewahrt. Vor allem Menschen, die dauerhaft aus den alten in die neuen Bundesländer gewechselt sind, gelangen im Ergebnis ihres Kontaktes zu ihren ostdeutschen Landsleuten häufig zu bemerkenswerten Einsichten, wenn sie die Blockade in ihrem Kopf überwunden haben. Ihre so gewonnenen Erkenntnisse entsprechen durchaus nicht dem Zeitgeist, wie er sich in der medialen Öffentlichkeit breit macht. Ein Beispiel ist der Jurist und Strafverteidiger Endrik Wilhelm, der seine Erfahrungen mit Ostdeutschen und seine durch das Leben mit ihnen provozierten mentalen Wandlungen in einem Buch veröffentlicht hat. So lehnt er die westdeutsche Vorstellung *"... staatsbejahende DDR-Bürger seien verblendete und ausschließlich auf den eigenen Vorteil bedachte rücksichtslose Charaktere gewesen"* ab. Eine derartige Bewertung wird nach seiner Meinung der Wirklichkeit in der DDR nicht gerecht. Aufgrund seines Erlebens identifizieren sich viele Ostdeutsche zwar nicht mit dem früheren Staat, doch sind sie nicht bereit sich an der Verteufelung der DDR zu beteiligen, nicht zuletzt deswegen, weil sie in ihr ein Stück von sich selbst sehen. Der Autor bestätigt, daß das in der Vergangenheit und im vereinigten Deutschland vermittelte Bild von der DDR allein das einer Diktatur ist.

Die westdeutsche Sicht auf die DDR und die aktuelle Bewertung der wirtschaftlichen sowie mentalen Situation der Ostdeutschen stoßen in den neuen

Bundesländern bei der Mehrheit nicht auf positive Resonanz. Zustimmung kommt im wesentlichen von denjenigen, die als Politiker Fuß gefaßt haben, von einigen Bürgerrechtlern, den "Opferverbänden" und solchen, die sich nicht eingestehen wollen, daß sie den süßen Flötentönen der Verführer auf den Leim gegangen sind.

Der politische Umbruch auf dem Boden der DDR mit der sich anschließenden vertikalen und horizontalen Transformation und den sich daraus ergebenden sozialen Verwerfungen mit ihren Auswirkungen auf die Menschen erregten das Interesse der Sozialwissenschaft in Ost wie West. War dies doch eine einmalige Situation, die die wissenschaftliche Neugier herausfordern mußte. Aus Sicht der westdeutschen Sozialwissenschaftler spielte sich in den neuen Bundesländern ein Großexperiment ab, das in seiner sozialen Dimension einmalig war. Eine Publikation im Auftrag der "kulturstiftung des bundes" erschien unter dem bezeichnenden Titel "Labor Ostdeutschland". Nur zur Erinnerung: Ein zentraler Slogan der Märzwahlen des Jahres 1990 forderte "keine Experimente". Diese Forderung bezog sich nur auf etwaige sozialistische Experimente mit dem Ziel, den Versuch eines demokratisch reformierten Sozialismus zu starten. Das nun vollzogene so ganz andere Experiment auf marktwirtschaftlicher Grundlage war gewollt.

Eine zentrale Rolle bei der Planung und Durchführung der Untersuchungen spielte die "Kommission zur Erforschung des sozialen und politischen Wandels in den neuen Bundsländern (KSPW)". In ihrer Leitung dominierten mit etwa 90% westdeutsche Wissenschaftler. Ostdeutsche waren in ihre Tätigkeit so lange einbezogen, wie Insiderwissen zur DDR zum Vergleich notwendig war. Anschließend wurden sie in die 2. Wissenschaftskultur entlassen.

Wie eine Studie des Instituts für Hochschulforschung an der Martin-Luther-Universität Halle-Wittenberg feststellt, ging mit der Ausgrenzung der DDR-Wissenschaftler wichtiges Insiderwissen zur DDR-Geschichte, zum Transformationsprozeß und der Gegenwartsgesellschaft in Ostdeutschland verloren. Veranstaltungen und Publikationen der 2. Wissenschaftskultur, die allein in Berlin etwa 20 Vereinigungen und Institute umfaßt, werden von der etablierten Wissenschaft kaum wahrgenommen. Dieses mangelnde Interesse an Ostdeutschland spiegelt sich auch an den Universitäten wider. An ihnen werden nur wenige Lehrveranstaltungen angeboten, die sich mit Ostdeutschland und seinen Wandlungen auseinandersetzen.

Bei der Bewertung der empirisch-soziologischen Untersuchungen ist zu berücksichtigen, daß sie durch Wissenschaftler mit einer anderen Sozialisation und dem Erfahrungshorizont einer anderen Gesellschaft erfolgen. Das Resultat wird zudem durch die Auswahl der Interviewpartner und Formulierung der ihnen gestellten Fragen bestimmt. Als Besonderheit gilt zu bedenken, daß der Ostdeutsche es in vierzig Jahre gelernt hat, die von ihm erwarteten Antworten zu geben. Dieses Verhalten hält er unter den neuen Machtverhältnissen bei. Die Ostdeutschen besitzen im Ergebnis ihrer DDR-Erfahrungen eine Tradition im inneren Dissens zu leben. Sie üben die Anpassung an ein politisches System, ohne von seiner Richtigkeit überzeugt zu sein.

Der Diskurs über die DDR und zu den Folgen des Anschlusses wird somit nahezu einseitig von der westdeutschen Sicht bestimmt. In der Betrachtung dominiert die Außenperspektive. Der östliche Diskurs spielt nur eine marginale Rolle. Die bundesdeutsche Politik- und Sozialwissenschaft wird von einem einseitigen, durch Totalitarismushypothese und Herrschaftsgeschichte bestimmten Bild der DDR geprägt.

Die Mehrzahl der ostdeutschen Bundesbürger steht im Ergebnis dieser Untersuchungen den gegenwärtigen politischen und gesellschaftlichen Verhältnissen kritisch bis ablehnend gegenüber. Sie werden als demokratieunfähig, autoritätsgläubig und konservativ bewertet. Kulturell erfolgt eine Einstufung als provinziell und zurückgeblieben. Vorgeworfen wird ihnen das Beharren auf preußischen Tugenden. Die Ostdeutschen werden pazifistischer, pessimistischer, passiver und paranoider als ihre westdeutschen Schwestern und Brüder bewertet. Berücksichtigt eine kritische Wertung diese Auswahl von Adjektiven, so stellt sich der Ostdeutsche aus westdeutscher Sicht als Fehlgriff sozialer Evolution dar.

Die erkenntnistheoretischen Resultate der sozialwissenschaftlichen Studien blieben vom Wesen karg. Einmal überwogen aus der bisherigen Arbeit überkommene Themen und Instrumentarien, die nunmehr auf Ostdeutschland Anwendung fanden. Zum anderen dienten die Untersuchungen vielfach einer Negativ- und Defizitanalyse, ohne daß eine Weiterentwicklung des Theoriegebäudes zu den komplexen Mechanismen des sozialen Wandels erfolgte. Es fehlten komparative Studien, welche die DDR, die alte Bundesrepublik und die europäischen Transformationsländer in die Analyse einbeziehen, um so Gemeinsamkeiten und Unterschiede herauszuarbeiten. Der Vergleich mit Rußland und den anderen osteuropäischen Staaten wäre bedeutungsvoll, da in diesen Ländern die Umgestaltungsprozesse von innen, aus der Gesellschaft heraus erfolgen. In Ostdeutschland dagegen wird die Transformation über einen von außen induzierten Personen- und Institutionentransfer gesteuert. Ebenso blieb der unterschiedliche Wandel in verschiedenen sozialen Schichten unberücksichtigt.

Grundsätzlich fordert zur Kritik heraus, daß im Abschlußbericht der KSPW der Prozeßverlauf dominierte, ohne ihn zu problematisieren und zu hinterfragen. Die ablaufenden Veränderungen werden beschrieben, ohne tiefer auf ihre Gründe einzugehen. Es dominiert Sozialchronik. Eine sorgfältige Analyse im Sinne einer Sozialkritik erfolgt nicht. Auf diese Defizite sozialwissenschaftlicher Forschung verweist Helmut Steiner.

Im Ergebnis der Einschätzung der Ostdeutschen sind trotz der eben gemachten Einschränkungen Unterschiede zwischen dem politisch-administrativen und dem zeitgeschichtlichen Diskurs zu erkennen. Letzterer bewertet in Teilen die DDR differenzierter. Neben diesen beiden Diskursen fehlt derjenige, welcher sich mit den erbrachten positiven Leistungen der DDR auseinandersetzt. Dieser ist jedoch nicht erwünscht, da er ergeben könnte, daß die Bundesrepublik nicht auf allen Feldern von Staat und Gesellschaft die führende Rolle einnimmt, die sie beansprucht. Die politische Klasse und ihre Apologeten können nicht begreifen, daß etwas, weil es anders ist, deswegen nicht auch zwangsläufig schlechter sein muß.

Im Gegensatz zu den illusionären Erwartungen der Vereinigungsaktivisten stellte die Politikwissenschaftlerin Sigrid Meuschel bereits 1992 fest, daß sich die Gesellschaften der DDR und der Bundesrepublik weiter auseinander gelebt haben, als ihnen vor der Vereinigung bewußt gewesen sei. Deshalb setze sich die Teilung in der Einheit zunächst weiter fort. Diese Prognose findet sich nun bald 15 Jahre nach der offiziellen Vereinigung am 3. Oktober 1990, die von den Ostdeutschen mit Böllerschüssen und Jubelschreien begrüßt wurde, in zahlreichen sozialwissenschaftlichen Untersuchungen unverändert bestätigt. Es bleibt die Frage zu beantworten, warum?

Im Unterschied zur bundesdeutschen Politik und der ihren Vorgaben folgenden Sozial- und Politikwissenschaft, haben ostdeutsche Intellektuelle und Sozialwissenschaftler schon sehr frühzeitig die einsetzenden Verwerfungen und die sich daraus ableitenden sozialen Konsequenzen erkannt und beschrieben sowie die Gründe dafür benannt. Sie hielten sich in der positiven Bewertung des mentalen Anpassungsprozesses zurück. So äußerte Christa Wolf bereits im Januar 1990 die Vermutung, *"daß dieser Prozeß einer Entfremdung sich unter der Oberfläche massenhafter, äußerer, äußerlicher Annäherung ... auf der anderen Seite öffentlich beschwiegen und in die Menschen zurückgedrängt würde"* ... Ebenso sagte sie neue Oberschichten aus Zugereisten voraus. Der Verlust von Bindungen führe zum sozialen Tod. Das westliche Deutschland hat nach ihrer Erkenntnis einen anderen Wertekatalog in die Menschen gepflanzt als das östliche. Die Vereinigung habe sich zu einem Verteilungskampf entwickelt, in dem die meisten Ostdeutschen keine Chance besitzen.

Die Aussagen von Christa Wolf und frühzeitige Überlegungen ostdeutscher Sozialwissenschaftler zur Identitätsproblematik und inneren Angleichung fanden sowohl in der etablierten Wissenschaft wie in der Politik eine nur marginale Beachtung und wurden als "Befindlichkeitssoziologie" diskreditiert. Nur zögernd wird jetzt auch von westdeutscher Seite begriffen, daß die Ostdeutschen eine eigene Identität entwickeln, und die frühen Wertungen und Voraussagen der ostdeutschen Wissenschaftler und Intellektuellen so falsch nicht waren.

Nach einem wenige Jahre anhaltenden Boom hat das sozialwissenschaftliche Interesse an Ostdeutschland ohnehin erheblich nachgelassen. Nicht zuletzt war die Regierung unter Helmut Kohl daran interessiert, Ostdeutschland aus der Schußlinie politischer und wissenschaftlicher Debatten sowie Analysen zu nehmen, weil die blühenden Landschaften ausblieben, bzw. nur für die westdeutsche Wirtschaft blühten. Anderenfalls waren Bewertungen zu erwarten, die nicht in das bürgerlich-konservative Bild von der DDR und Ostdeutschland passen.

Es ist auffällig, daß bei der Behandlung der soziostrukturellen und -kulturellen Veränderungen in Ostdeutschland durch die westdeutschen Sozialwissenschaftler und in der öffentlichen Diskussion nicht der Begriff der strukturellen Gewalt auftaucht. Johan Galtung hat ihn vor etwa 30 Jahren in die Debatte eingeführt. Er unterscheidet die personale bzw. direkte von der strukturellen bzw. indirekten Gewalt. Letztere ist zwar weniger offensichtlich, in ihren Konsequenzen häufig jedoch dramatischer als die personale Gewalt und durchaus auch in demokratisch verfaßten Staaten gegenwärtig. Sie realisiert sich u.a. über die öffentliche Meinung und die Gesetzgebung, wie z.B. aktuell in Deutschland über die Sozialgesetzgebung mit dem Rückbau des Sozialstaates, ergänzt durch das Schlagwort von der Eigenverantwortung. Das Ergebnis ist eine Verschlechterung der sozialen Situation großer Bevölkerungsschichten, ohne daß diese sich dagegen wehren können. Im Hinblick auf die Agenda 2010 gewinnt die Charakterisierung von sozialer Gerechtigkeit als die Abwesenheit struktureller Gewalt durch Johan Galtung an Bedeutung.

Eine weitere Form der strukturellen Gewalt äußert sich in der Ungleichheit und dem Mangel an Chancengleichheit. In der medialen Öffentlichkeit wird zwar viel über direkte, personale Gewalt in anderen Ländern berichtet, doch besteht eine auffällige Scheu die strukturelle Gewalt in der bundesdeutschen Gesellschaft öffentlich zu machen. Das Schlagwort, weil Du arm bist, mußt Du früher sterben, bringt das Resultat struktureller Gewalt zum Ausdruck.

Geld und Besitz üben ebenfalls strukturelle Gewalt aus. Sie geht heutzutage von der ökonomischen Macht aus, weil sie sich weitgehend der politischen Kontrolle entziehen konnte. Wirtschaftliche Macht bedarf jedoch der politischen Aufsicht, wenn sie sich nicht verselbständigen soll. Es gehört auch zur Kultur dieses Landes, und damit der Wissenschaftslandschaft, die Verwerfungen, Ungerechtigkeiten und Beschädigungen, die der rigide Umgang mit den Wissenschaftlern der DDR und ihrer Bevölkerung als Konsequenz struktureller Gewalt mit sich gebracht hat, zu verschweigen und dem öffentlichen Diskurs zu entziehen. Nur die politisch motivierte Einschränkung von Menschenrechten beim anderen wird angeklagt, die ökonomische im eigenen Land nicht öffentlich gemacht.

Eine kritische Wertung der sozialwissenschaftlichen Forschung zu den Transformationsvorgängen in Ostdeutschland findet sich bei Raj Kollmorgen, der als Träger dieser Forschung westdeutsche Sozialwissenschaftler an westdeutschen Hochschulen, solche, die an ostdeutsche Hochschulen berufen wurden und schließlich einen kleinen Kreis marginaler ostdeutscher Sozialwissenschaftler benennt, der immer stärker schrumpfend keine Integration erfahren hat. So werden aus seiner Sicht in der Debatte die generationalen Dimensionen des soziokulturellen Wandels, die Langzeitigkeit der Vereinigung und Transformation sowie die fortbestehende Offenheit des Prozesses vernachlässigt. Nicht intendierte Wirkungen des Vereinigungsprozesses finden keine Beachtung, außer bei einigen ostdeutschen Wissenschaftlern. Ebenso werden die Wechselwirkungen zwischen postsozialistischem Transformationsprozeß, ausuferndem Neoliberalismus sowie Globalisierung vernachlässigt.

Rolf Reißig betont, daß die Ostdeutschen keine "Wende", sondern einen Systemwechsel zu verarbeiten hatten, der eine fortschreitende soziale Differenzierung und Polarisierung zur Folge hat. Das Ergebnis ist eine kritische Distanz zur westlich interpretierten Demokratie, der Marktwirtschaft und der politischen Klasse. Die Ostdeutschen erweisen sich mehrheitlich als distanzierte Beobachter und Kritiker und zeigen kein gesellschaftliches Engagement. Demokratie als Staatsform findet im Osten durchaus Zustimmung und entspricht den ursprünglichen Zielen der Mehrheit der DDR-Bürger, die sie mit dem Anschluß der DDR verbunden haben, aber nicht die Art und Weise wie sie gegenwärtig realisiert und auf die formale Demokratie reduziert wird. Sie erweist sich als Hülse ohne substantiellen Inhalt.

Zu einem besseren Verstehen der in Ostdeutschland sich vollziehenden mentalen Veränderungen, wäre ein gemeinsamer Diskurs von ost- und westdeutschen Sozialwissenschaftlern zu fordern gewesen. Aus der Kontroverse hätte sich durchaus eine gemeinsame Sicht ergeben können. Doch die ausgegrenzten Sozialwissenschaftler der DDR wurden in die 2. Wissenschaftskultur abgedrängt, deren Ergebnisse von der bundesdeutschen Wissenschaft kaum wahrgenommen werden. Statt diese Wissenschaftler in die bundesdeutsche Wissenschaftslandschaft zu integrieren und so einen fundamentalen Pluralismus zu ermöglichen, werden sie ausgegrenzt und erfahren Ablehnung. Das Ausbleiben dieses Diskurses äußert sich in der unzureichenden Behandlung wichtiger Problemkreise der deutschen Vereinigung und in der skizzierten Einseitigkeit ihrer Bewertung.

Es erscheinen deshalb die Überlegungen derjenigen Sozialwissenschaftler zutreffender, welche die bisherigen sozio-kulturellen Anpassungsvorgänge in Ostdeutschland zurückhaltend bewerten. Wie Peter Bender bemerkt, wurde die Unterschätzung der nicht-materiellen Seite der Einheit zum Markenzeichen der Bonner Vereinigungspolitik und charakteristisch für die Haltung der Mehrheit der Westdeutschen. Es wird alles verdammt, was im Osten etwas galt, einschließlich unpolitischer Einrichtungen, Gewohnheiten, Lebensstile und Wertmaßstäbe. Den Schwierigkeiten bei der Herstellung der inneren Einheit liegen aus seiner Sicht zwei Probleme zugrunde: Die Entfremdung durch eine 40-jährige Teilung mit sich daran anschließender Überfremdung durch ein anderes System. Eine Lösung der bestehenden Widersprüche ist aus seiner Sicht nur möglich, wenn auch die westdeutsche Verantwortung für Teilung und Trennung thematisiert wird.

Das Resümee der vorstehend skizzierten politischen, wirtschaftlichen und sozialen Wirklichkeit im vereinten Deutschland läßt erkennen, daß sich für den Ostdeutschen zum einen seine Lebenswelt grundsätzlich gewandelt hat und zum anderen Analogien zu der von ihm aufgegebenen bestehen, auf die er gerne verzichtet hätte. Es ist somit nicht überraschend, wenn bei einer Analyse der neuen Lebenswelt eine Mehrheit der bundesdeutschen Neubürger ein Unbehagen beschleicht. Mit seinem Beharren auf einmal verinnerlichten Denkmustern paßt der Ostdeutsche nicht in das Raster westdeutscher Vorstellungswelten.

Aus der Perspektive der Neubundesbürger dienen die Veränderungen des Artikels 13 des Grundgesetzes, die den "großen Lauschangriff" ermöglichen und gestatten in die Privatsphäre des Einzelnen einzudringen, kaum der Vertiefung von Demokratie, Freiheit und Rechtsstaatlichkeit. Vergleichbares gehörte auch zu den Praktiken des Ministeriums für Staatssicherheit der DDR. Überraschende Kontrollen auf den Straßen der DDR durch Polizei und Militär gab es, doch weshalb soll nunmehr die Rasterfahndung in grenznahen Gebieten begrüßt werden? Dem "Rechtsstaat" ist anscheinend das recht, was dem "Unrechtsstaat" billig war. Es bestätigt sich, daß die Instrumente der Macht sich nicht unterscheiden. Das Gefühl in einem Polizei- und Überwachungsstaat zu leben, gewinnt erneut Raum.

Der Vergleich beider politischer Systeme offenbart beträchtliche Defizite der DDR, die jedoch im Osten kaum noch jemanden interessieren. Dies ist auch deshalb der Fall, weil der Ostdeutsche sich nicht dort wiederfindet, wo ihn Politik und Medien sehen wollen. Gewiß leiten sich aus dem Vergleich auch positive Erfahrungen mit dem neuen politischen und gesellschaftlichen System ab. Doch meinungsbildend ist vor allem die Erkenntnis, daß der Vergleich Ähnlichkeiten und Übereinstimmungen bei der Art und Weise der Machtausübung beider politischer Systeme offenbart.

Entscheidend für das soziale Wohlbefinden von Menschen ist ihre Einbettung in eine ihnen vertraute Lebenswelt. Zu dieser gehören Wertvorstellungen, Normen, Gewohnheiten, Arbeit, Konsum, Freizeit, Familienleben, Kommunikationsstrukturen und auch die Erfahrungen mit der Art und Weise der Ausübung politischer Herrschaft.

Das Alltagsleben der Menschen in Ostdeutschland hat sich nach der Vereinigung grundsätzlich verändert. Die Maßstäbe der Vergangenheit haben sich erledigt. Im Umgang zwischen den Menschen gilt jetzt der Grundsatz mehr Schein als Sein. Ein Lächeln bringt selten die wirkliche Stimmungslage zum Ausdruck, sondern soll scheinbare Freundlichkeit und Entgegenkommen signalisieren, um das eigene Anliegen erfolgreich "rüber bringen" zu können. Es wirkt meist aufgesetzt und eingeübt. Einer rasch ausgesprochenen Einladung wird besser nicht Folge geleistet, da sie meist nicht ernst gemeint ist. Probleme werden zerredet und nicht gelöst. Es fehlt eine liberale Streitkultur, getragen von Toleranz und gegenseitiger Achtung.

Als negativ mußte der Bundesneubürger erfahren, daß Freiheit sich im neuen System auf Unverbindlichkeit und Beliebigkeit reduziert. Während im vergangenen Regime Abmachungen allein durch Handschlag besiegelt und auch realisiert wurden, sind heute selbst vertragliche Regelungen nicht bindend, wenn sie nicht juristisch einwandfrei abgesichert sind. Selbst dann werden sie angefochten. War es in der DDR üblich, daß Rechnungen beglichen wurden, so müssen heute Handwerker und Kleinunternehmen Insolvenz anmelden, weil hohe Außenstände im Ergebnis schlechter Zahlungsmoral es ihnen unmöglich machen, Material einzukaufen und die Löhne an die Mitarbeiter zu zahlen. Dagegen müssen Forderungen des Finanzamtes und der Banken ohne Widerspruch termingemäß beglichen werden, wenn nicht unverhältnismäßig hohe Strafzinsen die Folge sein sollen. Gewährleistungsansprüche können häufig nicht in Anspruch genommen werden, weil die ausführende Firma längst in die Insolvenz gegangen ist. Mit diesen ihm von den Westdeutschen vermittelten zwischenmenschlichen Beziehungsstrukturen kann sich der Ostdeutsche immer noch nicht anfreunden. Erneut fällt er durch das Raster.

Wenn die Kommunikationskultur bei Ost- und Westdeutschen auch unterschiedlich ist, wie Olaf Georg Klein beschreibt, so hat die Alltagssprache weitgehend Anschluß an das westdeutsche Niveau gefunden. Diese Anpassungsgeste ist durchaus nicht nur positiv zu bewerten. Es handelt sich um den von außen induzierten Zwang sich anzupassen, um nicht als Ostdeutscher aufzufallen; denn ostdeutsch ist in den Augen des Westlers mit negativen Assoziationen belegt.

So haben sich im Osten ebenfalls Anglismen breit gemacht, wenn sie häufig auch nicht verstanden werden. Das "Denglisch", wie es Walter Krämer beschreibt, ist in die Umgangssprache der Ostdeutschen eingedrungen. Kinder benennt der Durchschnittsbürger nur noch als "kids". Der Urlauber besteigt den "Flieger" und nicht das Flugzeug, statt mit dem aussagekräftigen und freundlichen "Guten Tag" begrüßt man sich mit dem unverbindlichen "Hallo" oder dem Dimunitiv "Hallöchen". Die treffende Kennzeichnung als ABC-Schütze wurde durch den "Erstkläßler" ersetzt, und vielen weiteren neuen Begriffen begegnen wir "heuer" statt heute. Auch wer Viertelacht sagt, "outet" sich unfreiwillig "halt" als unwissender Ossi. Es heißt neudeutsch, dem Englischen abgeguckt, ein Viertel nach sieben. Ebenso gehört der Metzger eher nach Süddeutschland statt nach Thüringen oder Sachsen. Wenn dem Fluggast im "Flieger" ein besonders gutes Bordfrühstück serviert wird, dann ist es nicht schmackhaft oder appetitlich, sondern natürlich "lecker". "Man sieht sich" dem englischen "see you later" entsprechend, bedeutet nicht, daß die Kontaktpersonen sich unbedingt wieder sehen wollen. Es wird nur so getan, eine unverbindliche Floskel.

Wenn ein italienischer Trainer "haben fertig" artikuliert, ist das verzeihlich. Peinlich dagegen, wenn im Reklame-Spot des deutschen Fernsehens versprochen wird: "da werden Sie geholfen". Doch was ist unter einem "unplattbaren Fahrrad" zu verstehen? Das blamable Abschneiden Deutschlands bei der Pisa-Studie findet auch in derartigen, in der Öffentlichkeit verbreiteten, sprachlichen Unzulänglichkeiten seinen Ursprung. Bei vielen Journalisten schließt der Hörer besser die Ohren und Augen, so heftig und häufig wird gegen die Grammatik der deutschen Sprache und das Sprachgefühl verstoßen. Stilblüten beherrschen die sprachliche Landschaft. Nachzulesen bei Bastian Sick und auch Hansgeorg Stengel. Die richtige Betonung und Aussprache von Fremdworten ist häufig Glückssache. Geradezu peinlich ist das Deutsch, dem der Hörer in Talkshows und Darlegungen von Politikern begegnet, ganz zu schweigen vom Amtsdeutsch und der unverständlichen Sprache der Juristen.

Der bisherige Ablauf der Vereinigung ist selbstverständlich nicht allein auf seine Defizite zu reduzieren. Ein wichtiger Fortschritt besteht in der Übernahme demokratischer Strukturen, die die Bürgerrechte erweiterten. So bedeuten die Gewaltenteilung mit der Trennung von Legislative, Exekutive und Judikative ebenso wie die Verwaltungsgerichtsbarkeit einen deutlichen zivilisatorischen Fortschritt gegenüber den Verhältnissen in der DDR. In gleichem Sinne ist der Bundesgerichtshof zu bewerten. Die parlamentarische Demokratie mit einem Mehrparteiensystem unterscheidet sich ebenfalls positiv von der Diktatur einer Partei in der DDR, wenn ihre Mängel auch nicht zu übersehen sind. Obwohl die praktizierte Demokratie nach dem Mehrheitsprinzip funktioniert, herrscht dennoch nur eine Minderheit.

Im materiell-technischen Bereich kann niemand an der enormen Verbesserung der Infrastruktur vorbeigehen mit einem quantitativen und qualitativen Ausbau des Straßennetzes, einer modernen Telekommunikation und einer Wasser- sowie Abwasserversorgung die, wenn auch zu Lasten der Bürger vielfach überdimensioniert, auf den neuesten Stand gebracht wurden. Die Zentren der großen Städte haben in ihrem äußeren Erscheinungsbild im Vergleich zur DDR-Zeiten deutlich gewonnen. Historische Bauten wurden mit Hilfe von Fördergeldern restauriert und saniert. Die glänzenden Fassaden von Banken und Versicherungen sowie anspruchsvolle Verwaltungsbauten erfreuen das unkritische Auge, vergessen machend, daß es sich hier um Steuergelder und dem Bürger abgenommene Zinsen und Beiträge handelt, die in üppiger Weise verbaut werden. Nichts mehr von der Bescheidenheit des preußischen Beamten. Schmucke Einfamilienhäuschen, umgeben von sprießendem Grün, beleben den Speckgürtel der großen Städte. Vielfach sind sie jedoch nicht Eigentum der Besitzer, sondern der die noch nicht getilgten Kredite auslobenden Banken.

Diese in beschränktem Umfang positive Entwicklung kann nicht den fortschreitenden Verfall der Peripherie der Städte verdecken. Neben frei geräumten Flächen ehemaliger Fabriken starren den Besucher die leeren Fensterhöhlen von Ruinen an. Fährt der Reisende mit wachen Augen durch das Land, so begegnet er neben neu errichteten Einfamilienhäusern und sanierten Bauten leer stehenden und verfallenen Häusern, deren Eigentümer und Bewohner der Parole "go west" gefolgt sind. Eine Immobilie stellt im Osten zumeist keinen Gewinn, sondern eine Last für den Eigentümer dar. In weiten Teilen des Landes ist der Immobilienmarkt zusammengebrochen. Abriß von Wohnraum, verklausuliert als Rückbau bezeichnet, kennzeichnet die großen Wohnquartiere.

Nicht gesteuerte Landschaftspflege beherrscht das Bild, sondern durch privates Gewinnstreben gelenktes Interesse. Während, wie es Thomas Ahbe formuliert, die marktwirtschaftliche Zivilisation sich auf wenige Kernbereiche zurückzieht, trocknen weite Landschaften aus. Diese werden zudem durch ausgedehnte Industriegebiete und Einkaufszentren verschandelt mit Versiegelung großer Bodenflächen. Die Einkaufsparadiese erweisen sich in Relation zur sinkenden

Kaufkraft der Bevölkerung als überdimensioniert. Der Aufbau Ost ist auf wenige Zentren beschränkt und bedeutet vor allem kaum die Schaffung neuer Arbeitsplätze und soziale Sicherheit für die Menschen.

Die rechtsstaatlichen Gewinne wie auch die positiven Veränderungen der Infrastruktur und Angebote der Konsumwelt stellen jedoch nur den Rahmen für die Gestaltung seiner Lebenswelt durch das Individuum dar. Sie erweisen sich als brüchig, wenn den Menschen nicht gleichzeitig die Möglichkeit geboten wird einer geregelten und ordentlich entlohnten Erwerbsarbeit nachzugehen. An dieser Stelle sind die menschlichen Verluste der Vereinigung anzusetzen mit sehr unterschiedlichen Konsequenzen für den Einzelnen. In der Summe haben sie eine soziale Umschichtung der Bevölkerung bewirkt. Für einen kleinen Teil der Ostdeutschen bedeutete die Vereinigung einen sozialen und wirtschaftlichen Aufstieg, der an einer deutlichen Mehrheit vorbei ging. Trotzdem sind die meisten Ostdeutschen, das gilt besonders für die Rentner, mit ihren gegenwärtigen Lebensverhältnissen noch zufrieden. Insgesamt mußten die Gewinne der Vereinigung mit Schaffung einer demokratisch und freiheitlich gestalteten Gesellschaft mit erheblichen sozialen Verlusten bezahlt werden, die den Arbeitsmarkt, das Gesundheits- und Bildungssystem sowie die kulturelle Versorgung und zukünftig die Altersversorgung betreffen.

Die Arbeitnehmer partizipieren aufs Ganze gesehen nur wenig von den Vorteilen der freien Marktwirtschaft. Sie haben überwiegend mit ihren Risiken zu kämpfen, die keine Verbesserung ihrer Lebensverhältnisse bedeuten. Dies erlaubt nicht das Arbeitsentgelt, das, abgesehen von wenigen Ausnahmen, im Durchschnitt etwa 70% des Westlohnes ausmacht. Diejenigen, die gezwungen werden aus dem Arbeitsprozeß auszuscheiden, im Osten sind das mehr als 20% der Arbeitnehmer, können 12 Monate mit einem angemessenen Arbeitslosengeld rechnen, dann geraten sie in die Falle des Arbeitslosengeldes II. Damit verbunden ist für die übrigen Arbeitnehmer die breite Öffnung eines Niedriglohnsektors mit einem Lohnniveau, das ein existenzsicherndes Leben nicht mehr garantiert.

Nicht wenige Ostdeutsche wurden Opfer unseriöser Praktiken von Versicherungen und Banken, die ihre Vertreter mit verlockenden Angeboten an die Haustüren ausschwärmen ließen. Völlig unerfahren mit den Gepflogenheiten und Tricks des freien Marktes ließen sich die Ostdeutschen, verführt durch Kreditangebote, Finanzierungsaufschübe, Versicherungen und scheinbar günstige Zinsen, zu Käufen hinreißen, die sie letztlich überforderten. Zusätzlich werden primär nicht vorhandene Wünsche durch eine aggressive Reklameindustrie geweckt und tragen ihrerseits dazu bei, die Schuldenfalle weiter zu öffnen.

Statt dem Ruf des Kuckucks in der Natur zu lauschen, klebt er auf dem meist kärglichen Eigentum der Käufer, ihren Habseligkeiten, das schönste Wort des Jahres 2004. Sehr viele haben nicht begriffen, daß es das Wichtigste in diesem Land ist, keine Schulden zu machen und sich nicht durch scheinbar günstige Kredite zur Erfüllung von Wünschen verleiten zur lassen, die aus dem Laufenden nicht bezahlbar sind. Kommen unvorhergesehene Arbeitslosigkeit, Scheidung oder Krankheit hinzu, dann wird die Schuldenlast zu groß und nicht mehr tilgbar. Viele haben zusätzlich mit dem Armutsfaktor Kinder zu kämpfen. So endet mancher Traum vom eigenen Haus und der Eigentumswohnung vor dem Insolvenzgericht.

Völlig neue Begriffe waren in den Sprachschatz des Ostdeutschen aufzunehmen. Er mußte lernen, was sich hinter den Kategorien Besitzstandswahrung und Eigenverantwortung verbirgt. Erstere wird ihm zum Vorwurf gemacht, wenn er darauf beharrt, daß z.B. der Kündigungsschutz erhalten bleibt, er sich gegen das Arbeitslosengeld II wehrt oder nicht begreift, daß er für Zahnersatz, Brille und Medikamente finanziell selbst aufkommen muß, obwohl er doch jahrzehntelang seinen Krankenkassenbeitrag entrichtet hat. Auch das Bestehen auf einem Rentenniveau, das ihm ein leidlich abgesichertes Alter nach einem arbeitsreichen Leben garantiert, hält der kleine Mann für legitim, nicht ahnend, daß er damit den Wirtschaftsstandort Deutschland im Globalisierungswettstreit gefährdet.

Dieser Verzicht auf Besitzstände gilt jedoch nur für den Durchschnittsbürger, biologisch betrachtet ist er zwar ein Mensch, doch weder ein individuelles noch gesellschaftliches Wesen. In der Welt der freien Wirtschaft und der von ihr gesteuerten Politik agiert er nur als Kostenfaktor. Die Besitzstände der sogenannten Leistungserbringer dagegen sind unantastbar. Zwar schaffen sie keine Werte, aber organisieren ihre Herstellung und Verteilung. Statt Besitzstandswahrung wird vom sozial schwachen Bürger Eigenverantwortung gefordert. Sie bedeutet für den Arbeitnehmer, bei sinkendem Realeinkommen und steigenden Lebenshaltungskosten, für die unverschuldeten Risiken des Lebens allein aufzukommen und den Staat aus seiner Verantwortung zu entlassen. Es steht zwar im Grundgesetz, daß Eigentum verpflichtet, doch offensichtlich nur zur Eigentumsvermehrung und Gewinnmaximierung zu Lasten der Geringverdienenden.

Die vom Staat eingeleiteten "Reformen" haben den Wohlstand der Leistungsträger und der Wirtschaft zu garantieren und nicht den des gewöhnlichen Volks. Es geht deshalb gegenwärtig nicht, wie euphemistisch behauptet, um eine Sozialreform, sondern um die Aufgabe des Sozialstaates mit Rückkehr zu den unmenschlichen Verhältnissen des reinen Kapitalismus im 19. Jahrhundert, wie sie Friedrich Engels für England beschrieben hat, nur auf höherem Niveau.

Statt durch positiv belegte Reformen das Leben ohne Arbeit mit Sinn zu erfüllen, wird alles getan, diese Lebensweise zu ächten, sie den Betroffenen zum Vorwurf zu machen und bei ihnen Minderwertigkeitsgefühle zu erzeugen. Das Raster Besitzstandswahrung ist allerdings ein gesamtdeutsches und trennt "oben" von "unten", reich von arm.

Kunst und Literatur der DDR gehören ebenfalls zu den Verlierern der deutschen Einheit und fallen durch das Netz der bundesdeutschen Kulturlandschaft. Ihre Repräsentanten werden als Staatskünstler verunglimpft, erfuhren und erfahren, mit Ausnahmen, in westdeutschen Feuilletons eine pejorative Bewertung. In das Raster der altbundesdeutschen Vorstellungen von politischer Moral passen sie nicht. Die kulturellen Einrichtungen der DDR sind weitgehend verloren gegangen. Kultur- und Klubhäuser als wichtige Kommunikationszentren wurden ersatzlos geschlossen. Jugendklubhäuser erlitten das gleiche Schicksal. Finanznot führt zu Theaterschließungen, Zusammenlegung von Sparten und Auflösung von Orchestern. Die kulturelle Vielfalt und die Möglichkeit sie zu nutzen, wurden merklich eingeschränkt. Fortbestehende Kulturstätten, wie Oper und Schauspiel, bleiben vielen kulturell interessierten Bürgern wegen der hohen Eintrittspreise verschlossen. Die Häuser werden deshalb meist nicht kontinuierlich bespielt und Aufführungen nach wenigen Wiederholungen vom Spielplan abgesetzt. Auf Unverständnis stößt der Drang von Regisseuren zur Selbstdarstellung und Verfremdung klassischer Bühnenstücke, die vielfach in ihrer Ursprünglichkeit kaum noch erkennbar sind. Für seine ablehnende Haltung gegenüber derartigen Spielereien und Beliebigkeiten muß sich der Ostdeutsche als konservativ und kulturell rückständig einordnen lassen.

Diese Entwicklung ist nicht Zufall, sondern Ausdruck des sich vollziehenden Werteverfalls. John Kenneth Galbraith verweist darauf, daß die Leistungsfähigkeit einer Gesellschaft in der gegenwärtigen Zeit sich an der Produktion von Sachgütern und Dienstleistungen mißt und nicht am Bildungsniveau, der Qualität der Literatur oder dem künstlerischen Schaffen.

Bücher werden in der gegenwärtigen Gesellschaft nicht produziert, um anspruchsvolle Literatur zu verbreiten. Beim gesteuerten Bestseller geht es nicht um Inhalte, sondern um den damit zu erzielenden Gewinn. Da spielt die literarische Qualität des Produkts eine sekundäre Rolle. Die Folge ist eine in ihrer großen Mehrheit ungebildete und der wirklich großen Literatur entfremdete Bevölkerung. Eine derartige Entwicklung offenbarte die ZDF-Sendung "Das große Lesen" mit seiner Autoren-Rangliste. Die Autoren auf den ersten 50 Plätzen stellen in der Mehrzahl ein Armutszeugnis für die einstmals so bezeichnete "Nation der Dichter und Denker" dar. Weder Heinrich Heine, Bertolt Brecht oder Heinrich Böll fanden sich unter ihnen. Doch wird sich die Informationsgesellschaft nur dauerhaft etablieren können, wenn sie eine Bildungsgesellschaft bleibt, meint Elmar Faber, der wohl bekannteste deutsche Verleger mit einer DDR-Vita.

Es geht jedoch nicht mehr allein um den Erhalt der Bildungsgesellschaft, sondern um ihre Wiederbelebung. Deshalb überrascht auch nicht die "Qualität" des Fernsehprogramms. Statt auf tiefgründigen Humor stößt der Zuschauer nur noch auf oberflächliche Comedy. Kulturell anspruchsvolle und sozialkritische Beiträge werden fast nur zu später Stunde gesendet, ebenso wie das politische Kabarett. Es überwiegen Programmanteile, die die niedrigsten Instinkte ungebildeter Zuschauer, Sexualität und Kriminalität, ansprechen. Diese Instinkte gibt es. Doch müssen sie im Interesse der Einschaltquote angesprochen werden, statt einem Bildungsauftrag nachzukommen?

Ausbeutung und stete Vermehrung des Reichtums machen innerlich leer und unmenschlich, so Johannes R. Becher. Die Folge sind Langeweile und geistige Verödung, wenn nicht Verblödung, weil die Menschen nichts mehr mit sich selbst anfangen können. Events und Partys füllen den geistigen Hohlraum aus. Ohne Animator versinkt der Urlauber in der Eintönigkeit seines Daseins. Er kann sich nicht mehr unterhalten, sondern muß unterhalten werden. Der Mangel an Gehalt wird versucht durch die Spielerei mit der Form zu verdecken. Der Mensch wird verdinglicht und die Dinge werden vermenschlicht, was letztlich zu einer Herrschaft der Dinge führt, der sich der entleerte Mensch unterwirft.

Elmar Faber beschreibt, zu welch abstrusen Werturteilen die isolierte zeitgeschichtliche Betrachtung der DDR-Literatur aus westdeutscher Sicht geführt hat. Auch für diesen wichtigen Sektor der Kultur gilt, daß nur die gemeinsame Bewertung der Literaturszene in Ost und West in der Zeit der Existenz beider deutscher Staaten in der Lage ist der Realität gerecht zu werden und sich von der einseitigen und pejorativen Wertung von DDR-Literatur zu lösen. Gute Literatur erwächst aus dem Widerspruch zwischen Herrschern auf der einen sowie Autoren und Bevölkerung auf der anderen Seite bei fehlender politischer Öffentlichkeit. Dieser Humus war in der DDR gegeben. Das zeigen Schriftsteller wie Christoph Hein, Heiner Müller oder Christa Wolf und zahlreiche weitere Autoren, die durch den Verlag Faber & Faber in Form der "DDR-Bibliothek" neu aufgelegt wurden.

In die generelle Bewertung der ostdeutschen Kulturszene ordnet sich die Beurteilung der bildenden Kunst ein. Auftragskunst und sozialistischer Realismus sind die Kürzel, mit der abwertend alles in einen Topf geworfen wird, als wenn bildende Kunst im Westen nicht auch Auftragskunst ist, nur sind die Auftraggeber andere. Fanden sich vor dem Anschluß auch anerkennende Worte zur bildenden Kunst in der DDR, so sind Ost und West danach unter kulturellen Aspekten ebenfalls weit auseinander gedriftet. Dies offenbarte der Publikumsstreit um mehrere Ausstellungen von DDR-Kunst. Es sei an die Exposition in

Buckow unter dem Titel "Rahmen-Wechsel" sowie die Präsentation "Offiziell/Inoffiziell" und "Die Kunst der DDR" im Jahr 1999 in Weimar erinnert. Hier schlugen die ideologischen Wellen hoch, während sie bei späteren Ausstellungen abebbten, und die Ablehnung einer Ausstellung zum Werk von Willi Sitte durch das Germanische Nationalmuseum in Nürnberg im Jahre 2001 kaum noch registriert wurde. Dieser Umstand ist nicht etwa als Zeichen einer nunmehr erfolgten Revision des pejorativen Urteils zu werten, sondern der Tatsache zuzurechnen, daß die Ostdeutschen eine Diskussion für sinnlos halten, da die westdeutsche Kritik sowieso Recht behält. Doch wurde immerhin der Maler Bernd Heisig vom Ex-Bundeskanzler Gerhard Schröder als deutscher Künstler anerkannt. Walter Womacka, ein auch international anerkannter Maler, wurde dagegen in Eisenhüttenstadt die Ehrenbürgerwürde verweigert, weil er sich in seiner Biographie zur DDR bekennt.

Wie vielfältig die Werke der bildenden Kunst in der DDR tatsächlich waren, läßt sich bei Lothar Lang nachlesen. Gewiß gab es viel Mittelmaß, aber in welchem Land ist das nicht der Fall? Die These vom "Unrechtsstaat" und seines allgegenwärtigen Einflusses auf die Kunstszene kann nicht der einzige Gradmesser für das künstlerische Schaffen in der DDR sein. Kunst ist auch Geschmackssache. Gegenständliche und abstrakte Kunst sind keine Gegensätze, sondern zwei Seiten der gleichen Medaille. In der MOMA-Ausstellung (Museum of modern art) in Berlin fand die präsentierte amerikanische Kunst nicht nur Zustimmung. Trotzdem ist sie ein Teil der Kunstszene und unter diesem Aspekt bedeutungsvoll. Es war zweifellos ein Mangel an Selbstbewußtsein, aus ideologischen Gründen diesen Kunststil in der DDR zu verurteilen und nicht als notwendige Ergänzung des Bestehenden zu betrachten.

Viele Kulturschaffende der DDR wurden nach dem Anschluß in das Abseits gedrängt, Ausnahmen wie Carmen Nebel, Gunter Emmerlich und einige weitere bestätigen die Regel. Schriftsteller wie Hermann Kant oder Christa Wolf wurden in der politischen Öffentlichkeit diskreditiert. Bei ihnen stand der Kontakt mit der Staatssicherheit im Zentrum der Vorwürfe. Ärzte des sportmedizinischen Dienstes wurden mit Doping-Vorwürfen vor's Gericht gezerrt, und Medizinern wurde versucht menschenwidriges Verhalten im Rahmen der Transplantationsmedizin, bei der Korrektur von Frühgeborenensterblichkeit und im Umgang mit psychisch Kranken zu unterstellen. All diese Vorwürfe erwiesen sich als haltlos, doch taten sie zunächst ihre beabsichtigte Wirkung und wurden in der Öffentlichkeit kolportiert. So wurden und werden Vorurteile, Feindbilder und Verdächtigungen gegenüber dem Anschlußpartner gepflegt, wie sie bei Westdeutschen in vielfältiger Form anzutreffen sind. Äußere Angleichung bei innerer Distanz ist charakteristisch für die verfehlte innere Einheit.

Ein besonders perfider Vorgang im gleichen Kontext war das Kesseltreiben im Zeitungswald und im Fernsehen gegen die 90-jährige emeritierte Professorin für Hals-Nasen-Ohrenheilkunde der Friedrich-Schiller-Universität Jena, Rosemarie Albrecht. Hier ging es zwar nicht um den üblichen Stasi-Vorwurf, doch mit geradezu krimineller Energie wurde versucht dieser in ihrer geistigen Haltung eher konservativen Frau nachzuweisen, daß sie als junge Ärztin am Euthanasie-Programm der Nazis mitgewirkt hat und persönlich für einen "Mord" verantwortlich zu machen ist. Es konnte kein DDR-Wissenschaftler wegen Verstoßes gegen die Menschlichkeit gekündigt werden. Deshalb die unausgesprochene Hoffnung, mit diesem Fall die DDR-Wissenschaft moralisch zu diskreditieren. Die ganze Fragwürdigkeit der Vorgehensweise wird deutlich, wenn daran erinnert wird, daß nicht ein Richter des "Volksgerichtshofes" angeklagt, geschweige verurteilt wurde, obwohl von den an dieser Institution tätigen Juristen ungefähr 5000 Todesurteile mit politischer Begründung ausgesprochen wurden. Rosemarie Albrecht hatte den Fehler begangen in der DDR zu bleiben und dort Karriere zu machen. Hätte sie ihre Zuflucht im Westen gesucht, wäre ihr nichts geschehen. Eher wahrscheinlich, daß ein Bundespräsident ihr dort das Bundesverdienstkreuz um den Hals gehängt hätte.

Der gewünschte Erfolg der abwertenden Urteile über Intellektuelle und Funktionseliten der DDR ist bei der ostdeutschen Bevölkerung weitgehend ausgeblieben. Auf Zustimmung stießen sie in der medialen Öffentlichkeit, bei den noch aktiven Bürgerrechtlern, einem Teil der kleinen Schar von wirklichen Opfern und den politischen Eliten der neuen Länder. Die Mehrheit der Ostdeutschen interessiert dieses Gezerre und Gezeter um ihre Vergangenheit nicht. Eher wirkt es auf ihre Stimmungslage kontraproduktiv, was in dem Urteil "Besserwessi" zum Ausdruck kommt.

Die Vereinigungsgewinne können die Verluste nicht wettmachen. Für ostdeutsche Bürger bestehen nur wenige Möglichkeiten ihrer Unzufriedenheit Ausdruck zu verleihen. Eine ist ihr Wahlverhalten. Bei stetiger Zunahme der resignierenden Nichtwähler verweigern immer mehr Menschen ihre Stimme den sogenannten großen Volksparteien SPD und CDU. Sowohl was die Zahl der Mitglieder dieser Parteien als auch die Vertretung der Interessen der Mehrheit der Bevölkerung betrifft, entspricht diese Kennzeichnung im Osten nicht der Wirklichkeit. Es trifft der Unmut der Wähler die jeweils Regierenden härter als die Opposition. Dabei kommen Verluste der SPD als neue Erfahrung nicht der CDU zugute. Gewinner sind im Osten die PDS und die freien Wählergemeinschaften sowie neuerdings die zur Linkspartei gewandelte PDS mit personeller Auffrischung aus den alten Bundesländern über die WASG (Wahlalternative für soziale Gerechtigkeit). Allerdings gerät die PDS dort in die Kritik, wo sie in der Regierungsverantwortung steht. In dieser Konstellation ist sie gezwungen gegen ihr Programm die unsozialen Entscheidungen der Bundesregierung in die Praxis umzusetzen, wenn sie sich nicht zum Verlassen der Koalition entschließt. Auch in der PDS gewinnen Beliebigkeit und soziale Absicherung durch das Abgeordnetenmandat an Raum.

Ein neues, nicht unerwartetes Phänomen im Osten, stellte sich mit dem Wahlerfolg rechter Parteien ein. Aufgeschreckt haben die politische Klasse die Ergebnisse der Landtagswahlen in Brandenburg und Sachsen im Herbst 2004. Dieser Schreck resultiert aus der Tatsache, daß mit der DVU und der NPD das rechte Parteienspektrum auf den Sitzen der beiden gewählten Landtage Platz nimmt, die PDS in Brandenburg einen bemerkenswerten Zuwachs erfuhr und auch in Sachsen ihre Stellung als zweitstärkste Partei stabilisieren konnte. Mit diesem Wahlverhalten bestätigt der Ostdeutsche in den Augen seiner westdeutschen Landsleute seine Rückständigkeit und Anfälligkeit gegenüber extremistischen Parolen von links wie rechts und paßt so in das Raster altbundesdeutscher Klischees.

Bemerkenswert und zugleich kontraproduktiv die Reaktion der sogenannten Volksparteien auf diese Wahlergebnisse. Trotz des Verlustes der absoluten Mehrheit für die CDU und einem äußerst bescheidenen Abschneiden der SPD in Sachsen machte das Wort vom Wahlsieger sowohl bei CDU als auch SPD die Runde. Die Verlierer bilden die neue alte Regierung, obwohl der Wähler mit seiner Stimmabgabe zum Ausdruck gebracht hat, daß er mit dieser nicht zufrieden war. Der PDS wird Populismus vorgeworfen, weil sie sich Hartz IV nicht zu eigen macht.

Den Einzug der Rechten in die Parlamente beschönigen die konservativen Politiker mit der Feststellung, daß sich diese noch nie länger als eine Wahlperiode gehalten hätten. Doch erstens entspricht dies nicht der Wahrheit, denn die DVU schaffte es in Brandenburg zum zweiten Mal in Folge die 5% Hürde zu überspringen. Zweitens sollten sich die Politiker aus dem konservativen Lager keinen trügerischen Hoffnungen hingeben, was die Zukunft der NPD betrifft. Wird die gegenwärtige Politik des Sozialabbaus in unverminderter Härte fortgeführt, und das ist zu erwarten, bei gleichzeitiger Zunahme der Arbeitslosigkeit junger Menschen, dann wird die NPD in Ostdeutschland sich nicht nur stabilisieren, sondern weiter an Zuspruch gewinnen. Verhindern könnte dies eine Linkspartei, die einen überzeugenden Oppositionswillen erkennen läßt und die Stimmen der Unzufriedenen auf sich lenkt.

Bei der Bundestagswahl 2005 war ein analoges Verhalten zu beobachten. Obwohl sowohl die SPD wie auch CDU/CSU im Vergleich zum Jahr 2002 deutlich an Stimmen verloren hatten und in den angestrebten Koalitionen nicht regierungsfähig waren, erklärten sich beide zum Wahlsieger.

So wie in der Welt der Terror die Waffe der Schwachen ist, so wehren sich die aus der Gesellschaft gedrängten "Underdogs" mit der Wahl von Rechtsradikalen. Diese Entwicklung wird mittelfristig auch in den alten Bundesländern nicht ausbleiben; denn dort ist das entsprechende Wählerpotential ebenfalls vorhanden. Daran besteht kein Zweifel, wenn sich solche Auffassungen wie die des letzten Präsidenten des BDI breit machen, der darin, daß rechte Parteien in zwei Landesparlamente einzogen, kein Investitionshemmnis sieht. Für viel gefährlicher hält er die PDS und ihre Wählbarkeit bei vielen Ostdeutschen. Der "Apfel" fällt eben nicht weit vom Stamm.

Diese Haltung eines Industriellen gegenüber der NPD ist nicht wirklich überraschend. Waren es doch die 12 Jahre des Nationalsozialismus, in denen die deutsche Industrie durch Aufrüstung und Krieg Gewinne einfuhr wie nie zuvor. Ebenso überrascht nicht, daß diese Meinung von Michael Rogowski, ohne sie zu hinterfragen, sofort in den öffentlichen Medien kolportiert wurde. Es ist Gerhard Zwerenz zuzustimmen: *"Aus der Geschichte nicht lernen, heißt sie wiederholen."* Bertolt Brecht würde sich mit seiner Aussage bestätigt finden: *"Der Schoß ist fruchtbar noch, aus dem das kroch."*

Es wäre falsch aus den Stimmen für die NPD und DVU den Schluß zu ziehen, daß die Wähler mit den nationalistischen Parolen und dem Programm dieser Parteien übereinstimmen. Es ist sozialer Protest, der sie das Kreuz auf dem Wahlzettel an dieser Stelle setzen läßt, bedingt durch die Erfahrung, daß weder die Wahl der SPD noch der CDU oder Grünen und FDP eine Politik bewirkt, die die Interessen der breiten Schichten der ostdeutschen Arbeitnehmer vertritt. Damit deutet sich eine Entwicklung an, die von Politikern aus den etablierten Parteien mit antisemitischen und fremdenfeindlichen Äußerungen gefördert wird.

Es stellt sich die Frage, warum 60 Jahre nach der Zerschlagung der nationalsozialistischen Gewaltherrschaft derartiges Gedankengut noch in den Köpfen ruht und bei jungen Menschen wieder auf Resonanz und Akzeptanz stößt. Das beschriebene Wahlverhalten von Teilen der Bevölkerung kann nicht wirklich überraschen. Rechtes Gedankengut findet sich nicht nur in den Unterschichten, sondern auch in der bürgerlichen Mitte der Gesellschaft. Die Wurzeln für derartige Denkmuster reichen weit zurück. Sie sind das Resultat der nicht bewältigten braunen Vergangenheit in der alten Bundesrepublik. In diesem Teil Nachkriegsdeutschlands wurden bekanntlich nach 1945 ehemalige Nationalsozialisten in Größenordnungen als Juristen, Lehrer und Beamte in den Staatsdienst übernommen. Damit wurde zwangsläufig nationalsozialistisches Ideengut transferiert, in versteckter Form an die heranwachsende Jugend weiter vermittelt und bei den Älteren verfestigt. Nicht zufällig stammt die intellektuelle Führungsschicht der NPD aus den alten und nicht den neuen Bundesländern. Besonders die rechts-konservative Klientel der CDU/CSU fällt immer wieder durch nationalistische, fremdenfeindliche und auch antisemitische Äußerungen auf. Mit derartigen Bekundungen wird versucht rechte Wähler zu binden. Gleichzeitig werden damit die Parolen aus dem rechten Parteienspektrum unterstützt. Da fragt sich der Wähler, enttäuscht von der "schwarzen" Volkspartei, warum soll ich nicht gleich das Original wählen? Der Ausspruch "Ruhm und Ehre der Waffen-SS" bedeutet laut Urteil des Bundesgerichtshofes keine Verherrlichung des Nationalsozialismus, da es zu seiner Zeit eine solche Parole nicht gab. Besser läßt sich die rechte Szene nicht verharmlosen.

Die bundesdeutsche Gesellschaft ist zwar nicht "durchrasst", wie in Bestätigung der eben apostrophierten Fremdenfeindlichkeit von Edmund Stoiber geäußert wurde, aber bis in ihre Wurzeln "gebräunt". In den Zeiten des Wirtschaftswunders, der Prosperität und des wachsenden Wohlstands blieben derartige Einstellungen unter dem dünnen Deckmantel der parlamentarischen Demokratie verborgen. Mit dem nach der Vereinigung einsetzenden Abbau des Sozialstaates wurde nach Schuldigen für die Massenarbeitslosigkeit gesucht. Der demokratische Lack bröckelt ab, und die überwunden geglaubten Denkmuster stoßen wieder an die Oberfläche der gesellschaftlichen Wirklichkeit. Schuldig sind wieder die Juden, die Ausländer und die Nachhaltigkeit der besiegten "Roten". Derartige Vorwürfe passen durchaus in das Konzept der politischen Klasse. Lenken sie doch von den eigentlichen Verursachern der sozialen Krise ab.

Die wachsenden neuen, im Grunde genommenen alten Ängste, werden von den Neonazis aufgegriffen und in ihrem Sinne instrumentalisiert. So läßt sich wieder nationalsozialistische Denkweise an den kleinen Mann vermitteln. Die Zuwendung zu den alten Rattenfängern hat weniger politische als soziale Gründe. Das zu begreifen, ist die politische Elite nicht bereit. Sie möchte die keimende braune Saat mit politischen Mitteln bekämpfen. Das ist richtig und unverzichtbar. Doch politische Sprüche allein machen die Menschen nicht satt und zufrieden. Sie bedürfen der Ergänzung durch soziale Gerechtigkeit, wenn der Erfolg gesichert sein soll.

Natürlich liegen die Ursachen für diese Entwicklung nicht nur in den alten Bundesländern. In der DDR wurden zwar die geistigen Träger nationalsozialistischen Gedankenguts von der Öffentlichkeit ausgeschlossen. Es existierte eine umfangreiche antifaschistische Literatur, und viele Filme befaßten sich mit der nationalsozialistischen Vergangenheit und ihren Verbrechen. Trotzdem perpetuierten Teile des faschistischen Gedankengebäudes in bestimmten Schichten der Bevölkerung, wenn sie auch nicht öffentlich artikuliert werden konnten, und der Zusammenschluß ihrer Anhänger in politischen Vereinigungen nicht möglich war. In den letzten Jahren der DDR vertraten auch dort kleinere Gruppen von Jugendlichen mehr oder weniger offen rechtsradikale Parolen, ohne daß sie sich auf der Straße ausbreiten konnten.

Doch stärker noch als im Westen spielen in Ostdeutschland die eingetretenen sozialen Verwerfungen, die Massenarbeitslosigkeit und die enttäuschten Erwartungen an den Sozialstaat eine wesentliche Rolle für die Empfänglichkeit rechten Gedankenguts. Viele verleihen der Ablehnung des Establishments durch die Abgabe ihrer Stimmen für rechte Parteien Ausdruck.

Den Weg, die Ostdeutschen auf den Pfad der politischen Tugend zu führen, ihnen in der Retrospektive die DDR endgültig zu verleiden und ihr politisches Denken in die richtigen Bahnen zu leiten, sieht z.B. Tobias Hollitscher in einer Vertiefung der politischen Bildungsarbeit im Osten. Es gelte unverändert an die SED-Diktatur zu erinnern, entsprechende Gedenkstätten zu gestalten und immer wieder zu verdeutlichen, daß die Misere im Osten der SED-Nachfolgepartei PDS zu verdanken ist. Ohne auf derart abstruse Vorschläge im Einzelnen einzugehen, erinnern sie an die Gewerkschaftsschulungen in der DDR. In diesen wurde versucht den Werktätigen die Überlegenheit der DDR zu verdeutlichen und ihr den "maroden" Kapitalismus zu vermitteln, während sich draußen in der Praxis ein ganz anderes Bild bot.

Das Anderssein in den Augen westdeutscher Betrachter wird mit der verallgemeinerten Feststellung gestützt, daß die Ostdeutschen ein Volk von Spitzeln und Denunzianten waren, im Dienste des Ministeriums für Staatssicherheit. Dieses hat die Bürger der DDR 40 Jahre begleitet und 16 Jahre nach dem Anschluß demonstriert es unverändert seine Nachhaltigkeit mit Unterstützung durch den "Bundesbeauftragten für die Unterlagen des Staatssicherheitsdienstes der ehemaligen Deutschen Demokratischen Republik". Generell bestimmen unzulässige Verallgemeinerungen das Bild zu den ehemaligen DDR-Bürgern, damit das Konkrete im Menschen zum Verschwinden bringend.

Eine der bekanntesten Entdeckungen des russischen Nobelpreisträgers und Physiologen Pawlow war der bedingte Reflex. Wird ein Hund wiederholt bei dem Geläut einer Klingel gefüttert, so reicht schließlich ihr alleiniges Betätigen aus, um bei dem Versuchstier den Speichel tropfen zu lassen. Eine dem bedingten Reflex vergleichbare Reaktion löst bei Politikern, Bürgerrechtlern und den Medien das Kürzel Stasi aus. Sofort beginnt der ideologische Geifer zu tropfen. Diente das Stichwort Stasi in den ersten Jahren nach dem Anschluß dazu mißliebige Ostdeutsche in das gesellschaftliche Abseits zu stellen, so erzeugt es auch 16 Jahre später eine geradezu hysterische Reaktion. Unverändert dient dieser Vorwurf dazu, Menschen in der Öffentlichkeit zu diskreditieren und sie von ihr auszuschließen. Was das mit Rechtsstaatlichkeit zu tun hat, ist schwer verständlich. Selbst kriminelle Straftatbestände unterliegen je nach Schwere zwischen 5 und 15 Jahren der Verfolgungsverjährung.

Es entspricht dem politischen Credo der bundesdeutschen Gesellschaft und Politik, wenn das Kürzel "Stasi" ohne in die Tiefe gehende analytische Betrachtung, immer wenn es opportun erscheint, und das ist besonders zu Wahlzeiten auffällig, an bestimmten Personen festgemacht wird. So wird nicht zwischen den Aufgaben der Staatssicherheit als Spionageabwehr und bei der inneren Sicherheit differenziert. Erstere entspricht, wie Hannes Sieberer und Herbert Kierstein darlegen, den internationalen Gepflogenheiten.

Kein Zweifel kann es demgegenüber an der überdimensionierten und repressiven Auseinandersetzung der Staatssicherheit mit wirklichen und scheinbaren politischen Gegnern im eigenen Lande geben. Allerdings relativiert sich auch diese Tätigkeit bei Berücksichtigung der voranschreitenden Überwachung des Bürgers im Rechtsstaat. Doch viel gravierender ist die Tatsache, daß in keinem Fall eines Stasivorwurfes eine konkrete Schuld nachgewiesen werden muß. Die

Zusammenarbeit mit dem Staatssicherheitsdienst der DDR bezog sich nicht nur auf Personenüberwachung, sondern auch auf Auskünfte zu Produktions- und Arbeitsabläufen und ihren Störungen. Auch überrascht, daß trotz des Vorwurfes von Folterungen und Mißhandlungen kein entsprechender Fall gerichtlich verurteilt wurde. Es genügt Kontakt zu den Organen der Staatssicherheit gehabt zu haben, selbst wenn eine entsprechende Tätigkeit abgelehnt wurde, den Betroffenen ohne Nachweis persönlicher Schuld an den gesellschaftlichen Pranger zu stellen.

Peinlich der Versuch, mit diesem Vorwurf Stefan Heym als Alterspräsidenten daran zu hindern 1994 den neu gewählten 13. Bundestag zu eröffnen und Gregor Gysi aus der Politik zu drängen. Den Vorsitzenden der PDS des Freistaates Sachsen, Peter Porsch, versuchte die CDU vor den Landtagswahlen 2004 mit entsprechenden Vorwürfen zu konfrontieren in der Hoffnung, die Chancen der PDS zu verringern. Das Gegenteil trat ein. Dies hinderte nicht daran, den Stasivorwurf zur Bundestagswahl 2005 erneut aus der Schublade der üblen Nachrede zu ziehen. Selbst im Jahre 15 der Wiederherstellung der Einheit Deutschlands bewies eine konservative Mehrheit im Deutschen Bundestag, zu der auch große Teile der SPD gehören, ihre borniete Engstirnigkeit. Sie konnte nicht darauf verzichten, in drei Wahlgängen dem Vorsitzenden der PDS, Lothar Bisky, das Amt eines Vizepräsidenten des Deutschen Bundestages zu versagen. Natürlich grummelten bei manchem auch in diesem Fall unbewiesene Stasi-Kontakte im Hintergrund der Entscheidung.

Der "Spiegel" bemühte sich wiederholt den bekannten Rostocker Nierenspezialisten Horst Klinkmann mit derartigen Vorwürfen zu diskreditieren. Die Sächsische Landesregierung kann es nicht lassen, anderthalb Jahrzehnte nach dem Anschluß z.B. die Lehrer in ihrem Land nochmals zu "gaucken". Begründet wird diese Maßnahme mit der Übergabe der "Rosenholz-Dateien" durch die USA. Tatsächlich konnten mit diesem Vorwurf noch sechs Lehrer entlassen werden – 15 Jahre nach dem Anschluß!

Auch der Ex-Chef der Leipziger Olympiabewerbung, Dirk Thärichen, oder der ARD-Sportkoordinator Hagen Boßdorf sehen sich dem Stasi-Vorwurf und seinen beruflichen Konsequenzen ausgesetzt. Sie werden nicht die letzten sein, wie das Beispiel des Skisprungtrainers Henry Glaß und des Eislauftrainers Ingo Steuer noch im Jahr 2006 demonstriert.

Die Stasi-Problematik ständig am Köcheln zu halten, bemüht sich der "Focus" mit seinem Chefredakteur Helmut Markwort. Entsprechend seinem Motto: *"Jetzt neu: politisch korrekt lügen"*, wurde das Schreckensszenario verbreitet, daß in der DDR mehr als 20 000 Kriegsverbrecher gelebt hätten, die von der Stasi gedeckt wurden. Es stimmt einzig die Zahl 20 000. Tatsächlich wurden diese Personen aus Dokumenten der Nazizeit erfaßt, um zu überprüfen, wie viele von ihnen in der DDR leben, um sie ihrer verdienten Strafe zuführen zu können. Die Trefferquote war so gering, daß am Ende 49 Nazi- und Kriegsverbrecher von DDR-Gerichten verurteilt werden konnten. Die meisten der aufgedeckten Fälle fanden sich in Verzugsakten. Die Betroffenen waren in der Bundesrepublik abgeblieben, ohne daß deren Politik und Justiz sich um sie gekümmert hätten.

Auch das konservative Standesorgan der deutschen Ärzteschaft "Deutsches Ärzteblatt" fühlt sich berufen als Beitrag zum 15. Jahrestag der deutschen Einheit eine Artikelserie zu eröffnen mit dem Ziel, die ostdeutsche Ärzteschaft des Denunziantentums zu verdächtigen.

Es ist dem Autor nicht geläufig, daß auch nur ein Gestapobeamter oder Denunziant noch 15 Jahre nach dem 2. Weltkrieg, also im Jahr 1960, in der alten Bundesrepublik mit seiner Vergangenheit konfrontiert worden wäre. Selbst wenn IM-Vorwürfe stimmen, so ist es ein Ausdruck von Scheinmoral, sie nach so langer Zeit immer wieder aus dem Dunkel der Vergangenheit hervorzuzerren, damit die Nichteignung von Menschen für Beruf und demokratische Mitwirkung zu begründen und ihnen jede Lernfähigkeit abzusprechen.

Die Mitarbeiter des Ministeriums für Staatssicherheit mußten zwar nicht, wie die Montags- und andere Demonstranten in den Jahren 1989/90 in Leipzig und anderswo forderten, in die Produktion. Das war als Folge von Deindustrialisierung und Arbeitslosigkeit nicht möglich. Doch eignet sich der unbewiesene Vorwurf mit diesem "Organ" Kontakt gehabt zu haben oder als informeller Mitarbeiter tätig gewesen zu sein, vortrefflich, um das Sündenbocksyndrom zu bedienen. Es erweist sich als äußerst effektiv, um unliebsame Ostdeutsche aus attraktiven Positionen zu verdrängen und durch untadelige Westdeutsche zu ersetzen. Die Breitenwirkung derartiger Anwürfe ist praktisch Null, da sich zum Thema Stasi in der ostdeutschen Gesellschaft inzwischen eine Abwehrhaltung entwickelt hat. Es sind andere, existentielle Probleme, die die Ostdeutschen bewegen. Die Bedrängnisse der Gegenwart sind für viele bedrückender als die ihnen eingeredete, aber so nicht erlebte Vergangenheit. Es besteht der Eindruck, daß sich die ostdeutschen Neubürger für ihre Vergangenheit rechtfertigen und entschuldigen müssen, ehe sie in den Kreis der "mündigen" Bürger aufgenommen werden dürfen. Vom ehemaligen DDR-Bürger wird de facto erwartet, seine eigene Vergangenheit abzustreifen wie die Schlange ihre Haut.

Die Mehrheit der Ostdeutschen hat mit der steten Wiederbelebung der Stasiproblematik nichts im Sinn. Unberechtigte Stasivorwürfe stärken im Osten nur die Position des Betroffenen, wie das Beispiel des ehemaligen Ministerpräsidenten des Landes Brandenburg, Manfred Stolpe, zeigte. Nicht berücksichtigt wird, daß die Zuträgerei im privaten Bereich oft gefährlicher war als die Aussagen eines geworbenen Informanten. Von Mitarbeitern des Ministeriums für Staatssicherheit befragte Mitbewohner und Nachbarn vermittelten häufig Informationen, die nur dazu dienten den unliebsamen Mitbürger zu diskreditieren. Mit dieser alltäglichen Denunziation setzt sich niemand auseinander.

Die Anfragen an die Stasiunterlagen-Behörde kommen vorwiegend von den Dienstherren des öffentlichen Dienstes. Die kritische Zurückhaltung gegenüber diesem Treiben wird durch die Erfahrung bestärkt, daß auch in der Bundesrepublik ein Geheimdienst Daten unliebsamer Bürger sammelt, die zwar nicht in endlosen Aktendeckeln archiviert, sondern auf Festplatten gespeichert werden. Für den Ostdeutschen ist schwer nachvollziehbar, daß Denunziation im "Unrechtsstaat" ein verurteilenswürdiger Akt, im "Rechtsstaat" dagegen Bürgerpflicht ist. Die Telefonüberwachung ließ sich in der DDR am Knacken in der Leitung erkennen. Heute verläuft sie unhörbar, dafür werden die Daten aller Gespräche ein halbes Jahr gespeichert mit der Option, die Zeit auf ein Jahr zu verlängern. Ebenso ergeht es demjenigen, der seine Nachrichten als E-Mail versendet.

Die Ostdeutschen mit ihren auch positiven Erinnerungen an ihr Leben in der DDR, ihrer Zurückhaltung gegenüber der bundesdeutschen Wirklichkeit und ihrem irritierenden Wahlverhalten, passen nicht in die westdeutsche Vorstellungswelt und müssen sich deshalb als rückständig und lernunwillig abstempeln lassen.

Ostdeutsche Identität und Werte orientieren sich anders

In der aktuellen Diskussion zum Verhalten der Ostdeutschen steht auch ihre Identität auf dem Prüfstand. Identifizieren sich die Menschen in den neuen Ländern noch mit ihrem Herkunftsland DDR, schon mit dem Ankunftsland Bundesrepublik Deutschland oder entwickeln sie eine eigene ostdeutsche Identität, das ist die Frage.

Die Identität als Ausdruck der sozialen Zugehörigkeit zu einer Gruppe oder der Gesellschaft ergibt sich aus der Sozialisation des Individuums mit Hineinwachsen in seine sozio-kulturelle Umwelt mit Verinnerlichung ihres Wertekanons. Sie ist das Resultat eines sozialen Prozesses, der sich im Denken und Handeln der Mitglieder einer Gesellschaft verfestigt. Da die Identität sich im Verlauf eines langzeitigen sozialen Lernprozesses bildet, ist sie relativ stabil. Es ist deshalb nicht zu erwarten, daß rasche Veränderungen der sozialen Umwelt kurzzeitig zur Aufgabe der einmal erworbenen Identität führen mit der Bereitschaft und Fähigkeit in eine andere zu schlüpfen. Die Vereinigung der beiden deutschen Staaten mit einem plötzlichen Wandel der sozialen Umwelt bedeutete für die einen, die im Westen, eine Wertekonstanz und für die anderen, die im Osten, einen Wertewandel.

Die Werte einer Gesellschaft als allgemein gültige Normen, auf die sich ihre Mitglieder geeinigt haben, liefern den Kitt für ihren inneren Zusammenhalt und dienen als Kristallisationskern für die Identität ihrer Mitglieder. Diese Werte beruhen auf christlichen Normen, wie sie in den 10 Geboten formuliert sind, naturrechtlichen Prämissen und solchen, die von der jeweils herrschenden politischen Klasse vorgegeben werden. Das Naturrecht bezieht sich im Gegensatz zum positiven Recht auf Werte, die unabhängig von Raum und Zeit sowie der jeweils herrschenden Gesellschaftsordnung für alle Menschen gültig sein sollen, ohne in Gesetzestexten festgeschrieben zu sein.

Werte betreffen grundlegende Zielvorstellungen und Leitlinien für menschliches Handeln und soziales Zusammenleben in der Gesellschaft. In verschiedenen sozialen Schichten einer Bevölkerung und bei einzelnen ihrer Mitglieder können sie voneinander abweichen und unterliegen einer unterschiedlichen Rangordnung. Fritz Vilmar unterscheidet individuelle und gesellschaftliche Werteorientierungen. Politische Präferenzen und gesellschaftsbezogene Werte hängen vom Bildungsstand, sozialen Status, dem Geschlecht und dem Alter ab. Den Grundkonsens in der Gesellschaft bestimmen die hegemonialen Schichten. Die von ihnen festgelegten Werte können im Widerspruch zu den Wertevorstellungen der von ihnen abhängigen sozialen Gruppen stehen. Bei vereinfachter Differenzierung in Ober- und Unterschichten, stimmen erstere eher mit den Werten Demokratie und Freiheit überein. Für die Unterschichten beinhalten Gleichheit und soziale Gerechtigkeit im Ergebnis ihrer persönlichen Lebensumstände einen höheren Stellenwert.

Die individuellen Werte und ihre Realisierung sind für die Lebensqualität des Einzelnen entscheidend und auf die unmittelbaren menschlichen Bedürfnisse bezogen. Zu den Faktoren, die die Lebensqualität der Menschen bestimmen, gehören Gesundheit, Arbeit, Bildung, Teilhabe an den Freiheitsrechten, Sicherung der materiellen Lebensgrundlagen, soziale Sicherheit, eine angemessene Altersversorgung, Rechtssicherheit und die Verhinderung von Straftaten. Die Absicherung der Lebensqualität beruht einmal auf Wahrnehmung der eigenen Verantwortung. Zum anderen erfordert sie die Realisierung seiner sozialen Verantwortung durch den Staat.

Die gesellschaftlich relevanten Werte, die auch die Haltung des Staates gegenüber seinen Bürgern bestimmen sollen, werden als Menschenrechte zusammengefaßt. Sie finden sich in der "Allgemeinen Erklärung der Menschenrechte" der Vereinten Nationen vom 10.12.1948 und in der "Europäischen Konvention zum Schutz der Menschenrechte und Grundfreiheiten" vom 04.11.1950 formuliert. Zu den wesentlichen Menschenrechten bzw. Grundwerten gehören das Recht auf Leben, das Recht auf soziale Sicherheit, das Recht auf Eigentum, das Recht auf Arbeit, das Recht auf Bildung, die Unschuldsvermutung in Strafverfahren, das Rückwirkungsverbot bei der Anwendung von Recht und das Verbot der Folter. Diese Menschenrechte tragen nur den Charakter von Rechtsanforderungen und nicht von Rechtsnormen. Für den einzelnen Staat erlangen sie erst Gültigkeit, wenn sie in das nationale Recht übernommen werden und so Gesetzeskraft erlangen. Dieser Rechtsakt wird vielfach nicht vollzogen. Deshalb richtet sich die Kritik bei Menschenrechtsverstößen stets gegen andere Staaten, aber übersehen bzw. verschwiegen werden sie im eigenen Machtbereich. Diese Aussage findet sich für die Bundesrepublik bestätigt.

Werte stellen keine konstante Größe dar. Sie unterliegen einem Wandel, der nicht allein auf dem Unterschied der politischen Struktur verschiedener Gesellschaften beruht, sondern sich als Zeitgröße auch innerhalb einer Gesellschaft vollzieht. Die allgemein verbindlichen Werte sind in der Regel in staatlichen Verfassungen bzw. wie in der Bundesrepublik im Grundgesetz festgeschrieben und betreffen im letzteren die Aussagen der ersten fünf Artikel.

Im Zuge des Vereinigungsprozesses prallten zwei Gesellschaften mit unterschiedlichen Werten aufeinander. Es stellt sich die interessante Frage, inwieweit sich diese Werte ausschließen oder zusammengeführt werden können.

Da eine für alle sozialen Schichten verbindliche Übereinstimmung der Werte nicht zu erreichen ist, einigen sich die hegemonialen Schichten einer Gesellschaft auf einen Minimalkonsens zu weltanschaulichen Orientierungen, Grundüberzeugungen sowie Normen und Werten. Ihre Einhaltung unterliegt der staatlichen Willkür und ihrer Gerichtsbarkeit. Im gegenwärtigen Zeitalter der Beliebigkeit ist ein fortschreitender Verfall traditioneller Werte zu beobachten. Vertrauen, Ehrlichkeit, Zuverlässigkeit, Toleranz, Solidarität, Mitmenschlichkeit u.a. besitzen in den zwischenmenschlichen Beziehungen kaum noch Bedeutung. Dies gilt auch für die christlichen Werte.

Der Mensch als gesellschaftliches Wesen erfährt keine Beachtung. Im Zentrum steht das Individuum mit Privatisierung seiner Lebenswelt. Lebensgenuß und Hedonismus werden als der Mittelpunkt des Lebens angesehen nach dem Motto, gut ist, was mir nutzt. Deshalb bestimmen Egoismus, Egozentrismus und Pragmatismus das Denken und Handeln der Menschen in der bürgerlich-kapitalistischen Gesellschaft. Toleranz, Friedfertigkeit und Ehrlichkeit sind Worthülsen ohne Inhalt. Grenzenloser Hedonismus ist die Lebensmaxime mit Streben nach Geld, Macht und Eigentum, um die individuellen Bedürfnisse umfassend befriedigen zu können. Es sind äußere und nicht innere Werte, die den Lebensinhalt der Menschen in der bürgerlich-kapitalistischen Gesellschaft bestimmen.

Der Wertekanon in Ostdeutschland weicht partiell von dem in den alten Bundesländern ab. Im Ergebnis sozialwissenschaftlicher Untersuchungen ist er eher sozial-demokratisch geprägt, während die Westdeutschen sich durch eine individualistische, liberalistische und machtorientierte Haltung auszeichnen. Auch sind sozialistische Ideale im Osten erneut präsent. Die Marktwirtschaft als Wert findet keine uneingeschränkte Zustimmung, Vorstellungen von sozialer Gerechtigkeit und Gleichheit bestimmen unverändert den Wertekanon. Nach dem Anschluß mußten die ehemaligen DDR-Bürger erkennen, daß ohne Kapital und Eigentum die Grenzen der Freiheit sehr rasch erreicht sind und Recht nicht mit Gerechtigkeit gleichzusetzen ist. Soziale Sicherheit und Freiheit werden von vielen Ostdeutschen im Ergebnis ihrer aktuellen Erfahrungen als Gegensatz empfunden. Einen solchen stellen sie zwar nicht dar, doch verkörpern sie einen dialektischen Widerspruch, dessen Aufhebung hohe Anforderungen an die Politik stellt. Es gelang nicht ihn in der DDR aufzulösen, ebenso wie die Bundesrepublik an diesem Widerspruch scheitert.

Zu dem individuellen und gesellschaftlichen Wertekanon sollten auch die Ablehnung rechten Gedankenguts, die Verurteilung von Antisemitismus sowie praktizierte Toleranz gegenüber Minderheiten jeglicher Art gehören. Die gesellschaftliche Realität sieht anders aus. Nahezu täglich wird über die Schändung jüdischer Friedhöfe und antisemitische Äußerungen berichtet. Gewaltsame Übergriffe rechter Gruppen gegenüber Andersdenkenden, Obdachlosen, Ausländern und Behinderten gehören zu ihrem alltäglichen Repertoire ebenso wie die Leugnung des Holocaust und der Verbrechen von Angehörigen der Deutschen Wehrmacht.

An dieser Stelle besteht ein bemerkenswerter Unterschied zwischen den späten Nachfahren Adolf Hitlers und denen von J.W. Stalin. Die Neonazis, und nicht nur sie, leugnen die Kriegs-Schuld von Nazi-Deutschland und die in seinem Namen an den Juden und den Menschen der unterdrückten Völker begangenen Untaten. Sie tun dies, obwohl es nicht den geringsten Zweifel an diesen Verbrechen gegen die Menschlichkeit gibt. Jeden Anhänger der Lehre von Karl Marx bedrükken die von Stalin gegen das eigene Volk begangenen Verbrechen und die Ermordung polnischer Offiziere und Intellektueller durch willfährige Mörder mit dem Parteibuch der KPdSU in der Tasche. Doch keiner der überzeugten Verfechter der sozialistischen Idee käme auf den Gedanken diese Untaten zu leugnen, was allerdings nicht heißt "Das Schwarzbuch des Kommunismus" von Stephané Courtois et. al. in seiner Gänze unwidersprochen hinzunehmen.

Mit der politischen Transformation der Institutionen und dem Personentransfer wurde auch das Wertesystem in Ostdeutschland zerschlagen und der Versuch unternommen, die kulturellen Grundlagen der Bundesrepublik zu den bestimmenden im Osten zu machen. Diese Absicht mußte scheitern, da den Ostdeutschen nicht ermöglicht wurde Staat und Gesellschaft mitzugestalten. Sie hatten sich in die neuen und so ganz anderen Verhältnisse widerspruchslos einzufügen. Das Grundgesetz mußte ihnen deshalb fremd erscheinen. Bei ihrer Entscheidung für den Anschluß als Resutat des Wahlergebnisses vom 18. März 1990 war ihnen die Sentenz von Karl Marx unbekannt: "... *so muß man noch mehr in geschichtlichen Kämpfen die Phrasen und Einbildungen der Parteien von ihrem wirklichen Organismus und ihren wirklichen Interessen, ihre Vorstellung von ihrer Realität unterscheiden.*" Diese Aussage findet sich im übertragenen Sinne bei Arnulf Baring bestätigt, der feststellte, daß bei der Vermittlung von Reformen an den Bürger der <u>Anschein</u> von Gerechtigkeit gewahrt werden muß. Von einer Mehrheit der Ostdeutschen läßt sich sagen: "*Sie wollten das Kapital und wählten die Kapitulation.*" Volker Braun bringt die Dinge auf den

Punkt, wenn er feststellt: *"Eine Revolution, die kein Brot gibt und eine Demokratie, die Arbeit nimmt, sind keine ernsthaften Avancen."*

Bei der Bewertung der ostdeutschen Befindlichkeiten wurde im Verständnis der bundesdeutschen Eliten, nicht nur der politischen, von der Annahme ausgegangen, daß mit der institutionellen Transformation, der Besetzung der Entscheidungspositionen durch westdeutsche Beamte und der Diskriminierung sowie Ausgrenzung der Intellektuellen und der Mehrheit der Wissenschaftselite aus der DDR, die ostdeutsche Bevölkerung gleichsam im Selbstlauf die bundesdeutschen Werte akzeptieren, sie verinnerlichen und sich mit der bundesdeutschen Realität identifizieren würde.

Davon waren die bundesdeutschen Eliten um so mehr überzeugt, als die Deutschen in Ost und West bis 1945 eine gemeinsame Vergangenheit besaßen. Es war deshalb für sie überraschend, daß die Ostdeutschen in ihrer Mehrheit gar nicht daran dachten die Werte der bundesdeutschen Gesellschaft zu ihren eigenen zu machen und sich mit dem Staat Bundesrepublik rückhaltlos zu identifizieren. Es wurde übersehen, daß die gegenwärtig in Deutschland lebende Generation wenig mit der gemein hat, die vor 1945 unter anderen politischen Voraussetzungen und mit einem anderen Erfahrungshorizont in Deutschland lebte. Außerdem zeichnen sich die jeweils lebenden Generationen dadurch aus, daß sie aus den Fehlern und Irrtümern der Vorgängergenerationen nicht lernen. Ihr Erinnerungsvermögen ist erschreckend gering. Es dominiert die Vergeßlichkeit, die schon innerhalb einer Generation bemerkenswert ist.

Dem geschriebenen Wort kommt bei der Entwicklung und Propagierung von Werten eine nicht zu unterschätzende Bedeutung zu. Doch die Literaturszene, so Elmar Faber in einem Zeitungsbeitrag, ist *"in großen Teilen ebenso banal, blasiert, mit Winzigkeiten befaßt und visionslos wie Politik"* Doch diese Banalität füllt die Regale der Buchhandlungen und die Köpfe der ungebildeten Leser.

Ein anderes Verhalten der neuen Bundesbürger war nicht zu erwarten. Die Gründe sind einmal in der unterschiedlichen Sozialisation und den damit geprägten Werten zu sehen. Zum anderen waren die Erfahrungen der Ostdeutschen mit der bundesdeutschen Realität nach der Vereinigung und die direkten Berührungen mit westdeutschen Bürgern nicht geeignet sich kritiklos in die Arme der neuen "Befreier" zu werfen. Ein anderer Eindruck konnte durch das Ergebnis der Märzwahlen 1990, den Jubel bei der Einführung der D-Mark zum 1. Juli des gleichen Jahres und den Freudenfeiern zum offiziellen Beitritt der DDR zur Bundesrepublik am 3. Oktober 1990 geweckt werden. Doch äußerten sich damals nur oberflächliche Emotionen, gespeist durch irreale Erwartungen. Der überschwengliche Gefühlsausbruch verdeckte bei vielen Menschen schon damals innere Unsicherheit und Ängste, vergleichbar dem Pfeifen im dunklen Walde.

Die Ostdeutschen sollten in kurzer Zeit so werden wie die Westdeutschen. In der Diskussion zur Befindlichkeit und zum Verhalten der ostdeutschen Neubürger werden Abweichungen von der "Normalität", das ist natürlich die der Westdeutschen, mit der Herausbildung der ostdeutschen Identität erklärt. In Deutschland herrscht die arrogante Anmaßung wie sie von Wolfgang Ullmann für Europa beschrieben wurde. Als Europaabgeordneter kritisierte er, daß Europäisierung aus Sicht der derzeitigen politischen Philosophie nichts anderes als Verwestlichung bedeuten kann. Die Transformationsprozesse in den postsozialistischen Ländern werden ebenfalls dieser Sichtweise untergeordnet. Europäisierung bedeutet danach nichts anderes als nachholende westliche Modernität. Der gleichen Denkschablone begegnen wir in Deutschland bezüglich des Verhältnisses von West- zu Ostdeutschland. Dem Osten wird jede eigene kulturelle Identität abgesprochen. Er hat nur das nachzuholen, was ihm der Westen in der Vergangenheit vorgelebt hat.

Trotz aller bisher eingetretenen sozialen Veränderungen bricht die in der DDR entstandene andere soziale Struktur mit ihren Werten bei entsprechender Gelegenheit durch. Deutlich wurde dies bei der Beantwortung der ZDF-Umfrage nach dem "besten" Deutschen. Während in Westdeutschland, mit Ausnahme der Hansestädte Bremen und Hamburg, Konrad Adenauer auf dem ersten Platz landete, war es in Ostdeutschland Karl Marx. Das Votum dieses Bevölkerungsanteils verhalf dem großen deutschen Denker verdientermaßen zu einem 3. Platz in Gesamtdeutschland. Ganz anders sieht das der westdeutsche Publizist Wolfgang Herles. Aus seiner Sicht trägt Karl Marx die Schuld an allem Übel in der Welt und ist trotzdem noch die Lichtgestalt aller Ostdeutschen.

Wie bereits festgestellt, ist der Wertekatalog einer Gesellschaft bedeutsam, da seine Anerkennung eine wichtige Voraussetzung für das Individuum ist, sich mit ihr zu identifizieren. Auch in diesem Kontext erweisen sich die Ostdeutschen als ein Sonderfall. Nur ein kleiner Teil von ihnen hatte sich in der Vergangenheit mit der DDR als politischem System identifiziert, wenn sie auch mit zahlreichen seiner sozialen Werte übereinstimmten. Eine bewußte Identifizierung mit der DDR als "sozialistischer Staat" bestand nur bei überzeugten Funktionsträgern des DDR-Systems. Die Oppositionellen konnten sich schon aufgrund ihrer Gegnerschaft nicht mit dem Staat DDR identifizieren. Die Kritiker in der SED stimmten zwar mit der Zielstellung eines reformierten Sozialismus überein, aber zunehmend nicht mehr mit dem "Sozialismus in den Farben der DDR". Die Identität der Mehrheit der Bevölkerung der DDR erwuchs eher aus dem DDR-Alltag und nicht aus einer bewußten Zuwendung zur ihrem Staat. Die prägenden Werte der DDR, denen die sozialen Freiheiten bzw. Rechte zugrunde lagen, wurden von ihr zwar gerne in Anspruch genommen, jedoch nicht als DDR-spezifisch anerkannt und gewertet.

Erst nach der Vereinigung begann sich eine ostdeutsche Identität herauszubilden. Ihre Wurzeln reichen zwar in die DDR, doch ist sie nicht mit einer DDR-Identität gleichzusetzen, ebenso wie sie sich gegenüber der westdeutschen abgrenzt. Die Menschen im Osten besitzen gemeinsame DDR-Erfahrungen und solche mit dem Transformationsprozeß, der bisher unbekannte soziale Probleme, nicht vorhergesehene Erfahrungen und unerwartete neue Erkenntnisse mit sich brachte. Sie gemeinsam begründen eine kollektive Identität, die auf anderen Faktoren beruht als die der Westdeutschen.

Ostidentität definiert Hans Steußloff als *"die spezifische Art und Weise, wie Ostdeutsche sich zu ihrem Leben in der DDR sowie zum Übergang in die Bundesrepublik verhalten und ihr Leben im vereinten Deutschland einrichten"*. Unter Berücksichtigung der Tatsache, daß jede Befragung mit Zurückhaltung zu bewerten ist, wünscht sich einerseits kaum ein Ostdeutscher die DDR zurück. Im Ergebnis der im Vereinigungsprozeß gemachten Erfahrungen und ihrer in der DDR erfahrenen Sozialisation steht andererseits eine Mehrheit der ostdeutschen Bundesbürger den gegenwärtigen politischen und gesellschaftlichen Verhältnissen jedoch kritisch bis ablehnend gegenüber. Es war eine schmerzliche Erkenntnis, daß *"das wichtigste Freiheitsrecht in der Marktwirtschaft das Eigentum ist"*. Völlig zu Unrecht wird der Ostdeutsche deshalb gern als "Jammerossi" abgewertet in Verkennung der Tatsache, daß berechtigte Kritik nicht mit Jammern gleichzusetzen ist. Die Kennzeichnung als "Jammerossi" erfolgt nicht zufällig. Mit substantieller Kritik müßten sich die bundesdeutschen Meinungsmacher und Politiker auseinandersetzen, den "Jammerossi" brauchen sie nicht ernst zu nehmen. Das so gefällte Urteil bedarf keines Beweises.

Der Vergleich mit Westdeutschland ließ die Ostdeutschen sehr rasch eine Asymmetrie mit ungleicher Verteilung des Produktionsvermögens, des Kapitals, des privaten Vermögens, der Immobilien, der Elitenzusammensetzung und der Deutungskompetenz erkennen. Auch unter den Eigentümern sind sie unterrepräsentiert. Ost-West-Unterschiede werden als wirtschaftliche und soziale Ungleichheiten und Ungerechtigkeiten wahrgenommen.

Die kritische Haltung gegenüber der neuen Lebenswelt bestand nach Hans Steußloff schon im Jahr 1990 und hat sich inzwischen verstärkt. Charakteristisch sind die unterschiedlichen Wertevorstellungen, welche bei den Ostdeutschen auf soziale Gerechtigkeit und einen sicheren Arbeitsplatz gerichtet sind. Die materiellen Lebensbedürfnisse sowie der Erwerb der Mittel zu ihrer Befriedigung werden als fundamental angesehen. Eine solche Einstellung bedeutet nicht, wie von westdeutscher Seite gerne behauptet, daß Werte wie Freiheit und Demokratie durch Ostdeutsche keine Wertschätzung erfahren. Es sind nur die Erfahrungen mit der Art und Weise wie Demokratie umgesetzt wird, und Freiheit ohne die erforderlichen materiellen Voraussetzungen nicht zu verwirklichen ist, die die Ostdeutschen diesen Werten kritisch bis ablehnend gegenüber stehen läßt. Demokratie und Freiheit ohne Eigentum machen nicht satt.

Prägend für die ostdeutsche Identität hält Fritz Vilmar den Kolonialisierungsschock und die dadurch verursachten Defizite auf allen Sektoren des gesellschaftlichen Daseins. Diese erfahrenen Mängel stehen in krassem Gegensatz zu den optimistischen Erwartungen der Mehrheit der ostdeutschen Bevölkerung, die Helmut Kohl mit seinen "blühenden Landschaften" weckte. Es hat sich eine Kluft zwischen Gewinnern und Verlierern der Einheit aufgetan. Mit dem Niedergang ganzer Industrieregionen und der hohen Arbeitslosigkeit nahm das Eigenbewußtsein in Teilen der ostdeutschen Gesellschaft nach Auffassung von Fritz Vilmar Züge einer DDR-Identität an, die es vorher in dieser Form nicht gegeben hatte. Wir meinen nicht, daß es sich auch nur ansatzweise um eine DDR-Identität handelt, sondern um eine vereinigungsbedingte Ost-Mentalität.

Der Wertekanon der DDR und der Bundesrepublik war, wie vorstehend dargelegt, unterschiedlich, z.T. entgegengesetzt. Aus dieser Tatsache ist nicht die Berechtigung abzuleiten, die Werte der DDR unisono abzulehnen. Sie waren nicht DDR-spezifisch und allein auf ihrem Boden gewachsen. Es handelte sich überwiegend um Werte, wie sie von der Arbeiterbewegung lange vor der Existenz der DDR vertreten wurden. Manche von ihnen gehören auch zum Wertekanon anderer kapitalistischer Staaten. Zu verweisen ist auf die skandinavischen Länder, in denen soziale Werte eine andere Bedeutung besitzen als in der Bundesrepublik. Zwar wird versucht die Geschichte der DDR weitgehend auszuklammern, mit Ausnahme ihrer pejorativen Bewertung. Doch die in 40 Jahren gewachsenen und realisierten Werte und gemachten Erfahrungen verlieren für die Menschen nicht über Nacht ihre Bedeutung. Zu tief waren sie im Lebensalltag der Menschen in der DDR verankert. Zwar sind die Neubundesbürger durchaus mit den positiven Aspekten der Vereinigung einverstanden. Doch die spürbare und sich verstärkende Kluft zwischen Arm und Reich, die Differenzierung in Unter- und Oberschichten ließ Zweifel an den durch die Vereinigung erreichten Fortschritten aufkommen. Diese eskalieren durch die Erfahrung von Massenarbeitslosigkeit und Frühverrentung.

Die unterschiedliche Sozialisation beider Bevölkerungsgruppen und die in beiden Gesellschaften von einander abweichende soziale Struktur ließen hinsichtlich der Wertestruktur drei Optionen offen: Die Anschließer erhofften eine vorbehaltlose Zustimmung der Ostdeutschen zu den westdeutschen Werten. Eine zweite Option bestand darin, daß sich durch die Zusammenführung beider

Gesellschaften ein neuer, gemeinsamer Wertekanon entwickelt. Diese aus unserer Sicht wenig wahrscheinliche Option wäre die erstrebenswerte. Eine solche Entwicklung setzt voraus, daß es sowohl in der Ausgangs- wie in der Anschlußgesellschaft zu einem Wertewandel und zur Herausbildung übereinstimmender Werte kommt. Dies würde eine Integration der Ostdeutschen begünstigen mit einer beidseitigen Assimilation.

Die dritte Möglichkeit besteht im Verharren der Ost- wie der Westdeutschen bei ihren tradierten Wertevorstellungen. Bisher hat sich die letzt genannte Option durchgesetzt. Die bundesdeutsche Politik ging von der unhistorischen Annahme aus, daß als Resultat der Vereinigung nur der Osten einer Veränderung unterworfen ist. Zwischenzeitlich wurde deutlich, daß auch Rückwirkungen auf die altbundesdeutsche Gesellschaft und ihr wirtschaftliches Fundament erfolgen.

Die politische Kultur Deutschlands hat sich mit der Vereinigung komplettiert. Es finden sich jetzt auch egalitäre und etatistische Elemente in der gespaltenen Gesellschaft wieder. Die Werte, die in der Vergangenheit in zwei Staaten mit unterschiedlichen Gesellschaften getrennt existierten, wurden mit dem Anschluß zusammengeführt. Es fällt sowohl den altbundesdeutschen Eliten als auch den meisten westdeutschen Bundesbürgern schwer, dies als die Normalität anzuerkennen, obwohl sie in allen anderen Staaten Europas als solche seit jeher existiert. In dem von den konservativen Eliten geprägten politischen und gesellschaftlichen Klima der Bundesrepublik leben nun Menschen mit alternativen Auffassungen. Diesem ungewohnten Normalzustand wird mit Argwohn, Ablehnung und Intoleranz beggenet. Dies spürt insbesondere die PDS, die sofort wieder zur SED-Nachfolgepartei erklärt wird, sobald sie mit ihrem Politikanspruch den Interessen der Ostdeutschen und nicht dem Mainstream entspricht. Das gängige Schlagwort vom Populismus macht es nicht erforderlich, sich mit der Argumentation des politischen Gegners auseinanderzusetzen. Mit diesem Etikett werden alle Überlegungen versehen, die der herrschenden Meinung widersprechen und zu echten Alternativen herausfordern. Vom Zeitgeist abweichende Auffassungen werden in der Öffentlichkeit nicht wahrgenommen, sie sind nicht existent.

Wertevorstellungen verändern sich nicht von heute auf morgen. Die Vereinigung der beiden deutschen Staaten entsprach einem Parforceritt. Unvorbereitet für die auf sie zukommenden Wandlungen verspürten die Angeschlossenen die Wucht folgenden Sachverhalts: *"Das eigentliche Drama vollzog sich in der Auflösung der alten Wertesysteme, Regeln und Konventionen, die einst das menschliche Verhalten geordnet hatten"*.

Gewiß waren analoge Veränderungen in der Vergangenheit auch von den Westdeutschen zu bewältigen. Dies gilt vor allem für das Land Nordrhein-Westfalen und das Saarland, wo durch den Einbruch der Montanindustrie ein grundsätzlicher Strukturwandel eingeleitet wurde. Doch stand für die erforderlichen Veränderungen ein großer Zeitrahmen zur Verfügung mit der Möglichkeit der Bereitstellung von Arbeitsplätzen im Dienstleistungsbereich und anderen Industrieansiedelungen. Zudem veränderte sich in diesen Bundesländern weder die politische noch die wirtschaftliche Struktur. Der erlernte Wertekanon blieb erhalten.

In Ostdeutschland dagegen waren der ablaufende industrielle Strukturwandel und der Wertewandel kein sich allmählich vollziehender Prozeß, sondern ein Ereignis ohne jegliche mentale Vorbereitung. Soziale Anerkennung schlug in soziale Ausgrenzung um. Das bisherige Leben der Betroffenen wurde entwertet, über Nacht schieden sie aus ihrem Beruf aus. Diskreditierung und Verleumdung waren mental zu bewältigen. Die obersten Führungspositionen wurden durch Westdeutsche besetzt. Es entstanden aufstiegsblockierte Gruppen, die im Ergebnis ihrer gesellschaftlichen und politischen Ausgrenzung keine inneren Beziehungen zu Staat und Gesellschaft der Bundesrepublik aufbauen konnten.

Das Resultat sind fortbestehende unterschiedliche Werteorientierungen. Bei den individuellen Werten ist eine gewisse Annäherung zwischen Ost und West zu beobachten. Die großen Unterschiede bestehen bei den gesellschaftlichen Werten. Unter den individuellen Werten sind diejenigen zu verstehen, die für das eigene Leben bestimmend sind. Die zunehmende Übereinstimmung mit der westdeutschen Gesellschaft betrifft z.B. die Wertschätzung von Partnerschaft, Familie, Toleranz oder Wohlstand. Noch weniger wichtig für die Ostdeutschen sind Aufstieg, Karriere, Gewinn und Geld. Diese Werte werden in dem Maße an Bedeutung gewinnen, wie die entsprechenden Rahmenbedingungen für ihre Entwicklung entstehen. Gegenwärtig sind diese Werte für die meisten Ostdeutschen unerreichbar und spielen für sie nur insofern eine Rolle, als sie eine schwer zu überwindende Barriere gegenüber den Westdeutschen errichten.

Die sich auf den Zustand der Gesellschaft beziehenden Werte lassen demgegenüber beträchtliche Unterschiede erkennen. Auf Ablehnung stoßen im Osten z.B. die Marktwirtschaft, insbesondere in ihrer neoliberalen Erscheinungsform, die unzureichende Wahrnehmung seiner Verantwortung durch den Staat, die Demokratie in der praktizierten Form und die Vernachlässigung sozialer Gerechtigkeit. Es steht somit der individuellen Anpassung die gesellschaftliche Distanz gegenüber. Aus diesen Abweichungen ist nicht abzuleiten, wie es verschiedentlich gern getan wird, daß die Ostdeutschen die DDR wieder haben wollen. Diese Absicht äußert kaum jemand. Angestrebt werden Veränderungen auf der Grundlage des gegenwärtigen Systems, die auch dem Arbeitnehmer und den Angehörigen der Unterschichten ein menschenwürdiges Dasein ohne ständige Existenzangst ermöglichen.

Die Frage, ob sich die Erwartung erfüllt hat, daß die Ostdeutschen die bundesdeutschen Werte auch zu ihren eigenen gemacht haben, ist somit grundsätzlich zu verneinen. Damit wird der Auffassung entgegen getreten, daß trotz erkennbarer Differenzen in Ostdeutschland bereits ein Wertewandel stattgefunden habe und damit der Beginn der inneren Einheit. Aus dieser Sicht werden gewisse Unterschiede wie die größere Konfliktbereitschaft der Westdeutschen, die stärkere Fixierung der Ostdeutschen auf die Gemeinschaft und ein unterschiedliches Grußverhalten eingestanden. Doch werden darüber hinaus keine prinzipiellen Ost/West-Unterschiede gesehen. Die scheinbar bestehenden würden auf der sozialen Entmischung im Osten mit der Umverteilung der Menschen auf verschiedene soziale Schichten, der Höhe des Realeinkommens und der unterschiedlichen Lebenssituation beruhen. Diese Abhängigkeit der Wertevorstellungen von der sozialen Zugehörigkeit und Situation ist im Osten mit Zurückhaltung zu bewerten; denn andere soziologische Untersuchungen haben ergeben, daß die aus der DDR mitgebrachten Wertevorstellungen auch von Besserverdienenden beibehalten werden.

Es bleibt festzuhalten, daß eine Mehrheit der neuen Bundesbürger im Ergebnis des vollzogenen Transformationsprozesses und der mit ihm einhergehenden Verwerfungen eine eigene, eine ostdeutsche Identität entwickelt hat und ihr Wertekanon sich in wesentlichen Positionen grundsätzlich vom altbundesdeutschen unterscheidet. Damit offenbart sich eine von ihrem Wesen gefährliche Entwicklung, denn Identifikation mit dem einen bedeutet eine Nichtidentifikation mit dem anderen.

Wie die bundesdeutsche politische Elite und ihre ostdeutschen Apologeten wirklich über die DDR und ihre Bürger denken, dringt bei passender Gelegenheit aus dem geistigen Sumpf an die Oberfläche. Er ist nicht der Einzige, aber doch einer der deutlichsten, der Ex-General und brandenburgische Innenminister Jörg Schönbohm. Die Tötung von neun Säuglingen durch ihre Mutter im brandenburgischen Brieskow-Finkenheerd findet bei ihm die Erklärung in der durch die SED erzwungene Proletarisierung und Entbürgerlichung der Gesellschaft mit der Folge von Verwahrlosung und Gewaltbereitschaft, Werteverfall und dem Verlust der Verantwortung für das Eigentum. Andere als derartig verquaste Ansichten eines CDU-Mitglieds wie Jörg Schönbohm sind nicht zu erwarten. Nachdenklich stimmt jedoch, daß in der Mehrzahl der meinungsbildenden Zeitungen zwar der Anlaß für die Äußerung Schönbohms abgelehnt wird, aber die grundsätzliche Bewertung der DDR, wie z.B. auch in der Frankfurter Allgemeinen Zeitung, unterstützt wird. Auch viele westdeutsche Bürger werden so in ihrer tradierten Meinung zur DDR und ihren Bürgern bestärkt.

Gewiß, wir lassen daran keinen Zweifel, bestand in der DDR und in der Bundesrepublik ein in Teilen differenter Wertekanon. Die wichtigsten Unterschiede betrafen die Geringschätzung bürgerlicher Freiheiten und des Eigentums in der DDR. Privates Eigentum bestand nur insoweit, als es der Befriedigung der persönlichen materiellen und kulturellen Bedürfnisse diente. Immobilien als persönliches Eigentum waren gestattet, sofern sie den persönlichen Bedarf befriedigten. Diese Beschränkung des Eigentums schloß seine zerstörerischen Eigenschaften als Quelle von Gewalt und Kriminalität weitgehend aus. Die Zahl der Gewaltverbrechen mit Todesfolge war auf dem Gebiet der DDR vor dem Anschluß deutlich niedriger als danach und auch niedriger als in der alten Bundesrepublik. Gewalt in dem zu beobachtenden Ausmaß und Verlust der sozialen Zusammengehörigkeit kehrten erst mit dem Eigentum wieder in den Osten zurück. Doch eine Toleranz anderer Wertevorstellungen, seien es die einer sozialistischen Gesellschaft oder des Islam, gibt es in der Bundesrepublik nicht. Es gilt nur was aus konservativer Sicht, und sie ist in Deutschland bestimmend, als "Deutsche Leitkultur" firmiert. Doch Eigentum und soziale Gerechtigkeit stellen keinen wirklichen Gegensatz dar, sondern sie verkörpern einen dialektischen Widerspruch, der sich auflösen läßt. Eigentum, das sich der sozialen Gerechtigkeit verpflichtet fühlt, kommt letztlich auch den Angehörigen der nicht vermögenden Gesellschaftsschichten zu Gute.

Das Zusammengehen von PDS und WASG in der neuen Linkspartei läßt die Politiker ebenfalls ausplaudern, was sie wirklich von den Neubürgern im Osten halten, die sie mit Versprechungen und Lügen in ihr Wohlstandsland gelockt haben. Edmund Stoiber, seines Zeichens bayrischer Ministerpräsident und abgeblitzter Kanzlerkandidat, hält es für unakzeptabel, daß letztlich der Osten bestimmt wer Kanzler wird. Sie gehören eben nicht zu den klugen Bevölkerungsteilen, so ebenfalls die Meinung des Bajuwaren, wie die Bayern. Zu Ende gedacht, sollte ein Wahlsystem im Bundestag verabschieden werden, welches den Ostdeutschen zumindest die Teilnahme an Bundestagswahlen verbietet. Wenn Edmund Stoiber zitiert, nur die allerdümmsten Kälber wählen ihren Metzger selber, so können die Ostdeutschen dies durchaus auf seine Person beziehen. Mit diesen und anderen Äußerungen wird primitiver Populismus zelebriert.

Bei den Äußerungen von Jörg Schönbohm und Edmund Stoiber handelt es sich nicht nur um Entgleisungen. Bei vielen Westdeutschen, wenn nicht bei einer Mehrheit, stoßen sie durchaus auf Zustimmung. Auf der anderen Seite stärken sie die Vorbehalte der Ostdeutschen gegenüber der bundesdeutschen Politik. So werden Spaltpilze gesetzt, die der angestrebten inneren Einheit einen schweren Schlag versetzen.

Geschichtspolitik und Erinnerungskultur

In dem Bemühen die DDR aus dem Bewußtsein der Ostdeutschen zu verdrängen und nur ihre Herrschaftsgeschichte sowie Defizite im Gedächtnis der Menschen zu zementieren, spielt die Instrumentalisierung von Erinnern und Erinnerungskultur eine wichtige Rolle.

Erinnern als ein Ausdruck menschlichen Denkens bedeutet in der Vergangenheit persönlich gewonnene Erfahrungen und gemachte Beobachtungen zu einem späterem Zeitpunkt wieder zu beleben, aus dem Vergessen in die Gegenwart zu holen. Erfahrung als eine Erkenntniskategorie ist, wie Reinhart Koselleck formuliert, die gegenwärtige Vergangenheit. Die Art und Weise, wie sich Erinnerung vollzieht, ihr Inhalt und seine Bewertung, haben als Erinnerungskultur Eingang in die Debatte gefunden. Erinnerungskultur ist ein wesentliches Element von Zeitgeschichte. Erinnerungen unterliegen der subjektiven Wertung der Zeitzeugen. Es wird mit ihnen aus verschiedenen Sichtweisen unterschiedlich umgegangen. Wie Peter Ensikat feststellt: *"Wenn zwei dasselbe erlebt haben, müssen ihre Erinnerungen an das gemeinsam Erlebte nichts, aber auch gar nichts miteinander zu tun haben."* Erinnern ist somit immer subjektiv. Dies konstatiert zu ihrem Leidwesen die Kriminalpolizei, wenn es um die Zeugenaussagen zur kurze Zeit zurückliegenden Verbrechen und die dabei von verschiedenen Personen gemachten Beobachtungen geht.

Die Erinnerungskultur der einen ist dadurch geprägt, daß sie die im Verlaufe des Lebens gewonnenen Erfahrungen verarbeiten, um daraus neue, für die

Gegenwart und Zukunft verwertbare Erkenntnisse abzuleiten. Diese Menschen können mit den gemachten Erfahrungen sachlich umgehen und sie in das Netzwerk der Erinnerungen einordnen. Insbesondere die negativen Erlebnisse stellen für die Betreffenden keine mentale Belastung dar. Als Beispiele verweisen wir auf Rudolf Bahro, Wolfgang Harich oder Gerhard Zwerenz und ihren Umgang mit der DDR. Andere stapeln in ihrem Gedächtnis vorzugsweise die negativen Erfahrungen. Sie kommen über sie nicht hinweg und stürzen bei jeder Gelegenheit erneut in die offenen Gräben der negativen Erinnerungen. An dieser Stelle fallen einem Bärbel Bohley, Erich Loest oder Vera Lengsfeld (Wollenberger) ein.

Erinnerungen sind stets subjektiv, alters- und geschlechtsabhängig und werden von dem psychischen Grundmuster bestimmt. Neben dem individuellen existiert das kollektive Erinnerungsmuster. Es betrifft gemeinsame Erfahrungen und Erkenntnisse zu prägenden Ereignissen, die eine weitgehend übereinstimmende Wertung erfahren. Insofern enthält die eigene Erfahrung auch die vermittelte Erkenntnis anderer. Im Gegensatz zu früheren Zeiten, als Erfahrungen nur zwischen den Menschen ausgetauscht wurden, werden die eigenen Erinnerungen zunehmend durch die Medien beeinflußt und verändert bzw. sogar überlagert. Zwar sollte bei der Beurteilung geschichtlicher Ereignisse Überparteilichkeit angestrebt werden, um auch die Gegenseite zu Wort kommen zu lassen. Dies mag bis zu einem gewissen Grad im wissenschaftlichen Diskurs möglich sein. In der politischen Auseinandersetzung mit Geschichte gilt nur der eigene ideologische Standort.

So erfolgt die Beurteilung der Vergangenheit unterschiedlich aus dem Blickwinkel der Politik, der Wissenschaft und der Alltagssicht des Bürgers. Die Deutungshoheit über die Vergangenheit, in unserem Falle der DDR, beansprucht die Politik, unterstützt von der Mehrheit der wissenschaftlichen Repräsentanten der Zeitgeschichte. Der Normalbürger offenbart eine unterschiedliche Sichtweise. Sie ist generations- und damit altersabhängig. Zusätzlich wird sie beeinflußt von der Zugehörigkeit zu bestimmten sozialen Schichten. Im aktuellen Fall bestimmt auch die soziale Sozialisation in der Bundesrepublik oder der DDR den Blick auf die Vergangenheit.

Bezogen auf die ehemaligen Bürger der DDR können sich die nach 1960 Geborenen nur in beschränktem Umfang auf eigene Erfahrungen stützen. Sie unterliegen den Vorgaben der Politik, dem erreichten sozialen Status nach der Vereinigung und den mitgeteilten Erinnerungen und Erfahrungen älterer. Diese wiederum sind individuell sehr unterschiedlich und unterliegen Schwankungen. Sie können je nach Stimmungslage geschönt, aber auch geschwärzt sein. Erkenntnisse wachsen somit nicht nur aus eigenen Erfahrungen, sonder werden auch durch vermittelte Erinnerung und Erfahrungen anderer geprägt.

Der Kabarettist Peter Ensikat beschreibt am Beispiel der angeschlossenen DDR in beeindruckender und zugleich überzeugender Weise wie Erinnerungskultur von der individuellen Sicht bestimmt, von der sozialen Umwelt geprägt und durch Erinnerungslücken, Verdrängung, Anpassung und Überformung bestimmt wird.

Wer meint, daß die Erinnerungskultur als eigenständiger Prozeß dem Individuum überlassen bleibt, der irrt. Auch die Politik bemächtigt sich der Erinnerungskultur und instrumentalisiert sie zur Durchsetzung der eigenen Ziele. Dies wird gegenwärtig besonders deutlich im Hinblick auf die Geschichte der DDR. Mit Unterstützung durch die Öffentliche Meinung, die Medien und die Feuilletons der überregionalen Presse bemüht sich die politische Klasse den Menschen in Ostdeutschland vorzuschreiben, was sie als Gegenstand ihrer Erinnerungskultur zu pflegen, und was sie aus ihrem Gedächtnis zu streichen haben.

Es gilt die Erinnerungskultur der Ostdeutschen einmal auf die Defizite der DDR zu lenken, und ihnen zum anderen die der Westdeutschen als ihre eigene zu vermitteln. Der Ostdeutsche soll sich an die Mauer, die Tätigkeit der Staatssicherheit, an Denunziation und Unterdrückung sowie den Mangel an Demokratie und Freiheit erinnern. Aus seinem Gedächtnis hat er zu verdrängen, daß jeder seinen Arbeitsplatz besaß, Bildung jedem offen stand und niemand Angst davor haben mußte bei Krankheit in die Armut zu fallen. Erinnern soll er sich an die niedrigen Renten, aber nicht an die Tatsache, daß ihr realer Wert höher war als der nominale. Es waren keine Fernsehgebühren zu zahlen, der Mietzins war extrem niedrig, und die Lebenshaltungskosten lagen insgesamt deutlich unter den gegenwärtigen. Der reale Wert der Mindestrente entsprach durchaus dem Arbeitslosengeld II. Auch bestand im Ergebnis des Arbeitskräftemangels die Möglichkeit eines zusätzlichen Broterwerbs. Dieser wurde nicht nur als Last empfunden, weil er mit sozialer Kommunikation und Einbindung in das Kollektiv verbunden war.

Besonders die dem Antifaschismus gewidmete Erinnerungskultur der DDR hat es dem bundesdeutschen Verdrängungseifer angetan. Monika Zorn beschreibt akribisch wie ehemalige KZ-Gedenkstätten in ihrer Aussage verfälscht, Denkmale für Opfer des Naziterrors beseitigt und Straßen umbenannt wurden, die die Namen ehemaliger kommunistischer Widerstandskämpfer trugen.

Eine Einseitigkeit in der Bewertung des antifaschistischen Widerstands durch die DDR ist nicht in Abrede zu stellen. Doch hätte es nicht genügt, statt neue Einseitigkeit zu provozieren, die Erinnerung an den kommunistischen Widerstand durch die an den bürgerlichen zu ergänzen? An dieser Stelle ist Gilles Perrault zu zitieren: *"Wenn das sogenannte neue Deutschland diejenigen verleugnet, die ihn bekämpft* (den Hitlerfaschismus, d. Verf.) *haben, wie sollte man sich nicht mit Beklemmung die Frage nach der wahren Natur dieses Deutschland stellen?"*

Hört auch manch politischer Akteur die Alarmglocken läuten, wenn die DDR von mehr als der Hälfte der Ostdeutschen "verklärt" wird, so warnen Einsichtige davor, die DDR nur unter dem Blickwinkel einer totalitären Diktatur zu betrachten. Damit könnte die emotionale Abneigung verstärkt werden, sich mit der eigenen Vergangenheit zu beschäftigen. Wenn kritisch vermerkt wird, daß bei der Mehrzahl der ehemaligen DDR-Bürger der Rückblick auf die Alltagskultur im Vordergrund steht und nicht der auf Verfolgung und Unterdrückung, so ist das nicht überraschend. Es ist für Westdeutsche schwer vorstellbar, daß die Mehrheit der Ostdeutschen weniger Verfolgung und Unterdrückung verspürt hat als die üblichen positiven und negativen Erfahrungen mit dem Lebensalltag. Dies hat auch Joachim Gauck erkannt. Er meint, es sei deshalb zu empfehlen bei Gedenkstätten anstelle der Verbrechensintensität die Demokratiefeindlichkeit zu ihrem Inhalt zu machen. Auf diese Weise meint er vermutlich zu erreichen, daß DDR und NS-Regime auf einer Ebene betrachtet werden. Erinnerungskultur auf diese Weise zu manipulieren, wird auch nicht von Erfolg gekrönt sein, da das Defizit an Demokratie nicht zu den gravierenden Erlebnissen der ehemaligen DDR-Bürger gehört und die neuen Erfahrungen mit der parlamentarischen Demokratie zur Kritik an ihr herausfordern. Auch der Westdeutsche orientiert sich nicht an dem ebenfalls vorhandenen Negativbild seines Staates, sondern an den Gegebenheiten, die sein Leben positiv gestalten.

Die Beurteilung von Ereignissen und Prozessen der Vergangenheit, und damit auch Zeitgeschichte, erweist sich als ein widersprüchlicher und komplizierter Gegenstand. Die Schwierigkeit besteht darin, daß es eine objektive Bewertung von Geschichte nicht gibt, nicht geben kann. Zwar ist es möglich geschichtliche Ereignisse und Abläufe zu beschreiben, doch wenn ihre Bewertung ansteht, so entscheidet der ideologische Standpunkt des Betrachters. Es überrascht deshalb nicht, wenn gesellschaftliche Umbrüche und der Wandel von Machtverhältnissen mit der Neubewertung geschichtlicher Ereignisse einhergehen. Eine solche Geschichtsrevision beinhaltet auch Geschichtsverfälschung, wie sie gegenwärtig zu erleben ist.

Die Beurteilung historischer Geschehnisse erweist sich als um so widerspruchsvoller, je geringer der Abstand zwischen geschichtlichem Prozeß und dem Zeitpunkt seiner Bewertung ist, und persönliche Betroffenheit die Feder führt. Zu große Nähe macht blind und verführt zur Einseitigkeit. Geschichte wird in diesem Augenblick zur Geschichtspolitik, d.h. sie wird politisch instrumentalisiert. Die Politik beansprucht mit Unterstützung durch die Wissenschaft die Deutungshoheit über die abgelaufenen zeithistorischen Geschehnisse.

Diese Erfahrung ist nicht neu, denn auch in der DDR wurde Geschichte aus der Sicht der politischen Machthaber bewertet, wie bei Fritz Klein nachzulesen. Die Ostdeutschen werden jetzt mit einem völlig entgegen gesetzten Geschichtsbild konfrontiert, was seine Glaubwürdigkeit nicht fördert.

Die nach rückwärts gerichtete Sicht auf geschichtliche Abläufe zeichnet sich in der Regel dadurch aus, daß die vergangenen Ereignisse vom heutigen Standpunkt aus bewertet werden, ohne die damaligen Zeitumstände zu berücksichtigen, und sie in die eigenen Wertungen einzubeziehen. Der bösartige Antikommunismus des Kalten Krieges bestimmt z.b. heute noch das Bild der bundesdeutschen Politik und der Medien im Rückblick auf die DDR mit dem Ziel Menschen moralisch zu vernichten, die keinen mehr bedrohen. *"Wie Antisemitismus nicht mehr der Juden bedarf, so benötigt der Antikommunismus keine Kommunisten"*, meint Gerhard Zwerenz. Eric Hobsbawm stellt ebenfalls fest, daß paradoxer Weise mit dem Niedergang der kommunistischen Parteien, dem Ende des Kalten Krieges und dem Zusammenbruch der Sowjetunion und ihres Imperiums, der Ton der antikommunistischen und antimarxistischen Polemik immer erbitterter, um nicht zu sagen hysterischer wurde.

Die Folge ist ein reduktionistisches und eingeengtes Bild von DDR-Vergangenheit. Die historischen Zusammenhänge werden ausgeklammert, d.h. die DDR aus ihrem internationalen und nationalen Kontext gelöst. Es kann nicht Aufgabe der Politiker und Historiker sein, häufig besser als Geschichtenschreiber zu bezeichnen, nur das zu betonen was aus heutiger Sicht damals falsch gelaufen ist. Vielmehr gilt es gleichzeitig darzustellen, was in damaliger Zeit unter den gegebenen Umständen realisierbar war und möglicher Weise einen Fortschritt gegenüber den Vorgängern beinhaltete. Es sei in diesem Kontext auf ein Leninzitat verwiesen, daß Siegfried Bräuer wiedergibt: *"Historische Verdienste werden nicht danach beurteilt, was historische Persönlichkeiten, gemessen an den heutigen Erfordernissen, nicht geleistet haben, sondern danach, was sie im Vergleich zu ihren Vorgängern Neues geleistet haben."* Dies beachtend ist auf die Umsetzung sozialer Gerechtigkeit in der DDR zu verweisen mit der Beseitigung der auf dem Eigentum beruhenden Ungleichheit und Ungerechtigkeit.

Zur Geschichtspolitik gehört auch, daß nur die Geschichte der DDR nach ihren Defiziten beurteilt wird. Die Geschichte Preußens und des Deutschen Reiches dagegen wird auch in Ostdeutschland versucht, wieder positiv in Erinnerung zu rufen. Diese Epoche deutscher Geschichte wird nicht "aufgearbeitet", sondern nur beschönigend beschrieben. Die Wiedergabe damaliger Zeitumstände beschränkt sich auf das scheinbar positive Bild von Adligen und Königshäusern, die nur das Wohl ihrer Untertanen im Auge hatten. Der Weberaufstand wie auch die Berliner Revolution von 1848 spielen im heutigen Gedenken keine Rolle, ebenso wie die Unterdrückung der Sozialdemokratie zu Zeiten Otto von Bismarcks. Die Geschichte der Bundesrepublik knüpft an die der Monarchen und Königshäuser an und nicht deren Untertanen. Deshalb wird der "Palast der Republik" in Berlin abgerissen mit dem Ziel, an seiner Stelle wieder das Hohenzollernschloß zu errichten. Wenn Wolfgang Thierse in diesem Kontext aufruft den Blick endlich nach vorne zu wenden, so stellt sich das geplante Vorhaben als ein Blick zurück in die preußische Vergangenheit dar.

Bisher wurden keine oder nur unzureichende Anstrengungen unternommen, die politischen, sozialen und ökonomischen Entwicklungen in beiden deutschen Staaten miteinander zu vergleichen. Das Desinteresse der politischen Eliten ist nachfühlbar. Es wären immerhin Aussagen denkbar, die nicht in die Rubrik "Unrechtsstaat" einzuordnen sind und zumindest in Teilaspekten ein anderes als das gegenwärtig vorherrschende DDR-Bild ergeben. Die DDR hat sich auch in einem gesamtdeutschen Raum bewegt und viele ihrer Handlungen waren nicht Aktion, sondern Reaktion.

Die aktuelle Bewertung Ostdeutschlands durch die bundesdeutsche Öffentlichkeit, aber auch breiter gesellschaftlicher Schichten, besitzt ihre Wurzeln in der Beurteilung der DDR zur Zeit der Zweistaatlichkeit. Grundsätzlich wurde die DDR nicht als eine deutsche Möglichkeit oder legitime Alternative zur parlamentarisch verfaßten Bundesrepublik angesehen. Sie galt als ein Staat ohne jede demokratische und nationale Legitimation. Bei der westdeutschen Bevölkerung bestand und besteht das öffentliche Bild von der DDR nur aus Repression und Terror. Während die Bundesbürger ein Negativbild von der DDR pflegten, besaßen die DDR-Bürger ein positiv belegtes Vorurteil gegenüber der Bundesrepublik, das in vielem ebenfalls nicht der Realität entsprach.

Es ist eine geschichtliche Erfahrung, daß am Ende einer Auseinandersetzung der Sieger die historische Wahrheit beansprucht. Dies bestätigt sich auch nach dem Ende des Wettstreites zwischen Kapitalismus und dem gescheiterten Versuch eines Sozialismus, der nicht der letzte bleiben wird. Besonders reflektiert sich diese Tatsache in Deutschland, wo die Bundesrepublik mit der DDR abrechnet. Dies geschieht auf den Pfaden des Kalten Krieges. *"Geschichtsschreibung ist die Summe der Lügen, auf die sich die Mehrheit einigt"* soll Napoleon Bonaparte geäußert haben. Und die meinungsbildende Mehrheit hat sich auf die Kürzel Totalitarismus, Unrechtsstaat und Stasi geeinigt. Sie bestimmen das gegenwärtige Geschichtsbild Gesamtdeutschlands von der DDR.

DDR-Geschichte wird nicht im Kontext deutscher und internationaler Geschichte gesehen, sondern als eine bedauerliche Sackgasse, die für Deutschlands Gegenwart und Zukunft bedeutungslos ist. Die Bundespolitiker orientieren allein auf die Versäumnisse und Defizite der DDR. Sie wird als Unrechtsstaat diffamiert, den es zu delegitimieren gilt. Wie Friedrich Schorlemmer zum Ausdruck brachte, wird DDR mit diesem Kürzel *"auf Doping, Stasi und SED"* reduziert.

Am Anfang der geschichtlichen Rückerinnerung standen die Legenden von Ausweglosigkeit der DDR-Verschuldung und von der total maroden DDR-Wirtschaft. Im Kopf der Westdeutschen wird die DDR nur als Terror, Repression und Diktatur sowie Mangelwirtschaft mit seelischer Deformation der Ostdeutschen wahrgenommen. Die Fakten werden unter Vernachlässigung der Gesamtheit aus dem Zusammenhang gerissen, und nur die berücksichtigt, mit denen sich die eigene Sicht bestätigen läßt.

Das durch den Krieg verwüstete und durch Reparationen geschädigte Ostdeutschland überspringend, wird bei den westdeutschen Bürgern durch die Medien der Eindruck geweckt, als ob die DDR nach dem 2. Weltkrieg über 40 Jahre ein intaktes Land zugrunde gewirtschaftet hat, ehe der Systemwechsel eine Wiedererrichtung ermöglichte. Eine solche Meinung kolportierte z. B. die ehemalige SED-Bezirkszeitung "Leipziger Volkszeitung", wenn sie in einem Beitrag zur Geschichte des Universitätsklinikums Leipzig seine Existenz mit der teilweisen Zerstörung beim Bombenangriff im Jahre 1943 enden läßt. Erst im Jahr 1992/93 fiel danach die Entscheidung das Klinikum neu zu errichten. Die dazwischen liegende Zeit, in der viele Institute und Kliniken wieder hergestellt oder neu gebaut wurden, findet keine Erwähnung. Tatsächlich erreichte die DDR beispielsweise bis 1989 das 13-fache der Vorkriegsproduktion, hatte also bei allen Mängeln in den 40 Jahren ihres Bestehens eine beträchtliche wirtschaftliche Entwicklung genommen. Auch Charles S. Maier, der sich ausführlich mit dem Untergang der DDR auseinandersetzt, vertritt die Auffassung, daß unter Berücksichtigung der anfänglichen Rückständigkeit und der Kriegszerstörungen, die Wachstumszahlen der DDR-Wirtschaft durchaus beachtlich zu nennen sind. Es ist generell Usus, aus dem Geschichtsbild Deutschlands 40 Jahre DDR auszuklammern, es sei denn es geht um die Toten an der Mauer und die Tätigkeit der Staatssicherheit.

In der DDR war es das Politbüro der SED, das als Instanz der letzten Wahrheit bestimmte, wie die politische, gesellschaftliche und wirtschaftliche Realität zu bewerten ist. Nichts war dem Genossen abträglicher, als schlauer sein zu wollen als die Partei. An den Wahrheitsanspruch des Politbüros erinnert, wenn auch scheinbar demokratisch legitimiert, die "Enquete Kommission zur Aufarbeitung von Geschichte und Folgen der SED-Diktatur in Deutschland". Wie Geschichte zur Geschichtspolitik instrumentalisiert wird, demonstrierte die Tätigkeit dieser "Wahrheitskommission" und die von ihr gezogenen Schlußfolgerungen zur DDR-Vergangenheit. Diese Kommission beansprucht die Deutungshegemonie für die zeitgeschichtlichen Abläufe in der DDR. Die Integration der Ostdeutschen setzt aus dieser Sicht die vorherige Anerkennung der DDR als "Unrechtsstaat" voraus. Es überrascht somit nicht, daß in der Kommission der anklagende Diskurs dominierte. Grundlage ihrer Bewertungen ist ein statisch-stalinistisches DDR-Bild, das die innere Entwicklung dieses Landes in seiner 40-jährigen Existenz ignorierte. Nur konsequent, die gegenwärtig auftretenden Probleme bei der Herstellung der inneren Einheit auf die Existenz der DDR und ihre verfehlte Wirtschaftspolitik zurückzuführen bei Marginalisierung der vereinigungspolitischen Verfehlungen. Entsprechend dem eigenen Denkmuster wird die Sozialpolitik der DDR nur als Instrument zur Durchsetzung machtpolitischer Interessen gewertet nach dem Grundsatz, was ich selber denk und tu, das trau ich auch dem anderen zu. Der DDR wird kein legitimer Platz in der deutschen Geschichte zuerkannt.

Als Konsequenz ihrer Vorgehensweise hat die Arbeit der Enquete-Kommission bei der überwiegenden Mehrheit der ehemaligen DDR-Bürger nicht die erhoffte Resonanz gefunden, ist diesen nicht einmal bekannt. Vielmehr hat die

Überzeichnung der repressiven DDR-Strukturen als Ergebnis der dominanten Geschichtspolitik bei vielen Ostdeutschen das Gegenteil von dem bewirkt, was beabsichtigt war.

Politik und öffentliche Meinung leisten mit ihrer totalen Geschichtsrevision und einseitig geprägten Erinnerungskultur gleichfalls ihren Beitrag zur Blockade der inneren Einheit. Diese Auffassung findet sich bei Reinhard Höppner bestätigt, ehemals Ministerpräsident des Landes Sachsen-Anhalt. Er begründet ausführlich, warum die innere Angleichung des vereinigten Deutschland nicht nur schleppend verläuft, sondern in der Breite nahezu zum Stillstand gekommen ist. Im Hinblick auf die praktizierte Geschichtspolitik meint er: *"Wem die eigene Geschichte ausradiert wird, der kommt sich heimatlos vor."* Der gegenwärtige Umgang mit DDR-Geschichte hat zur Folge, daß dem Ostdeutschen der Ort der Erinnerung fehlt. Sein Versuch und seine Überzeugung der DDR auch positivere Seiten abzugewinnen als ihm von der politischen und medialen Öffentlichkeit vermittelt werden, bringt ihm den Vorwurf der Schönfärberei und Ostalgie ein, statt den Weg der sachlichen Auseinandersetzung zu suchen. Reinhard Höppner stimmt mit vielen Ostdeutschen überein, daß die DDR der berechtigte Versuch einer Alternative zum Kapitalismus war. Mit einer solchen Auffassung ist bei den hegemonialen Gruppen in Staat und Gesellschaft natürlich kein Lorbeer zu gewinnen.

Wie stets in der Geschichte: Der gemeinsame Gegner eint die politische Opposition, so lange er nicht besiegt ist. Nach erfolgreichem Kampf, besteht das einende Band nicht mehr, und die oppositionelle Einheitsfront zerfällt. Eben dieser Vorgang ist bei den ehemaligen Bürgerrechtlern der DDR zu beobachten, nachdem sie in die Bundesrepublik eingetreten sind. Bei ihnen ist zwischen denen zu unterscheiden, die sich kritiklos dem Mainstream der bundesdeutschen Politik und ihrer Geschichtsdeutung unterworfen haben, Aufnahme in den etablierten Parteien fanden und deren Rückblick auf die DDR durch Haß, Rachegefühle und Opportunismus getrübt ist. Ihnen stehen die gegenüber, die sich unter gewandelten Machtverhältnissen ihre moralischen Grundsätze bewahrt haben und das neue Unrecht als das benennen was es ist. Die divergierenden Meinungen offenbart die gezogene Bilanz von 14 Bürgerrechtlern, die Eckhard Jesse in einem Sammelband wiedergibt. Der größere Teil dieser Menschen hat sich enttäuscht von der Politik zurückgezogen.

Als typischen Repräsentanten der ersten Gruppe ist neben Vera Lengsfeld (Wollenberger) auf Rainer Eppelmann zu verweisen. Er gehört zu den Bürgerrechtlern, die sich nach dem Anschluß über die "Volkspartei" CDU in der politischen Machtelite hochgedient haben. Ursprünglich in der DDR-Bürgerrechtsbewegung aktiv und Wehrdienstverweigerer, dann Minister für Nationale Verteidigung in der letzten DDR-Regierung unter Lothar de Maiziére, ist die These vom Unrechtsstaat auch sein Credo. Rainer Eppelmann, postuliert: *"Wir wollen* (sollen, d. Verf.) *lernen, unsere Vergangenheit aus der Sicht der Opfer zu betrachten."* Im Kontext mit seinem Credo reduzierte er in seiner Eigenschaft als Vorsitzender der "Enquete-Kommission des Deutschen Bundestages zur Aufarbeitung der Geschichte und der Folgen der SED-Diktatur" die Geschichte der DDR auf die nicht in Abrede zu stellenden Defizite ihrer Machtausübung und Gesellschaft, ihre Herrschaftsstruktur. Doch vergißt der ehemalige Pfarrer in seinem intoleranten Rigorismus, daß die Zahl der Opfer bestenfalls 1–2% der erwachsenen DDR-Bevölkerung ausmachte und deren Opferstatus sehr unterschiedlich ist. Trotzdem ist ihr Schicksal nicht unter den Tisch zu wischen; denn jeder Mensch empfindet die persönlich erlebte Drangsal als die bedrückendste, da er die anderer nicht erleben konnte. Doch hält sich ihr Opfertum mehrheitlich in Grenzen, wenn es mit dem Schicksal derjenigen verglichen wird, die der Schreckensherrschaft der Nazis anheim fielen oder in Diktaturen gefoltert und ermordet wurden, die ordnungspolitisch auf der kapitalistischen Marktwirtschaft beruhten. Vera Lengsfeld hat vom ehemaligen SED-Mitglied, über die Grünen bis zur CDU auch eine bemerkenswerte Wandlung vollzogen und zeichnet sich durch einen kaum zu überbietenden moralischen Rigorismus aus.

Aus dieser anderen Sichtweise, der fehlenden Bereitschaft eine Alternative zu tolerieren und der angemaßten Deutungskompetenz der ehemaligen Bürgerrechtler und der Politiker des vereinten Deutschlands ergeben sich Widersprüche, die den Fortgang der inneren Einheit belasten. Eindimensionale Opfer/Täter-

Beziehungen sind immer problematisch, so lange nicht alle biographischen und politischen Umstände einbezogen und mögliche Wandlungen berücksichtigt werden. Das durch manche Oppositionelle vermittelte Bild von der DDR ist deshalb wenig glaubhaft, weil es nur durch das selektive Fenster der eigenen Wahrnehmung gewonnen wurde. So war die DDR nicht bis zu ihrem Ende im Jahr 1989 stalinistisch, sonst wäre auch nicht zu begreifen, warum die bundesdeutschen Politiker in den letzten Jahren der DDR sich bei Erich Honecker gegenseitig die Klinke in die Hand gaben.

Andere Bürgerrechtler, zu denen Friedrich Schorlemmer, Edelbert Richter und der inzwischen verstorbene Wolfgang Ullmann zu rechnen sind, lassen keinen Zweifel an den Defiziten, die in der DDR bei der Umsetzung von Demokratie, der Gewährung von Freiheitsrechten und bürgerlichen Menschenrechten herrschten. Doch prangern sie ebenso die Mängel des gegenwärtigen politischen Systems und seiner Gesellschaft an. So äußerte Wolfgang Ullmann: *"Demokratie, das ist nicht die bürgerliche Mitte, sondern das Ganze aller politischer Tendenzen einer Gesellschaft. Seit dem 19. Jahrhundert gehören darum Konservatismus, Liberalismus und Sozialismus zu den Säulen der modernen Demokratie."* Diese Grundsätze auf die Bundesrepublik Deutschland angewandt, lassen erkennen, daß nur die ersten beiden Säulen zu ihren Grundlagen gehören. Von Toleranz ist wenig zu spüren und Demokratie verkommt zunehmend zu einer Worthülse, wenn es um Demokratie von allen und für alle geht.

Die deutsche Erinnerungskultur in ihrer Unterschiedlichkeit beginnt mit dem Untergang des Nazi-Regimes. Aus dem Bewußtsein der Ostdeutschen gilt es z.B. den 8. Mai 1945 als Tag der Befreiung zu verdrängen und ihn als einen solchen der Niederlage und Kapitulation zu vermitteln. Die Verbrechen der deutschen Wehrmacht, die den Ostdeutschen als solche bekannt waren, werden heruntergespielt und als die der "Anderen" charakterisiert, wie Peter Bamm die Nazis verschleiernd umschreibt.

In der Erinnerungskultur der Deutschen soll der 2. Weltkrieg für sie nur die Opferrolle bereithalten. Das gilt für den Bombenkrieg der Alliierten gegen die deutsche Zivilbevölkerung, den Umgang mit Flucht, Umsiedlung und Vertreibung aus den ehemaligen Ostgebieten des deutschen Reiches und die von der Roten Armee verübten Verbrechen an der deutschen Bevölkerung bei ihrem Einmarsch in Ostpreußen. Nicht hinterfragt wird, welches Schicksal die Menschen der von Nazi-Deutschland betroffenen Länder im Verlauf des Krieges erlitten haben, oder welche Verbrechen von Deutschen in den von ihnen besetzten Gebieten verübt wurden.

So wird weitgehend verschwiegen, daß in den letzten Januartagen des Jahres 1945 von Deutschen tausende KZ-Insassen im ostpreußischen Samland in die kalte Ostsee getrieben und erschossen wurden. Nachzulesen bei Andreas Kossert. Diese Untat ist nur ein kleines Steinchen im Mosaik millionenfacher Verbrechen, die von Deutschen begangen wurden. Es erschüttert die erschreckende Authentizität, mit der dieses Massaker von Überlebenden beschrieben wurde, nachzulesen bei Martin Bergauer. Im öffentlichen Diskurs der Bundesrepublik kennen die Vertriebenenverbände nur die Opferrolle der Deutschen. Es gibt in der Erinnerung keine deutschen Täter, sondern nur Opfer.

Die Haltung einer Mehrheit des deutschen Volkes zum Nationalsozialismus während seiner Herrschaft und in der Zeit danach charakterisiert Carola Stern treffend und überzeugend am Beispiel des bedeutenden Schauspielers Gustaf Gründgens. An seiner Person demonstriert die Autorin, daß die enge Verstrickung mit dem Regime und seine gleichzeitige Ablehnung eng miteinander verwoben waren. Was für die Schauspielergilde wie für die meisten Deutschen typisch ist, bleibt die Verdrängung der eigenen Rolle im nationalsozialistischen Staat. Begünstigt wurde diese Haltung durch hoheitliche Akte, wie die Verleihung des Großen Bundesverdienstkreuzes an Gustaf Gründgens durch Theodor Heuss, während die Exilsschauspieler überwiegend nicht in vergleichbarer Weise geadelt wurden.

Schließlich war für viele Westdeutsche der Krieg gegen die Sowjetunion in der Erinnerung und häufig auch in der aktuellen Betrachtungsweise ein Präventiv- und kein Angriffskrieg.

Es verwundert nicht, daß kein einziger Gedenktag der DDR in dem Kalender der Bundesrepublik Aufnahme fand. Für den 8. Mai wäre das durchaus möglich gewesen. Doch würde das voraussetzen, den Untergang des 3. Reiches als Akt der Befreiung zu akzeptieren und die Rolle der Sowjetunion in diesem Kontext anzuerkennen. Eine solche Entscheidung verbietet sich bei einer militär-historischen Betrachtungsweise, welche den Untergang des Dritten Reiches mit der Landung der Alliierten an Frankreichs Atlantikküste beginnen läßt. Die Schlacht um Moskau, die Verteidigung Leningrads, die Vernichtung der deutschen 6. Armee in Stalingrad oder die Panzerschlacht im Kursker Bogen erscheinen demgegenüber fast als marginale Ereignisse. Geradezu auf den Kopf gestellt wird die kriegsgeschichtliche Realität, wenn in einer Erinnerung des Deutschlandfunks an den Kampf um die Seelower Höhen im April 1945 von einem Eroberungsfeldzug der Sowjets gesprochen wird. Diametral entgegengesetzt zur deutschen Sicht die des englischen Historikers Richard Overy, der die kriegsentscheidende Rolle der Sowjetunion hervorhebt.

Wurden historische Vorgänge im untergegangenen Staat DDR aus der Sicht der "kleinen Leute" bewertet, so ist gegenwärtig der Standpunkt der Oberschichten bestimmend. Deshalb spielen in der Erinnerungskultur der Bundesrepublik Geschehnisse wie die deutsche Novemberrevolution 1918, die russische Oktoberrevolution 1917, die 1848er Revolution oder der deutsche Bauernkrieg 1524/1526 eine ganz andere Rolle als in der Geschichtsbetrachtung der DDR. Mit diesen wichtigen Geschichtsdaten sind die Ostdeutschen aufgewachsen. Nicht die Unterdrückten stehen mehr im Mittelpunkt der historischen Rückschau, sondern ihre Unterdrücker. Sie werden nicht als solche gesehen. Vielmehr wurde ihnen durch die eben geschilderten Ereignisse großes Unrecht angetan. Das heutige Deutschland besitzt wieder eine doppelte Erinnerungskultur. Dieser Fakt ist nicht neu, er wurde nur in der Zeit der Teilung nicht deutlich, weil auch die Erinnerungskultur sich in den beiden deutschen Staaten unterschiedlich verhielt.

Der Bewertung der DDR durch die politische Klasse und öffentliche Meinung liegt die These vom Unrechtsstaat zu Grunde. Dieser soll in der Erinnerungskultur der Ostdeutschen die entscheidende Rolle spielen, um auf diese Weise ihre mentale Zuwendung zur Bundesrepublik zu erreichen. Es werden deshalb nur Beispiele von Terror und Unterdrückung immer aufs Neue belebt, die Toten an der Mauer stets ins das Gedächtnis zurückgerufen, die Waldheimurteile ausschließlich als Unrecht bewertet, und die Überwachungsmaßnahmen der Staatssicherheit immer wieder in den Mittelpunkt der Vergangenheitsbetrachtung gestellt. Dagegen ist grundsätzlich nichts einzuwenden, wenn nicht versucht würde die Erinnerung an die DDR allein auf diese Aspekte zu beschränken und alle positiven Entwicklungen in der DDR aus dem Gedächtnis der Ostdeutschen zu streichen. Arthur Kaufmann gibt zu bedenken, daß die Gegenüberstellung von Rechts- und Unrechtsstaat falsch ist, da die Grenzen zwischen Rechtsstaat und Unrechtsstaat fließend sind.

Die Mehrheit der DDR-Bürger hat die DDR anders erlebt als diejenigen, die politischen Pressionen ausgesetzt waren. Rita Kuczyinski befragte eine Reihe von ehemaligen DDR-Bürgern zu ihren Erfahrungen in der DDR. Eine der Interviewpartnerinnen meinte, sie habe sich in der DDR nicht unfrei gefühlt in der Erkenntnis, daß es keine absolute Freiheit gibt. Für eine Freiheit muß immer eine andere aufgeben werden, so ihre Meinung. Mit dieser Auffassung steht die Befragte sicher nicht allein.

Zur Erinnerungskultur der Ostdeutschen gehören auch der sichere Arbeitsplatz, die Gleichheit der Menschen mit einer für sie nahezu kostenfreien Gewährleistung umfassender sozialer Rechte, der Palast der Republik in Berlin, die Theater- und Musiklandschaft wie auch die Künstler und Literaten. Den von einer unabhängigen Autorengemeinschaft herausgegebenen Beiträgen sind die Erinnerungen ehemaliger DDR-Bürger an ihr Land und die Erfahrungen mit der Bundesrepublik zu entnehmen, welche die emotionale Betroffenheit aus ganz unterschiedlicher Sicht widerspiegeln. In ihrem Rückblick spielt das "Wunder von Bern" keine dominierende Rolle, und die Erinnerung an Erfolge bei Weltmeisterschaften und Olympischen Spielen verknüpft sich mit den Namen ostdeutscher Sportler. Nicht vergessen bleibt das Siegestor von Jürgen Sparwasser, mit dem bei der Weltmeisterschaft 1974 die Mannschaft der DDR die der Bundesrepublik besiegte. Natürlich gehören zur Erinnerungskultur auch das unzureichende Konsumangebot, die lange Wartezeit auf den Trabant oder die Verweigerung von Reisen in westliche Länder. Doch diese durchaus negativen Erfahrungen und Erschwernisse des Lebensalltages in der DDR verblassen zunehmend gegenüber Arbeitslosengeld II, der Erfahrung von Arbeitslosigkeit und sozialer Ausgrenzung sowie einem Arbeitsentgelt, das kaum genügt, um die täglichen Bedürfnisse zu decken.

Diese Art von Erinnerungskultur stößt nicht auf das Wohlwollen von Politik und Wirtschaft. Sie wird als Ostalgie diskreditiert, als eine unkritische Rückerinnerung an das Leben in der DDR. Es existiert in dem angeschlossenen Landesteil keine offizielle Erinnerungskultur, in der sich die Menschen wiederfinden. Der Versuch diese in Form fragwürdiger Ostalgie-Shows zu beleben, mußte fehlschlagen. Von ehemaligen Bürgerrechtlern wurden sie abgelehnt, weil sie die DDR verharmlosen und von ihrem Charakter als Diktatur ablenken würden. In einer Hinsicht ist ihnen zuzustimmen: Es geht nur um die Steigerung von Einschaltquoten und nicht um einen realistischen Rückblick, zu dem allerdings auch die Bürgerrechtler nicht fähig sind.

In der pluralistischen Gesellschaft erheben sich kaum Stimmen, die bereit sind, Unterschiede in der Wahrnehmungsweise und den Erfahrungsmustern zwischen Ost und West als Komponente der Vielfalt zu deuten. Ihre Aufhellung, auch im Interesse der inneren Einheit, wird nicht unbedingt für wünschenswert gehalten.

Als ein Versuch Erinnerung zu löschen, ist der Umgang mit der DDR-Literatur anzusehen. Sie landete nicht nur auf dem Müll der Geschichte, sondern verschwand in vorausschauendem Gehorsam bereits in den letzten Tagen der DDR tatsächlich aus den Regalen der Buchhandlungen und Bibliotheken und bedeckte die Abfallhalden außerhalb der Städte und Ortschaften. Es wurde nach dem Grundsatz des bedeutungslosen Schriftstellers und "Bürgerrechtlers" Siegmar Faust verfahren. Nach seiner Ansicht blieb von der DDR-Literatur nur ein Misthaufen.

Zu dieser Verdrängungskultur gehört, daß auch international anerkannter DDR-Wissenschaftler nicht gedacht wird. So erfuhr beispielsweise der bedeutende Indologe Walter Ruben von der Berliner Humboldt-Universität im Jahre 1999 keine Würdigung aus Anlaß der Wiederkehr seines 100. Geburtstages. Vermutlich war der bereits 1982 Verstorbene zu staatsnah. Dem international geschätzten Indologen Klaus Mylius wurde auch 5 Jahre nach dem ihm zuerkannten Rabindranath-Tagore-Literaturpreis dieser unter fadenscheinigen Begründungen nicht überreicht. Der Wissenschaftler erklärte konsequenterweise seinen Austritt aus der Deutsch-Indischen-Gesellschaft. Des großartigen ostdeutschen Mimen Rolf Hoppe wurde aus Anlaß seines 75. Geburtstages nur in den Feuilletons ostdeutscher Zeitungen gedacht. Die flächendeckende Ausgrenzung der DDR-Intelligenz hat gezeigt, daß wissenschaftliche Leistungsfähigkeit nichts gilt gegenüber der Erfüllung des politischen Reinheitsgebotes.

Einen wichtigen Platz in der Erinnerungskultur nehmen Denkmale ein, die an bedeutsame Personen und Ereignisse der Geschichte erinnern sollen. Standen in der DDR Karl Marx, Friedrich Engels und Wladimir Iljitsch Lenin auf den Podesten (Stalin verschwand bereits nach dem XX. Parteitag der KPdSU), so waren es in der alten Bundesrepublik Kaiser Wilhelm II., Otto Fürst von Bismarck oder Konrad Adenauer. Waren Denkmale in der DDR revolutionären Ereignissen der Arbeiterklasse in der deutschen Geschichte oder Opfern des Nationalsozialismus gewidmet, so beherrschen in der alten Bundesrepublik Kriegerdenkmale das Erinnerungsbild. Trugen Kasernen der Nationalen Volksarmee die Namen von Opfern des kommunistischen Widerstands gegen die Nazi-Barbarei, so stehen an den Eingangstoren der Kasernen der Bundeswehr die Namen von Hitlers Generalen. Analog verhielt es sich bei den Straßennamen. Nach dem Anschluß wurde im Osten die in 40 Jahren gewachsene Erinnerungskultur getilgt und versucht sie auf die geschilderte Weise durch die westdeutsche zu ersetzen.

Der ostdeutsche Bürger soll sich an nie selbst erlebten Gedenktagen und Jubiläen von Ereignissen erwärmen, die ihm von der Politik präsentiert werden und solche der alten Bundesrepublik sind. Über die Skepsis, die dieser Art der Erinnerungskultur entgegen gebracht wird, kann nicht hinwegtäuschen, daß die in der Regel damit verbundenen Volksbelustigungen gern angenommen werden. Derartige Veranstaltungen kennt der Ostdeutsche zur Genüge aus DDR-Zeiten. Hinter der Fülle von "Events" steckt auch eine Philosophie der Mächtigen. Zbigniew Brzezinski, ehemaliger US-Präsidentenberater, meint, die Menschen, die man nicht mehr für den Arbeitsprozeß benötigt, sind durch *"Tittytainment"* abzulenken, d.h. durch betäubende Unterhaltung und ausreichende Ernährung bei Laune zu halten. Brot und Spiele waren schon im alten Rom das probate Mittel, um das Volk zu besänftigen. In der heutigen Gesellschaft beschränkt sich die Besänftigung der Volksseele auf die Spiele, Brot ist teuer. Dafür verspricht eine Vielzahl von Gewinnspielen dem am Rande der Armut Lebenden unermeßlichen Reichtum.

Natürlich sind die Erinnerungsmuster an den DDR-Alltag in verschiedenen Milieus unterschiedlich. Für manche sind die Jahre der DDR die goldenen Jahre. Andere erinnern sich nur an Unfreiheit und Unterdrückung. Es hängt die Art der Erinnerung auch von der Zeit ab, ob die frühen oder die späten Jahre der DDR berücksichtigt werden. Die Angehörigen des Mittelstands besaßen zudem andere Erinnerungen als die Arbeiter oder die wissenschaftliche Funktionselite. Die arbeiterliche Gesellschaft war durch Aushebelung der formellen Rangordnung und ihrer Ersetzung durch eine informelle ausgezeichnet. Dieses Verhältnis hat sich nach dem Anschluß wieder umgekehrt. Formelle und informelle Rangordnung stimmen wieder überein. Oben ist wieder oben und unten wieder unten. Es existiert wieder die aus heutiger Sicht Gott gewollte soziale Ordnung.

Die eigene Vergangenheit soll verdrängt und durch neue Inhalte ersetzt werden. Diese Vorstellung funktioniert so nicht, da mentale Prägungen sich nicht verdrängen oder austauschen lassen. Nur erlebte existentielle Bedrohung führt zu einem Bewußtseinswandel. Einer derartigen Gefährdung war in den letzten Jahren der DDR keiner ihrer Bürger ausgesetzt. Bodo Wenzlaff meint, bevor ein ostdeutscher Bürger sich der Vergangenheitsbewältigung stellt, sollte er sich vergewissern, wie die Dinge in der Altbundesrepublik gesehen werden. *"Anderenfalls wird er sich sagen lassen müssen, daß er noch nichts, aber auch gar nichts begriffen hat."* Es ist den Ostdeutschen zu empfehlen der freiheitlich-demokratischen Leitkultur von Edmund Stoiber zu folgen. Nur verschwommen definiert, reduziert sie sich anscheinend auf den Patriotismus und den Stolz ein Deutscher zu sein.

Das Resultat der neuen Erfahrungen ist im Osten eine zunehmend kritische Einstellung zu den Werten der bundesdeutschen Gesellschaft. Es erfolgt ein Erinnern an das, was in der DDR gerne als "Errungenschaften" bezeichnet wurde, ohne Sehnsucht nach einer Wiederherstellung des untergegangenen Staates und seines politischen wie wirtschaftlichen Systems zu haben. Die Freiheit verlor bei der Mehrheit der Ostdeutschen ihren ursprünglichen Glanz, und die Gleichheit nimmt wieder einen höheren Stellenplatz ein. Ebenso hat die Demokratie viel von ihrem ursprünglichen Schimmer verloren aufgrund der Erfahrung, daß die parlamentarische Demokratie dem Durchschnittsbürger keine Möglichkeit eröffnet auf die Politik, ihre Inhalte und Gestaltung Einfluß zu nehmen. Auch die hoch gepriesene Selbstbestimmung wird für den bedeutungslos, der nicht die Mittel besitzt, um diese zu verwirklichen. Im Gegenteil macht sich im Osten ein Gefühl der Fremdbestimmung breit.

Der Umgang mit DDR-Geschichte und die konservativ geprägte Erinnerungskultur, daran kann kein Zweifel bestehen, verhalten sich zum gesetzten Ziel der inneren Einheit kontraproduktiv.

Die gespaltene Gesellschaft

Der soziologische Begriff der Gesellschaft beinhaltet das Zusammenleben von Menschen in einem räumlich begrenzten Raum, ihre soziale Struktur und ihren Wertekanon. Die Gesellschaft stellt kein einheitliches Gebilde dar. Im Ergebnis ihrer Klassenstruktur ist sie stets gespalten. Die Kapitelüberschrift bezieht sich nicht auf diese Art der Spaltung, sondern soll auf Besonderheiten aufmerksam machen, die sich aus der Zusammenführung zweier Gesellschaften ergeben, die ihren Ursprung in divergenten politischen Systemen hatten. Dies war der Fall, als im Jahre 1990, ohne mentale Vorbereitung ihrer Bürger, beide deutsche Staaten zusammengefügt wurden. Die Trennungslinien in der Gesellschaft verlaufen in der Berliner Republik sowohl vertikal wie horizontal. Sie trennen Ost und West, aber auch arm und reich.

Staat und Gesellschaft verhalten sich bis zu einem gewissen Grad alternativ. Der Staat als Herrschaftsorgan mit den drei ihm unterstehenden Gewalten regelt durch Gesetze und Verordnungen mit Hilfe der Staatsdiener die formalen Beziehungen zwischen ihm und seinen Bürgern wie auch unter letzteren. Die Gesellschaft steht ihm einerseits als soziale Gemeinschaft der Staatsbürger gegenüber, andererseits bestehen zwischen Staat und Gesellschaft vielfältige Beziehungen. Letztere zeichnet sich durch eine Struktur aus, die von verschiedenen sozialen Schichten und Generationsfolgen bestimmt wird. Sie sind durch ein kompliziertes Beziehungsgeflecht miteinander verbunden, das scharfe Trennlinien ausschließt. In der pluralistischen demokratischen Gesellschaft bewegen sich mehrere um Macht und Einfluß konkurrierende Gruppen. Die soziale Struktur der Gesellschaft wird von vertikal strukturierten Schichten gebildet, die sich durch ihren Habitus, Bildungsstand, Besitz von Eigentum und ihrer Rangordnung innerhalb der Gesellschaft unterscheiden und horizontal Gemeinsamkeiten aufweisen.

Weniger Beachtung findet die Tatsache, daß sich in einer Gesellschaft im gleichen Zeithorizont verschiedene Generationen bewegen. Dieser Umstand war in vergangenen Zeiten weniger bedeutungsvoll. Die Gesellschaft bestand bei dem in der Vergangenheit niedrigen Durchschnittsalter der Menschen überwiegend aus den Angehörigen einer Generation, aus der sich die verschiedenen sozialen Schichten rekrutierten. Sie besaßen die gleichen sozialen Prägungen und Erfahrungen. Die Differenzen zwischen ihnen ergaben sich aus der Zugehörigkeit zu den unterschiedlichen sozialen Schichten und nicht aus ungleichen Zeithorizonten.

Die Generationsabfolge einer Gesellschaft hat sich im vergangenen Jahrhundert infolge der Erhöhung des Durchschnittsalters der Menschen grundsätzlich geändert. Zur gleichen Zeit leben jetzt in den entwickelten Industriestaaten drei Generationen, die im Ergebnis ihres Altersunterschiedes voneinander abweichende Erfahrungen besitzen und deren Erinnerungskultur sich auf jeweils andere Ereignisse bezieht. Aus diesem Nebeneinander ungleicher Generationen ergeben sich verschiedene Bewertungsmaßstäbe bei der Beurteilung der gleichen Sachverhalte. Die einen haben sie erlebt und bewerten sie, häufig emotionsgeladen, aus der persönlichen Erfahrung. Die anderen beurteilen sie aus einer persönlichen Distanz und gelangen rückblickend zu ganz anderen Einschätzungen, häufig verbunden mit Vorwürfen unterschiedlicher Art an die Vorgängergeneration. Die Folge sind Mißverständnisse und Unverständnis zwischen den Angehörigen der verschiedenen Generationen, gekennzeichnet als Generationskonflikte. Wichtiger als diese sind die Klassenkonflikte, die Politik und bürgerliche Wissenschaft zu leugnen versuchen.

In der DDR bestand trotz egalitärer Grundlagen keine monolithische Gesellschaft. Deshalb waren die Erwartungen, die sich bei den Bürgern der DDR mit der friedlichen Revolution verbanden, unterschiedlich. In der frühen Endphase der DDR ging es primär um Systemveränderungen mit mehr Demokratie und Freiheitsrechten und nicht um einen Systemwechsel. Auf Veränderungen drängte eine Minderheit, bestehend aus Bürgerrechtlern, dem kritischen Potential der SED und zahlreichen Angehörigen der Funktionseliten. Zwischen diesen drei Polen bestanden keine Verbindungen. Gegenseitiges Misstrauen verhinderte dies. Ein Großteil der übrigen Bevölkerung tendierte ebenfalls zu einem demokratischen Wandel und verband damit gleichzeitig die Erwartung auf eine bessere Befriedigung ihrer Konsumwünsche und die Eröffnung von Reisemöglichkeiten in westliche Länder. Für sie besaßen demokratische Rechte und Rechtsstaatlichkeit keine vordergründige Bedeutung.

Darüber hinaus hingen die Zukunftserwartungen neben der Zugehörigkeit zu einer bestimmten sozialen Schicht von der Generationszugehörigkeit ab. Die sich daraus ergebende Generationsspezifik erfährt in der Bewertung der Haltung der Ostdeutschen sowohl zur DDR als auch zur gegenwärtigen staatlichen Ordnung nur geringe Beachtung. Die Aufbaugeneration im Osten nach dem 2. Weltkrieg fühlte sich mehrheitlich der DDR verbunden. Sie besaß Demokratieerfahrung, hatte unmittelbaren Kontakt mit dem nationalsozialistischen Regime und stand noch in enger Beziehung zum Kapitalismus. Die Vereinigung der beiden deutschen Staaten gehörte im Ergebnis ihrer Erfahrungen nicht zu den erstrebenswerten Optionen, nachdem alle Einheitsbemühungen schon wenige Jahre nach dem Kriegsende als gescheitert zu betrachten waren. Sie, wie auch die nachfolgende Generation, die durch Übernahme von Verantwortung zur Festigung der DDR beitrug, stand dem realen Sozialismus zunehmend kritisch gegenüber. Sie äußerte jedoch keine öffentliche Systemkritik. Vielmehr wurde von den Vertretern dieser Generation eine Reform des Sozialismus angestrebt, da der Kapitalismus für sie keine Alternative darstellte. Entsprechende Auffassungen wurden von vielen Angehörigen der Funktionseliten vertreten wie z.B. Herbert Hörz. Diese Generation wurde in den Märzwahlen 1990 überstimmt; denn die Nachkriegsgeneration zeigte keine sehr enge Bindung zu ihrem Staat. Zunehmend fühlte sie sich durch die Politik von Partei und Regierung eingeengt und forderte mehr Freiheitsrechte. Sie stand einer Vereinigung aufgeschlossener gegenüber, wenn ein solches Ziel auch nicht öffentlich artikuliert werden konnte. Ihnen fehlten die Erfahrungen mit dem Nationalsozialismus. Aus dem Fernsehen filterten sie nur die Konsumwelt des Kapitalismus heraus und versagten sich den sozialkritischen Sendungen.

Die Propaganda der SED stieß nicht auf Zustimmung, da den Bürgern ein Bild von der DDR vorgespiegelt wurde, das im Ergebnis der eigenen Erfahrungen nicht der Realität entsprach. Konsum und Reisefreiheit waren die Maßstäbe dieser in der DDR geborenen und aufgewachsenen Generation

Es gehört nicht gerade zu den häufigen Beobachtungen, daß Vater und Sohn zur gleichen Zeit in Biographien ihr langes bzw. kurzes Leben in der DDR Revue passieren lassen. Lothar Bisky, Medienwissenschaftler und Vorsitzender der PDS und Jens Bisky, Redakteur bei der Süddeutschen Zeitung, demonstrieren, was mit Generationsunterschied zu verstehen ist, und daß auch die DDR-Gesellschaft einem Wandel unterlegen hat. Bei mancher Übereinstimmung ihrer Bewertung, besonders der letzten Jahre des ostdeutschen Staates, sind auch grundsätzliche Unterschiede zu erkennen.

Die Abhängigkeit der Sicht auf die DDR von der Generationszugehörigkeit reflektiert Christian Eger in seinem Beitrag "Mein kurzer Sommer der Ostalgie". Quintessenz der Ausführungen: Alles war schlecht. Aus seiner Sicht verständlich. 1966 geboren erlebte er die DDR in einer nicht mehr zu überbietenden geistigen Starre ohne erkennbare Bewegung, zerfallende Wohnquartiere und eine Partei, die mit Hilfe ihrer Staatssicherheit versuchte den zu brodeln beginnenden Kessel dicht zu halten. Trotzdem. Wer Krieg und Nationalsozialismus erlebt hat, die außerordentliche schwierige Anfangsphase der DDR, geprägt von Hoffnung und Enthusiasmus, mitgemacht hat, der die DDR in den Warschauer Pakt eingebunden sah und erlebte, wie ehemalige Mitglieder der NSDAP in die höchsten Positionen der Bundesrepublik aufstiegen, der mußte zwar begreifen, daß die DDR in den letzten Jahren ihrer Existenz die Berechtigung für diese verloren hatte und deshalb zu Recht zugrunde ging. Jedoch wird er der These "alles war schlecht" nicht zustimmen können, zumal wenn er nicht einem geschönten Erinnerungsbild anhängt sondern gemachten Erfahrungen. Diese brauchen einen Vergleich mit denen im vereinten Deutschland nicht zu scheuen.

In Zahlen ausgedrückt, waren es jeweils etwa 5–6% der Bevölkerung, die entweder aus innerer Überzeugung eine zustimmenden Haltung zur DDR einnahmen oder sie ebenso überzeugt ablehnte. Die Mehrheit der Gesellschaft setzte sich aus Durchschnittsbürgern mit einer loyalen Einstellung gegenüber der DDR und den Mitläufern zusammen, die einfach die ihnen gebotenen Vorteile mitnahmen, ohne daraus eine engere Beziehung zur DDR abzuleiten. Die beiden erst genannten Gruppierungen umfaßten zusammen etwa 10–12% der Bevölkerung. Sie waren entscheidend für die Stimmung in der Gesellschaft. Die Masse der Bevölkerung besaß auch in der DDR keinen bestimmenden Einfluß auf die Gesellschaft und ihre Gestaltung.

Mit der Herstellung der Einheit stellte sich die Frage, ob die unterschiedliche Struktur beider Gesellschaften erhalten bleibt und damit im vereinten Deutschland eine gespaltene Gesellschaft resultiert, oder eine Integration der Ostdeutschen in die bundesdeutsche Gesellschaft erfolgt.

Nach dem Anschluß an die Bundesrepublik Deutschland ging in den neuen Bundesländern die ehemals soziale Gleichheit schrittweise verloren. Es begann sich das aus der Vergangenheit bekannte und in der Bundesrepublik konservierte Bild der sozialen Differenzierung mit Herausbildung deutlich verschiedener Schichten darzustellen. Dieser Prozeß der sozialen Differenzierung wurde durch die Deindustrialisierung des Ostens und die hohe Arbeitslosigkeit beschleunigt und verlief geradezu im Zeitraffer. Hinzu kommen die im Vergleich zum Westen geringeren Einkommen und das weitgehende Fehlen von Eigentum und Vermögen. So hat sich zwar im Osten die Lebensqualität verbessert, aber bei weitem nicht für alle. Das Resultat ist eine sozial stark differenzierte Gesellschaft. Es besteht wieder eine breite Unterschicht, der es an den finanziellen Voraussetzungen mangelt, um am gesellschaftlichen und kulturellen Leben teilzunehmen, deren Kindern Bildungsmöglichkeiten und Studium weitgehend verschlossen bleiben und die nicht in der Lage sind, eine ausreichende Altersvorsorge zu treffen. Weiter hat sich eine schmale Mittelschicht herausgebildet, die an ihrem unteren Rand nur geringe Unterschiede zu den Unterschichten aufweist. Oben existiert eine nur kleine Oberschicht, deren Repräsentanten uneingeschränkt konsumieren, sich Luxusartikel leisten können, denen die Kulturlandschaft offen steht und deren Kinder an den Gymnasien eine entsprechende Ausbildung erhalten mit der Möglichkeit eines späteren Studiums und der berechtigten Aussicht auf einen Arbeitsplatz, der ein weitgehend sorgenfreies Leben ermöglicht. Im Unterschied zu den alten Bundesländern ist der Anteil der Reichen im Osten deutlich geringer und der der Armen erheblich größer. Ein Mittelstand konnte sich nur unvollkommen herausbilden.

Diese wieder zurückgekehrte soziale Differenzierung hat zu einer Spaltung der ostdeutschen Gesellschaft mit weitgehendem Verlust ihres ehemals solidarischen Verhaltens geführt. Es ist eine zunehmende Zersplitterung der Unterschichten zu beobachten, deren Mitglieder sich gegenseitig beargwöhnen und des Sozialmißbrauches bezichtigen. Aus der Gesellschaft der Gleichen ist wieder eine der Ungleichen geworden. Dies hat zur Folge, daß die Benachteiligten auf der einen Seite nicht die geringen Möglichkeiten der demokratischen Mitwirkung nutzen und sich demokratischen Wahlen verweigern. Auf der anderen Seite kehren sie ihren Unmut nicht gegen die Politik, sondern wenden sich meist gegen diejenigen, die auf der sozialen Stufenleiter noch tiefer stehen. Ihnen wird die Schuld am eigenen Elend angelastet. Das sind in erster Linie Ausländer, denen viele der Ostdeutschen in ihrem Leben nicht einmal begegnet sind.

Eine solche in sich ungleiche und uneinige Gesellschaft kommt der politischen Klasse nicht ungelegen; denn sie ist nach dem Grundsatz "divide et impera" leichter zu beherrschen. In den wieder entstandenen Unterschichten sind u.a. die Wurzeln gestiegener Kriminalität, von Drogenmißbrauch und Rechtsextremismus zu suchen. Insbesondere die Kinder aus diesen gesellschaftlichen Schichten sehen hoffnungslos in die Zukunft und werden leicht Opfer von ideologischen Rattenfängern, wenn sie arbeitslos und sich selbst überlassen auf den Straßen herumlungern.

Die gesellschaftliche Umstrukturierung in Ostdeutschland bestimmt die Einstellung der Menschen zur Bundesrepublik. Die Generation der Menschen, die in der DDR gelebt und sie erlebt hat, leitet ihre Bewertung der Bundesrepublik aus dem Vergleich beider Systeme ab. Die Generation in Ostdeutschland, die keine Erinnerungsbilder an die DDR besitzt, also die Generation der heute Zwanzigjährigen, vergleicht die Situation in Ostdeutschland nicht mit seiner Vergangenheit, sondern mit der in Westdeutschland und den Konsequenzen des sich vollziehenden Sozialabbaus. An dieser Stelle trifft sich die Generation der jungen Ostdeutschen mit den Vertretern der gleichaltrigen Generation in den alten Bundesländern.

Die Zahl derjenigen, die sich in die altbundesdeutsche Gesellschaft eingefügt hat, bleibt auch nach 16 Jahren gering. Es sind dies Angehörige der im Beruf verbliebenen Funktionseliten, die Leiter kleiner Unternehmen und ehemalige politische Funktionäre aus der mittleren Ebene der Blockparteien der DDR. Sie bewegen sich einflußlos in den gesamtdeutschen Gremien und Parteien und folgen kritiklos den Vorgaben der politischen Eliten Westdeutschlands.

Eine Mehrheit der Ostdeutschen verhält sich gegenüber der bundesdeutschen Gesellschaft zunehmend kritisch, wenn nicht ablehnend. Wolfgang Engler verweist darauf, daß sie sich überwiegend Ostdeutschland und weniger der Bundesrepublik verbunden fühlen. Verständlich, daß Beamte und Besserverdienende sich stärker mit der Bundesrepublik identifizieren. Im Gegensatz zu den Westdeutschen haben sich viele Ostdeutsche, unabhängig von ihrem sozialen Status, auch nach 16 Jahren ihr soziales Urteilsvermögen bewahrt, das nicht allein von der eigenen Position in der Gesellschaft bestimmt wird. Auch viele derjenigen, die zu den "Gewinnern" der Einheit gehören, haben ihr soziales Gewissen erhalten. Die soziale Welt wird nicht allein aus der eigenen beruflichen und gesellschaftlichen Position bewertet. Auch der Ostdeutsche, der das rettende Ufer erreicht hat, fühlt sich nicht in einer Umwelt wohl, in der neben ihm Menschen auf der sozialen Stufenleiter immer mehr abrutschen und um ihre soziale Existenz fürchten müssen. Er sieht auch die eigene Existenz bedroht. Das unterscheidet ihn von einer Mehrheit der Westdeutschen, denen das Interesse an ihren Mitmenschen weitgehend verloren gegangen ist, um so mehr, wenn es sich um Ostdeutsche handelt. Eigennutz rangiert vor Gemeinnutz. Die Bundesrepublik vereint nach dem Anschluß der DDR eine dualistische Gesellschaft, da System- und Sozialintegration in dem angeschlossenen Landesteil nicht übereinstimmen.

Es ist der Typ des Mitläufers in der DDR, der ohne allzu große Schwierigkeiten in der Bundesrepublik "angekommen" und bis in die höchsten politischen Funktionen aufgestiegen ist. Er identifiziert sich problemlos mit seiner neuen politischen und sozialen Umwelt und stößt auf keine Akzeptanzprobleme. Die Anpassung gelingt bei ihm ohne Schwierigkeiten, weil eine engere mentale Bindung zur DDR nicht bestand und die nach dem Anschluß eintretenden Veränderungen einen sozialen Aufstieg mit materieller Absicherung bedeuteten. Zu diesem Kreis gehören z.B. die Ministerpräsidenten von Thüringen und Brandenburg, Dieter Althaus und Matthias Platzeck, die CDU-Vorsitzende und Kanzlerin Angela Merkel sowie der Bundestagsvizepräsident Wolfgang Thierse. Sie können gewiß nicht zu den Oppositionellen, Widerstandskämpfern oder Opfern gerechnet werde. Vielmehr hatten sie sich unauffällig in das politische System der DDR eingefügt. Erst nach der friedlichen Revolution entdeckten sie für die Öffentlichkeit ihren Widerstandswillen. Ihre DDR-Sozialisation haben sie abgestreift und entsprechen in ihrem Denken und Handeln der altbundesdeutschen Politikerklasse.

Dieter Althaus läßt ein besonderes Politikerverständnis erkennen, wenn er Siegfried Scherer, Autor des umstrittenen Buches "Evolution – ein kritisches Lehrbuch", zu einer Veranstaltung einlädt, in der es um die Infragestellung der Evolutionstheorie und ihren Ersatz durch den Kreationismus geht. Hier mißbraucht der Ministerpräsident von Thüringen sein politisches Amt zur Unterstützung einer wissenschaftsfeindlichen Theorie, die er im Interesse einer "wertorientierten Bildung" für wichtig hält.

Wie Jürgen Leinemann wiedergibt, wurden diese Ostpolitiker von den aktiven Bürgerrechtlern abfällig als "Novemberrevolutionäre" tituliert, die sich erst einbrachten, als dies gefahrlos für ihre Person geschehen konnte. Gerhard Zwerenz bezeichnet sie als Spät-Dissidenten und machte in diesem Zusammenhang darauf aufmerksam, daß das Erstgeburtsrecht des Widerstandes nicht ihnen, sondern der SED-Opposition zukommt, deren Vertreter für viele Jahre in die Gefängnisse der DDR wanderten. Sie sind für die heutige Gesellschaft von geringem Interesse, da sie in ihrer Mehrheit, trotz der erlebten Repression, an ihrer sozialistischen Überzeugung festhalten. Nur bei Robert Havemann wird versucht, ihn als Antikommunisten zu instrumentalisieren. Doch trotz seiner entschiedenen Gegnerschaft zur DDR blieb er seiner sozialistischen Grundüberzeugung treu. So trat er nicht aus der SED aus, wie verschiedentlich behauptet, sondern er wurde aus der Partei ausgeschlossen. Trotzdem lassen die Ergebnisse der Recherche von Silvia Müller und Bernd Florath keinen Zweifel an dem menschenrechtswidrigen Umgang mit diesem Wissenschaftler, der knapp dem Tod durch die Nazis entkommen war. Ihn rettete nur die Gnade der "frühen Geburt", vor der sozialen Ausgrenzung aufgrund seiner Tätigkeit für das Ministerium für Staatssicherheit in den frühen Jahren der DDR.

Mit der Vereinigung ist auch ein Verlust der kulturellen Eigenheiten in der ostdeutschen Gesellschaft zu verzeichnen. Die Kultur im Osten wurde aus westdeutscher Sicht als Staatskultur eingeordnet mit der Annahme, daß diese mit dem Untergang des Staates verschwinden wird. Im Ergebnis dieser Fehleinschätzung bestehen in der Bundesrepublik gegenwärtig zwei Kulturen. Die beiden neuen Teilgesellschaften erweisen sich auch unter diesem Aspekt als ungleich. Im Osten finden sich protestantisch-preußische Spuren und die Ostkultur ist als Nebeneinander von Regionalkulturen zu begreifen. Die kulturelle Einheit wird auch dadurch erschwert, daß die Ostdeutschen keine eigene Öffentlichkeit besitzen. Folgende Beziehungskomplexe werden von Dieter Mühlberg benannt, welche die kulturellen Eigenheiten der Ostdeutschen auszeichnen:

1. Entwertung der eigenen Arbeit mit der wieder gekehrten Macht des Geldes, der bisher nicht erlebte Kontrast zwischen arm und reich, die Zurücksetzung der Frauen und die Unsicherheit der eigenen Existenz.
2. Bestehende Orientierungsschwierigkeiten im institutionellen Gefüge der Bundesrepublik, Skepsis gegenüber der Vertretungsdemokratie sowie eine Distanz zu Parteien.
3. Hinzu kommen mentale Verstimmungen und Irritationen des Alltagslebens, der Druck und die Hektik im Arbeitsleben sowie der erlebte Hang zur Selbstdarstellung der Westdeutschen

Ein demokratisch organisiertes Gemeinwesen bedarf zur Sicherung seiner Existenz auf der einen Seite des bürgerfreundlichen Staates mit seinen Institutionen und auf der anderen einer funktionierenden Zivilgesellschaft. Als Ausdruck eines Antietatismus entzieht sich diese so weit wie möglich der staatlichen Reglementierung. Zwar wird sie von politischen und ökonomischen Strukturen durchzogen, doch versucht die Zivilgesellschaft ihre Unabhängigkeit und Handlungsfreiheit gegenüber staatlichen und wirtschaftlichen Vorgaben zu bewahren. Sie bestimmt das geistige und kommerzielle Leben der Bürgergemeinschaft und beeinflußt entscheidend den demokratischen Gestaltungsprozeß an der Basis. Gegenüber der vom Staat und von den Parteien formalisierten Demokratie versucht sie diese zu beleben, indem sie sich gegen die Allmacht des Staates wendet und sich zugleich um die Demokratisierung der zwischenmenschlichen Beziehungen bemüht. Ihre wichtigsten Kriterien sind die Fähigkeit zur Selbstorganisation, Bürgersinn, Pluralismus, Meinungs- und Vereinigungsfreiheit sowie Toleranz.

Die Zivilgesellschaft orientiert sich an gemeinsamen Werten, die dazu beitragen, den Zusammenhalt innerhalb der Zivilgesellschaft zu gewährleisten. So stellt sich das zumindest in der Theorie dar. In der Praxis gestalten sich die internen Wechselbeziehungen in dem Kokon Zivilgesellschaft komplizierter. Ihre Bürger gehören differenten sozialen Schichten an mit unterschiedlicher Bedeutung für das Leben innerhalb der Zivilgesellschaft. Wir begegnen an dieser Stelle erneut der Unterscheidung zwischen Ober-, Mittel- und Unterschichten. Die Oberschichten sind von besonderer Bedeutung. Als hegemoniale Gruppe üben sie einen entscheidenden Einfluß auf den Gegenstand und die Vermittlung des Wertekanons aus. Dieser entspricht in all seinen Details durchaus nicht den Vorstellungen der übrigen sozialen Schichten.

Grundlage für das Funktionieren einer Zivilgesellschaft ist eine Vereinskultur. Sie wird vorwiegend von Angehörigen des Mittelstands getragen, als Voraussetzung für zwischenmenschliche Beziehungen und Kommunikation. Damit trägt sie zur Stabilität einer Gesellschaft bei. Die Angehörigen der Ober- und Mittelschichten organisieren sich in den Verbänden entsprechend ihren Interessen. Als Beispiele sei auf Sportvereine, Jagdvereine, Karnevalsvereine, Chöre und Trachtengruppen verwiesen. Innerhalb dieser vollzieht sich ein reges Vereinsleben. Nicht zu vernachlässigen sind die Bürger, die sich unter dem Dach der Kirche organisieren. Die Zivilgesellschaft stellt zugleich die Basis für interpersonelle Netzwerke, sogenannte Seilschaften dar, die für das Funktionieren von Staat und Gesellschaft auf der einen Seite unerläßlich sind, auf der anderen der Gefahr der Bildung eines schwer zu entflechtenden "Filzes" unterliegen.

Von besonderer Bedeutung sind die mit einer spezifischen Zielstellung gebildeten Bürgerinitiativen. Im Gegensatz zu den vorstehend genannten Vereinen liegen ihre Aktivitäten auf politischem Gebiet, wobei häufig Konfliktsituationen zum Staat und zur Politik vorgezeichnet sind. Diese Gruppierungen befassen sich insbesondere mit Umweltproblemen, und auch die Atomgegner organisieren sich zu Verbänden Gleichgesinnter. Sie stoßen beim Staat und den Parteien durchaus nicht auf Gegenliebe und sehen sich Pressionen ausgesetzt.

In den benannten Vereinigungen sind vor allem Bürger der gehobenen Mittelschichten aktiv, die in der Regel ihre Vorstände stellen. Durch ihre Aktivitäten leisten die Bürger der Zivilgesellschaft einen wichtigen Beitrag zu einer funktionierenden Demokratie. Weitgehend ausgeklammert aus diesem Leben sind die Angehörigen der Unterschichten, die sich am Rande der Zivilgesellschaft bewegen. Ihnen fehlen die notwendigen finanziellen und mentalen Voraussetzungen, um am gesellschaftlichen Leben teilzunehmen. Für diese Menschen interessieren sich weder Staat und Wirtschaft noch die mittelständische Gesellschaft.

In den neuen Bundesländern existiert die vorstehend beschriebene Zivilgesellschaft nur unvollkommen. Hierfür sind drei Gründe zu benennen:
- Die unvollkommenen Ansätze einer Zivilgesellschaft in der DDR, vielleicht als partielle Zivilgesellschaft zu bezeichnen, wurden mit dem Anschluß an die Bundesrepublik zerstört und konnten keine Kristallisationskerne für eine sich bildende Zivilgesellschaft darstellen.
- Es fehlen die meinungsbildenden Eliten und eine starke Mittelschicht.
- Die von den Ostdeutschen geforderte und auch erbrachte Mobilität stellt ein störendes Element für die Herausbildung einer Zivilgesellschaft dar.

In der DDR existierte eine Zivilgesellschaft in dem beschriebenen Sinne nicht. Zwar gab es zahlreiche Vereinigungen mit einem regen gesellschaftlichen Leben und zwischenmenschlicher Kommunikation. Doch waren sie nicht selbst organisiert, sondern staatlich vorgegeben. Zu diesen gehörten z.B. Hausgemeinschaften, Gartengemeinschaften und Betriebsbrigaden, die die Menschen aus den verschiedensten Anlässen zusammenführten. Generationsbezogen sind Jugendklubs und die Tätigkeit der Volkssolidarität zu nennen. Auch der Kulturbund und bestimmte Sparten der Gesellschaft für Sport und Technik trugen zur Gestaltung und Festigung der Beziehungen zwischen den Menschen bei. Die freiwillige Feuerwehr stellte ebenfalls einen Kristallisationspunkt dar. Was es nicht gab, waren Bürgerinitiativen mit einer politischen Zielstellung. Umweltinitiativen waren nur im Ansatz vorhanden.

In diesem gesellschaftlichen Kontext bestand ein grundsätzlicher Unterschied zu Polen und der CSSR. In diesen Ländern begannen sich bereits 1968 Strukturen einer politisch orientierten Zivilgesellschaft herauszubilden, die die weitere Entwicklung in ihren Ländern wesentlich beeinflußte, wie z.B. Solidarność in Polen oder die Charta 77 in der Tschechoslowakei. In diesem Prozeß erfolgte eine Annäherung zwischen kultureller und wissenschaftlicher Intelligenz mit einem gleichzeitigen Bruch zwischen der Mehrheit der Intelligenz und der herrschenden kommunistischen Partei, der in der DDR nicht vollzogen wurde.

Erst zum Ende der DDR begannen sich unter dem Schutz des Kirchendachs Bürgerrechtsgruppen mit politischen Zielen zu organisieren. Aus ihnen gingen schließlich die "Runden Tische" hervor, die im Leben der zum Untergang verurteilten DDR eine prägende Rolle spielten. An diesen saßen die Vertreter der unterschiedlichsten politischen Strömungen, denen es um grundsätzliche Wandlungen im Lande und die Beseitigung des Machtmonopols der SED ging.

Diese selbstbestimmte Entwicklung brach nach dem Anschluß der DDR abrupt ab. Die vorstehend benannten Ansätze zivilgesellschaftlicher Strukturen sind entweder spontan weggebrochen oder wurden beseitigt. So bildet sich eine Zivilgesellschaft in Ostdeutschland nur sehr mühevoll und unvollkommen heraus. Ihre Entwicklung wurde auch dadurch gehemmt, daß die zivilgesellschaftlichen Ansätze der untergehenden DDR nicht den Vorstellungen der bundesdeutschen politischen Eliten entsprachen. Sie enthielten zu viel Basisdemokratie und entzogen sich weitgehend dem Einfluß von Parteien.

Auf die Bedeutung von Intellektuellen für den Bestand einer Zivilgesellschaft machten ehemals aus Deutschland emigrierte Wissenschaftler in einem Memorandum aufmerksam, wenn sie feststellen, daß *"... in den neuen Bundesländern eine die Zivilgesellschaft tragende intellektuelle Bevölkerungsschicht kaum mehr wahrnehmbar ist"*. Die Gründe hierfür werden in der rigorosen Entfernung der ostdeutschen Intellektuellen gesehen sowie in der Tatsache, daß die neu importierte westdeutsche Führungsschicht und die Mehrheit der ostdeutschen Bevölkerung einander fremd sind.

Den transferierten Eliten aus den alten Bundesländern fehlt der Kontakt zu den Menschen in ihrem Wirkungsfeld. Die Bereitschaft zur Assimilation, eine wesentliche Voraussetzung für eine engere Beziehung zu den Menschen, ist überwiegend nicht vorhanden. Daran hindert der Umstand, daß ihre Familien vielfach ihren Wohnsitz in den alten Bundesländern behalten, und die Familienvorstände nur an den Wochentagen an ihren Arbeitsorten weilen.

In ihren leitenden Funktionen erzeugen sie, zwar oft ungewollt, durch die Art und Weise ihres Auftretens bei ihren Untergebenen das Empfinden von Arroganz. Dieser Eindruck erwächst aus ihrem Selbstbewußtsein und spürbarem Überlegenheitsgefühl. Den Schwierigkeiten, mit denen ihre Untergebenen zu kämpfen haben, bringen sie kein oder nur ein geringes Verständnis entgegen. So wirken diese Führungskräfte nicht als Multiplikationsfaktor für Wertevorstellungen, sondern der Elitenimport stellt eher ein Hemmnis für die Herausbildung einer Zivilgesellschaft dar. Es fehlt die soziale Kompetenz, die nicht durch die fachliche ersetzt werden kann. Dies verursacht bei den Ostdeutschen Ablehnung, inneren Widerstand und Mißtrauen gegenüber den westdeutschen Eliten. Der Osten wurde durch die Politik gleichsam enthauptet und seiner geistigen Träger beraubt. Sie fehlen für das Wirken einer Zivilgesellschaft und sind nicht durch die aus den alten Bundesländern importierten Eliten zu ersetzen.

Die für das Vereinsleben wichtigen Angehörigen der Mittelschicht haben sich in den neuen Bundesländern in nur geringer Zahl etabliert. Zwar wurden durch sie Vereine und Bürgerinitiativen gegründet. Ihre personelle Basis ist jedoch außerordentlich begrenzt, und es konnten keine umfassenden Beziehungen zu dem Menschen in den Gemeinden aufgebaut werden. Die im Osten besonders starke Unterschicht lebt am Rande der zivilgesellschaftlichen Strukturen und kann an ihrem Leben nicht teilnehmen.

Schließlich stellt die von den Ostdeutschen geforderte und auch erbrachte Mobilität ein wichtiges Hemmnis für die Entwicklung einer Zivilgesellschaft dar. Zu Hunderttausenden bewegen sie sich gen Westen zu ihren Arbeitsplätzen. Damit lockern sich zwangsläufig die Beziehungen zu dem familiären und sozialen Umfeld ihrer Heimatorte. Für das Leben in Vereinen und die Teilnahme an Bürgerinitiativen stehen sie nicht zur Verfügung. Es sind überwiegend die Grauhaarigen, die hier das Regiment führen.

Das Resultat ist im Osten eine nur wenig entwickelte Zivilgesellschaft. Da diese von grundsätzlicher Bedeutung für die Stabilität eines Staatswesens ist, existiert somit in den neuen Ländern eine weitgehend instabile Gesellschaft, anfällig gegenüber äußeren Störungen und die Stabilität der Bundesrepublik gefährdend.

Mit dem Anschluß der DDR an die Bundesrepublik stellt sich deshalb die Frage, ob dieser zu einer einheitlichen Gesellschaft in Gesamtdeutschland geführt hat. Ihre Beantwortung ist deshalb wichtig, weil eine einheitliche Gesellschaft in den beiden Landesteilen die entscheidende Voraussetzung für die innere Einheit darstellt. Die Antwort muß nein lauten. Gegenwärtig haben wir es in Deutschland mit einem einheitlichen Staat, aber mit einer dualistischen Gesellschaft zu tun. Um einen modernen Terminus zu gebrauchen, handelt es sich um zwei deutsche Parallelgesellschaften. Zwar hat sich die Struktur der Gesellschaft im Osten unter dem auf sie von außen ausgeübten Druck der in den alten Bundesländern angepaßt. Doch ist die Verteilung der Menschen auf die verschiedenen Bevölkerungsschichten quantitativ eine andere als in den alten Bundesländern. Noch bedeutungsvoller ist die Tatsache, daß der Wertekanon der ostdeutschen Teilgesellschaft sich in wesentlichen Teilen von dem der Westdeutschen unterscheidet.

Die mißglückte innere Einheit

Der Weg zur staatlichen Einheit nach Übernahme der Regierungsgewalt in der DDR durch die CDU beeinflußte auch die Stimmung der politischen Eliten in der alten Bundesrepublik. Eine über 40 Jahre in das Reich der Utopie gehörende, immer wieder neu beschworene Hoffnung, war Realität geworden. Die äußere Einheit fiel der Bundesrepublik in den Schoß, ohne daß sie im Vorfeld etwas Entscheidendes dazu beigetragen hätte. Die Ernüchterung setzte erst nach der Einheitseuphorie ein, als der weitere, dem Selbstlauf überlassene Prozeß der Vereinigung sich nicht so gestaltete wie erwartet. Die Herstellung der inneren Einheit erwies sich als problematisch. Trotzdem werden die bestehenden Defizite verharmlost oder ganz übersehen. Unbegründeter Optimismus beherrscht unverändert die offizielle politische Szene.

Nach 16 Jahren ist die innere Einheit von ihrem Ziel weiter entfernt denn je. Das entspricht nicht den Erwartungen der politischen Klasse der Bundesrepublik. Zugleich unterstreicht diese enttäuschte Hoffnung, daß die politisch Verantwortlichen sich keine ernsthaften Gedanken zu den positiven wie negativen Faktoren gemacht hatten, denen die Herstellung der inneren Einheit unterliegt; denn die innere Angleichung zwischen Anschließern und Angeschlossenen ist ein komplexer und komplizierter Vorgang. Er muß fehl laufen, wenn er dem Selbstlauf überlassen bleibt.

Vom Erfolg trunken und in Fehleinschätzung der Verbrüderungsszenen zwischen den Menschen aus Ost und West in den ersten Tagen und Wochen nach dem Fall der Mauer am 9. November 1989, glaubten die bundesdeutschen Politiker, hofiert von der sogenannten öffentlichen Meinung, daß im Ergebnis der staatlichen Vereinigung in kürzester Frist nicht nur eine totale Restauration kapitalistischer Verhältnisse erfolgen, sondern sich ebenso komplikationslos eine einheitliche Gesellschaft herausbilden würde.

Die äußere Angleichung der neuen an die alten Bundesländer ist seit mehr als 10 Jahren abgeschlossen. Demgegenüber wartet die innere Angleichung, die innere Einheit, immer noch auf ihre Vollendung, deren Zeitpunkt gegenwärtig nicht abzusehen ist. Als Klammer für die innere Einheit reicht die Anerkennung des Grundgesetzes nicht aus, wenn Verfassungstext und Verfassungswirklichkeit nicht übereinstimmen. Sie kann erst dann als erreicht gelten, wenn in beiden Landesteilen gleiche Lebensverhältnisse herrschen. Diese sind nicht allein auf die materiellen Lebensbedingungen zu reduzieren.

Darüber hinaus setzt die innere Einheit eine übereinstimmende Identität und die Anerkennung des gleichen Wertekanons, ein von beiden Seiten anerkanntes Geschichtsbild von der DDR und eine einheitliche Erinnerungskultur, eine im staatlichen Hoheitsgebiet funktionierende einheitliche Zivilgesellschaft und eine rechtliche Gleichstellung der Menschen in den neuen Bundesländern voraus.

Bei aller Freude über den erfolgreichen Vollzug der äußeren Einheit, wird diese durch die weiter bestehende und sich verstärkende innere Zwietracht getrübt. Diese Tatsache ist nicht nur eine unangenehme Begleiterscheinung eines ansonsten gelungenen Vorgangs, sondern für die weitere Entwicklung in Deutschland von grundsätzlicher Bedeutung. Die innere Einheit ist eine entscheidende Voraussetzung für die Bewahrung des inneren Friedens im Land. Fritz Stern bemerkte in seiner Dankesrede aus Anlaß der Verleihung des Friedenpreises des Deutschen Buchhandels: *"Die innere Wiedervereinigung, das ist die Vorbedingung für politische Stabilität in der neuen Republik."* Und an anderer Stelle: *"Wir haben den Totalitarismus überwunden und damit den Feind verloren, der uns sozusagen automatisch unserer Tugend versicherte."* Dieser Verlust des Feindes verleitet zum politischen Leichtsinn. Immerhin hat Joachim Gauck begriffen, daß die Integration der Ostdeutschen so lange schwierig bleiben wird, wie es nicht gelingt eine Arbeitswelt in Ostdeutschland zu schaffen, in der die Menschen ihren Platz und ihre Befriedigung finden.

Die Hindernisse für die innere Einheit reichen an ihren Beginn zurück und setzten bereits mit den ersten demokratischen Wahlen im März 1990 ein. Zwar waren sie von einer Mehrheit der Ostdeutschen gewollt und zeichneten sich durch eine hohe Wahlbeteiligung aus, wie sie in allen nachfolgenden Wahlgängen nicht mehr erreicht wurde. Trotzdem wurden schon damals bei zahlreichen Wählern durch die massive Einflußnahme aus dem Westen erste Gefühle einer erneuten Fremdbestimmung geweckt.

Das Empfinden betrogen worden zu sein, verstärkte sich mit den Erfahrungen der Transformations- und Transfergesellschaft. Dieser Umgestaltungsprozeß führte nicht in die versprochenen und ersehnten blühenden Landschaften. An Stelle dieser virtuellen Landschaften traten in der Realität verödete Regionen. Deindustrialisierung und Massenarbeitslosigkeit bestimmen die Lebensverhältnisse im Osten. Statt einer Annäherung der Lebensverhältnisse zwischen den alten und den neuen Bundesländern blieben diese nicht nur unterschiedlich, sondern verschlechterten sich im Osten.

Wenn, wie es der 1994 entsprechend geänderte Artikel 72 des Grundgesetzes zum Ausdruck bringt, gleichwertige statt einheitliche Lebensverhältnisse angestrebt werden, so läßt diese Formulierung einen breiten Interpretationsspielraum offen. Diese Änderung des Grundgesetzartikels ist besonders für Ostdeutschland bedeutsam.

Lebensverhältnisse beinhalten die äußeren Bedingungen unter denen Menschen ihr Leben gestalten. Zu ihnen gehören nicht nur die materiellen, sondern auch die geistigen Lebensbedingungen. Sie bestimmen die Lebensweise, bzw. den Lebensstil, d.h. die Art und Weise wie der Mensch versucht, Lebensverhältnisse und individuelle Ansprüche zusammen zu führen. Die Lebensverhältnisse umfassen u.a. die Gesundheitsversorgung, Bildung und Erziehung, Arbeitswelt, Teilnahme am kulturellen und gesellschaftlichen Leben sowie Sicherheit und Recht. Die Relation von Einkommen zu den Lebenshaltungskosten ist ein Gradmesser für die Güte der Lebensverhältnisse.

Die bestehenden unterschiedlichen Lebensverhältnisse in Ost und West wurden vom Bundespräsidenten Horst Köhler bestätigt. Er setzt sie mit den Differenzen zwischen Nord und Süd in den alten Bundesländern gleich. Mit dieser Gleichsetzung reiht sich der Bundespräsident in die Reihe derjenigen ein, welche die Differenzen zwischen Ost und West zu bagatellisieren versuchen. Doch nimmt er offensichtlich nicht den qualitativen Unterschied wahr. Die Differenzen zwischen Nord und Süd sind historisch gewachsen und bedrohen nicht die innere Einheit, wie es bei denen zwischen Ost und West der Fall ist. Diese sind nicht das Resultat eines historischen Prozesses, sondern durch ein akutes Ereignis ausgelöste soziale, ökonomische und mentale Unterschiede. Der Gegensatz zwischen den alten und neuen Bundesländern ist ein struktureller.

Im Gegensatz zu derartigen Erklärungsmustern bewertet Peter Bender den Ost-West-Unterschied anders als den zwischen süddeutschen Katholiken und norddeutschen Protestanten. Diese Verschiedenheit betrifft aus seiner Sicht nicht den Wertekanon der Gesellschaft, sondern solche Abweichungen, die in der historischen Entwicklung zu suchen sind. Nach der Auffassung von Bender bedeutet innere Einheit nicht Gleichmacherei, sondern Respekt vor den Unterschieden. Dem ist zuzustimmen, aber wo bleibt der Respekt? Es müssen nach Ansicht von Peter Bender die Unterschiede überwunden werden, die zu Gegensätzen wurden. Bis dahin ist es noch ein weiter Weg.

Aus seiner Zustandsbeschreibung leitet der Bundespräsident nicht die an sich selbstverständliche Forderung an Politik und Wirtschaft ab, die Ursachen für die unterschiedlichen Lebensverhältnisse zu beseitigen. Im Gegenteil sollten sie nach seiner Auffassung nicht eingeebnet werden, was einer verklausulierten Absage an den "Aufschwung Ost" gleich kommt. Seiner Meinung ist auch deshalb entschieden zu widersprechen, weil ein Mindeststandard der Lebensverhältnisse nicht nur ein soziales Recht ist, wie Paolo Flores D'Arcais hervorhebt, sondern die Voraussetzung für eine funktionierende Demokratie. Horst Köhler erweist sich nicht als der Bundespräsident aller Deutschen, wenn er in seiner Rede beim Arbeitgeberforum "Wirtschaft und Gesellschaft" ausführt: "*Wir brauchen einen modernen Sozialstaat, der mit einer nachhaltigen öffentlichen Fi-*

nanzwirtschaft vereinbar ist." Diese Aussage überrascht nicht, wenn bedacht wird, welchen beruflichen Weg Horst Köhler vor seiner Wahl zum Bundespräsidenten genommen hat. Er entpuppt sich immer mehr als ein Bundespräsident der Wirtschaft.

Es kann doch nicht Ziel zukünftiger Politik sein, in den benannten Bereichen Ungleichheit walten zu lassen. Ebenso wichtig wie die ungleichen Lebensverhältnisse, die die Menschen vor allem im Osten bewegen, ist es ihre Ungleichbehandlung, die sie zunehmend Ablehnung des bestehenden politischen Systems artikulieren läßt. Die Aufgabe des Sozialstaatprinzips verstärkt die Ungleichheit zwischen den Menschen. Mehr Ungleichheit bedeutet mehr Unfreiheit, die eben nicht nur ideologisch, sondern auch ökonomisch verursacht sein kann.

Ebenso kontraproduktiv verhält sich der Aufruf des Bundespräsidenten an die Ostdeutschen, sich mehr anzustrengen und Mobilität zu beweisen. Dieser Appell geht an der Realität vorbei und fördert die Politikerverdrossenheit der Ostdeutschen statt sie abzubauen. Wenn bei der Suche nach Arbeit größere Mobilität gefordert und diese von Hunderttausenden ostdeutscher Arbeitnehmer auch erbracht wird, so lassen die Verantwortlichen und der Bundespräsident die Enge ihres kognitiven Fensters erkennen, wenn sie sich der daraus ergebenden Langzeitfolgen nicht bewußt sind bzw. diese Erkenntnis verdrängen.

Die innere Stabilität einer Gesellschaft und damit des Staates wird u.a. auch durch die Verbundenheit der Menschen untereinander und zu ihrer unmittelbaren Heimat mit den dort geschlagenen Wurzeln gewährleistet. Diese trocknen zunehmend aus, wenn die räumliche und zeitliche Distanz zwischen Arbeitsplatz und heimatlichem Umfeld einen kritischen Wert überschreitet, und die familiären und zwischenmenschlichen Bande darunter bis zum Zerreißen leiden. Allgemein gültige Werte und soziale Bindungen verlieren mit zunehmender Flexibilität und Mobilität ihre Bedeutung. Soziale Beziehungsstrukturen werden aufgebrochen und gehen verloren. Das Resultat ist eine Gesellschaft der Vereinzelten ohne in die Tiefe gehende zwischenmenschliche Kommunikation. Die Folge sind Spannungen innerhalb der Gesellschaft und der Familie. Es besteht nur noch ein lockerer, fragiler Zusammenhang zwischen den Menschen und

Gruppen mit gesteigerter Anfälligkeit gegenüber äußeren Störfaktoren. Derartige Wechselbeziehungen werden in der Öffentlichkeit nicht diskutiert, weder von den Politikern, den Wissenschaftlern oder in den zahlreichen Talkshows. Beschrieben wird die zunehmende Zahl von Singles in Ost und West, unbeachtet bleiben die Gründe dieser Entwicklung und ihre sozialen Konsequenzen für Staat und Gesellschaft.

Zwar gaben in den vergangenen Jahren aufgrund soziologischer Untersuchungen 50% der Ostdeutschen an, daß sich ihre materielle Situation verbessert hat. Diese Bewertung steht im Widerspruch zu ihrem negativen Urteil über Politik und Gesellschaft. Dieses Verhalten unterstreicht, daß Zufriedenheit mit der individuellen Situation nicht mit der Bewertung der gesellschaftlichen Lage übereinstimmen muß. Lebenszufriedenheit und Systemzufriedenheit unterliegen unterschiedlichen Beurteilungen, die sich bei einer Mehrheit der Befragten nicht entsprechen.

Gerade die Ostdeutschen haben sich nach ihren Erfahrungen mit und in der DDR einen Blick für das Ganze bewahrt. Lebenszufriedenheit begründet sich nicht allein auf die eigenen Lebensumstände, sondern schließt auch die allgemeine Wohlfahrt ein. Diese beiden Faktoren bedingen im Osten ein Spannungsfeld, das trotz persönlichen Wohlergehens Unzufriedenheit verursacht. Es gilt ergänzend zu beachten, daß Lebens- und Systemzufriedenheit in einem stadialen sowie gruppen-, geschlechter- und generationsspezifisch unterschiedlichen Spannungsverhältnis zueinander stehen. Damit lassen sich voneinander abweichende Aussagen erklären. Von Bedeutung ist ebenfalls der individuelle Wertekanon, der im Widerspruch zu den Werten des politischen Systems stehen kann. Wer z.B. den sozialen Freiheitsrechten die Priorität einräumte, konnte seinen Frieden mit der DDR schließen und muß der Bundesrepublik kritisch gegenüber stehen.

Auch äußere Faktoren, die der inneren Einheit entgegenstehen, sind nicht zu vernachlässigen. Im Gegensatz zu den Erwartungen der Menschen in Ostdeutschland und den Beteuerungen der Politiker erfolgte mit dem Untergang der sozialistischen Staatengemeinschaft keine globale Stabilisierung des Friedens. Bisherige Werteorientierungen in den internationalen Beziehungen sind verloren gegangen. Selbst das Völkerrecht besitzt keinen bindenden Charakter mehr. Der Krieg stellt nicht mehr das letzte Mittel einer gescheiterten Politik dar, sondern er tritt an Stelle von Politik und Diplomatie. Das Auftreten der übrig gebliebenen Hegemonialmacht USA, das nicht von Friedensliebe gekennzeichnet ist, beeinflußt ebenfalls die Herausbildung der inneren Einheit. Stärker als bei Westdeutschen, und natürlich den Politikern, stoßen die USA im Osten auf Ablehnung. Die von den USA bevorzugte kriegerische Lösung von Konflikten auf der Grundlage eines brisanten Gemenges von arroganter Großmannssucht, religiösem Sendungsbewußtsein und militärischer Überlegenheit wird von breiten Schichten der Bevölkerung im Osten nicht nur abgelehnt, sondern verurteilt. Gewalt als Mittel zur Durchsetzung von Freiheit und Demokratie stößt auf absolutes Unverständnis. In diesem Kontext ist zu vermerken, daß nicht Antiamerikanismus das Denken der Ostdeutschen prägt, sondern die Ablehnung der US-Administration und ihrer Weltherrschaftsansprüche.

Die Problematik der inneren Einheit beschäftigt auch die Sozialwissenschaft. Das Ergebnis ihrer Untersuchungen stellt sich, wie in jeder Wissenschaft üblich, gegensätzlich dar. Im Unterschied zu den Naturwissenschaften fehlen die harten Daten, die durch die subjektive Interpretation mit unterschiedlichen Methoden gewonnener Ergebnisse ersetzt werden. Deshalb überrascht nicht, daß die einen die innere Einheit als weitgehend vollendet sehen, während die anderen eben das Licht im dunklen Tunnel erkennen.

Die westdeutschen Politiker und Sozialwissenschaftler, welche die innere Einheit als bereits vollzogen betrachten, begründen ihre Meinung damit, daß die Ostdeutschen es gelernt hätten in einer Gesellschaftsstruktur zu leben, die sich durch hohe geographische und soziale Flexibilität auszeichnet, auf Flexibilisierung und berufliche Unsicherheiten baut sowie das Bewußtsein der globalen Kräfte des Markes, dem sie sich zunehmend unterordnen. Es wird übersehen, daß Mobilität und Flexibilität für den Ostdeutschen zu einer Existenzfrage geworden sind. Die Einsicht in die bittere Notwendigkeit treibt die Pendler über die Autobahnen in den Westen und nicht die Überzeugung damit einen Beitrag zum Wertesystem der Bundesrepublik und zur inneren Einheit zu leisten.

Bei der insgesamt nur unvollkommen gelungenen inneren Angleichung, gemessen an wesentlichen Werten und Übereinstimmungen, versuchen die Sozialwissenschaften dies mit der Sozialisations- und oder Kompensationshypothese zu erklären. Die Sozialisationshypothese kommt den Interpretationsversuchen der bundesdeutschen Politik entgegen, weil sie für die Probleme bei der Angleichung die Sozialisation der Ostdeutschen in der DDR und die dort erfahrene mentale und soziale Prägung verantwortlich macht. Die Kompensationshypothese dagegen sucht die Gründe für das Nichtgelingen der inneren Einheit in den wirtschaftlichen Belastungen mit ihren Folgen, die die Transformationsphase für Ostdeutschland mit sich gebracht hat.

Es bereitet den politischen Eliten und einer Mehrheit westdeutscher Sozialwissenschaftler Schwierigkeiten zu akzeptieren, daß die Ursachen für die unzureichende innere Angleichung nicht nur, und vielleicht nicht einmal entscheidend, in der sozialistischen Vergangenheit der neuen Bundesländer zu suchen sind, sondern zumindest in gleichem Umfang, wenn nicht noch ausgeprägter, die Erfahrungen in der Gegenwart eine Mehrheit der Ostdeutschen daran hindert, sich rückhaltlos zum System Bundesrepublik zu bekennen.

Zur Erklärung der ausbleibenden inneren Einheit sind beide Hypothesen zu beachten. Als die bedeutungsvollere ist aus unserer Sicht die Kompensationshypothese anzusehen. Es gäbe die existierenden Probleme nicht, wenn die Vereinigung den Ostdeutschen die Wahrung ihrer Würde, Selbstbestimmung sowie angemessene Lebensverhältnisse erlaubt hätte. Asfa-Wossen Asserate betont, daß es ein Gebot höherer Form guter Manieren ist, den besiegten Feind nicht zu demütigen. Die politische Klasse der Bundesrepublik konnte es sich nicht versagen, dieses Gebot für eine ganze Bevölkerung außer Kraft zu setzen.

Der Schlußbericht der Enquete-Kommission "Überwindung der Folgen der SED-Diktatur im Prozeß der Deutschen Einheit" reflektiert die Sichtweise der Politik. So sehr die gezogenen Schlußfolgerungen vom Denken in den Kategorien des Kalten Kriegs und des Antikommunismus geprägt sind, gelangt er doch zu einigen bemerkenswerten Eingeständnissen. Der Bericht läßt erkennen, daß bei der Gestaltung der Einheit doch etwas schief gelaufen sein muß. So wird festgestellt: *"Viele Menschen in den neuen Ländern haben auch heute noch große Schwierigkeiten sich in der neuen Gesellschaft zurechtzufinden."* Ihr Unbehagen wird als das Resultat vor allem sozialer und wirtschaftlicher Probleme angesehen. Die sozialen und wirtschaftlichen Angleichungsprozesse werden nach Ansicht der Kommission länger dauern als ursprünglich angekündigt. Während das Waren-, Freizeit- und Reiseangebot u.a. durch die Ostdeutschen positiv gewertet wird, erfahren steigende Preise und Mieten, Arbeitslosigkeit und mangelnde Ausbildungsplätze eine negative Bewertung. Der Status innerhalb der sozialen Hierarchie hat sich für viele Menschen geändert. Meist ist eine Abwärtsmobilität erfolgt. Auch wird hervorgehoben, daß es zwischen Ost und West noch deutliche Unterschiede in den Wertevorstellungen gibt. Die Erwartungen der Ostdeutschen an den Staat und die Demokratie wurden enttäuscht. Gleichheit besitzt für sie eine höhere Priorität als Freiheit. Diese Feststellungen bestätigen nur allzu Bekanntes.

Die Bedeutung dieser Aussagen wird sofort eingeschränkt mit der ergänzenden Bemerkung, daß die Gegensätze zwischen Ost und West nicht über zu bewerten sind, da sie den normalen Gegensätzen in einer modernen Gesellschaft entsprechen. Ebenso wurde die Vorstellung von einer ostdeutschen Identität für abwegig gehalten. Nationale Einheit bedürfe keiner sozio-kulturellen Übereinstimmung seiner Bürger. Der politische Grundkonsens wird als ausreichend angesehen, ohne darzulegen worin dieser bestehen soll. Alle Kriterien der inneren Einheit, die nicht erfüllt sind, werden als unbedeutend abgewertet. Die Kritik am marktwirtschaftlichen System würde allerdings in den neuen Ländern dramatisch wachsen. Natürlich darf der pauschale Hinweis nicht fehlen, um wieviel es den Bürgern Ostdeutschlands trotzdem besser geht als in der DDR.

Diese Art der Argumentation ist nach Thomas Ahbe geradezu typisch für eine gestörte Kommunikation. Ebenso wie die DDR bei inneren Widersprüchen die "soziale Sicherheit" gegenüber der "kapitalistischen Ausbeutung und Arbeitslosigkeit" pries, so betont die gegenwärtige Politik den Gewinn an bürgerlichen Freiheiten gegenüber den Unfreiheiten der Diktatur. Beide Aussagen sind richtig. Doch bezeichnet sie Thomas Ahbe als *"gelogene Wahrheiten, eben weil man nicht über die alltäglichen Bedrückungen der Leute reden will"*. Für den Einzelnen ist es völlig bedeutungslos, ob die persönlich erlebten Einschnitte Ergebnis politischer Aktionen einer ideologisch geprägten Diktatur oder einer kapitalistischen Grundsätzen folgenden Demokratie sind.

Grundsätzlich ist davon auszugehen, daß sich die innere Einheit im Gegensatz zur äußeren Vereinigung als langzeitiger Prozeß vollzieht. Sein Resultat bleibt offen; denn sein Gelingen hängt von der Bereitschaft zur Veränderung beider Seiten ab. In der Realität wird jedoch der mentale Wandel auf die unrealistische Forderung reduziert, daß sich die ostdeutschen Neubürger mit den Werten der westdeutschen Gesellschaft zu identifizieren haben. Es wird verlangt, daß die Ostdeutschen ihre Vergangenheit vergessen und so werden wie die Westdeutschen. Dieses Ansinnen, so muß es bezeichnet werden, verhält sich jedoch kontraproduktiv zu der angestrebten Zielstellung, weil ihm eine Fremdbestimmung zu Grunde liegt. Doch ist die Bejahung bzw. Unterstützung des neuen politischen Systems durch eine Kultur der Bürger eine unverzichtbare Voraussetzung für die Konsolidierung der Demokratie in postsozialistischen Gesellschaften und damit natürlich auch in den neuen Bundesländern.

Einer Mehrheit der ostdeutschen Bevölkerung wäre durchaus bereit gewesen fortbestehende Ungleichheiten, auch bei den Lebensverhältnissen, zu tolerieren, wenn die Politiker von Beginn an die Wahrheit zu den Schwierigkeiten des Einigungsprozesses vermittelt hätten, die Ostdeutschen ohne Ausgrenzung breiter Schichten in die Gestaltung der veränderten Lebensumstände einbezogen worden wären und ihre eigene Stimme Geltung besessen hätte. Es mußte auf Ablehnung stoßen, wenn die politische Klasse und der westdeutsche Stammtisch ihnen vorschreiben wollen, wie sie zu denken und zu handeln sowie ihre eigene Vergangenheit zu bewerten haben. Zudem ist die vorherrschende Perspektivlosigkeit nicht geeignet das gesellschaftliche Engagement der Menschen zu fördern.

Eine optimistische Sicht in die Zukunft ist nur wenigen Ostdeutschen zu vermitteln, seit sie erkennen müssen, daß es Wohlstand nicht wie versprochen für alle gibt, sondern privilegierten Gruppen vorbehalten bleibt. Den Ostdeutschen wurden die Chancen, die Demokratie und Marktwirtschaft zweifellos bieten, als umgesetzte Realität vermittelt. Kein führender Politiker deutete die Risiken an, denen der Mensch in der freiheitlichen Demokratie ausgesetzt ist. Dabei liegen die Risiken für die Mehrheit der Bevölkerung nicht im eigenen Versagen begründet, wenn auch versucht wird ihnen das zu verdeutlichen. Es sind die von der Politik und der Wirtschaft geschaffenen Rahmenbedingungen mit Abbau von Arbeitsplätzen und zunehmender Arbeitslosigkeit, die zu den Unwägbarkeiten des Lebens führen.

In einer Talkshow von Sabine Christiansen in der ARD haben der ehemalige Vizepräsident der Staatsbank der DDR Edgar Most und der ostdeutsche Entertainer der Volksmusik Achim Mentzel, jeder auf seine Weise, die Ursachen für die bisher fehl geschlagene innere Einheit benannt. Edgar Most sieht sie in der wirtschaftlichen Schwäche Ostdeutschlands, verursacht durch die Fehler der Vereinigung mit weitgehender Deindustrialisierung des Ostens. Eine Bestätigung der Kompensationshypothese. Achim Mentzel ging auf die mentalen Probleme ein. Ihre Wurzeln sieht er in der enttäuschten Erwartung der DDR-Bürger, daß sich mit der Vereinigung auch Westdeutschland verändern würde. Man wollte zwar die Bundesrepublik, doch eine weniger egoistische und auf Profit bedachte. Diese Auffassung unterstützt die Sozialisationshypothese.

Erschwerend wirkt der Mangel an Empathie, der die politischen Eliten und die westdeutsche Gesellschaft auszeichnet. Karl-Siegbert Rehberg betont, daß die Mitglieder der bundesrepublikanischen Gesellschaft die psychischen Folgen eines Systemwechsels nicht antizipiert, selbst nachträglich kaum verstanden haben und selbst heute immer noch ignorieren. Die heutige Generation der Westdeutschen kennt bisher nicht das Gefühl der existentiellen Bedrohung. Sie hat in ihrer Mehrheit jegliches Gefühl für soziale und politische Verwerfungen verloren.

Die bundesdeutsche Gesellschaft zeichnet sich durch einen borniertten Perspektivverlust aus. Die in der BRD geltenden Lösungsmöglichkeiten werden als die einzig möglichen betrachtet bei Ausblendung der europäischen und globalen Vielfalt von Modernisierungen. Andere als die bundesdeutschen Lösungswege werden als rückständig angesehen. Auch in diesem Kontext berührt merkwürdig, wenn in den Debatten einer Gesellschaft, die sich angeblich vom Geschichtsdeterminismus verabschiedet hat, keine Behauptung öfter auftaucht als die: "Dazu gibt es keine Alternative". Tatsächlich beinhalten Lösungsangebote zu anstehenden Problemen nie Gegenmodelle. Verwiesen sei auf die Steuer-, die Gesundheits- und die Arbeitsmarktreform.

Auf vielfältige Weise wird versucht, Ostdeutsche aus der Verantwortung zu drängen. So überhäufte das Feuilleton überregionaler Zeitungen den ostdeutschen Schriftsteller Christoph Hein mit einer Flut von Verdächtigungen. Was hatte er Schlimmes getan? Nichts! Nur plante der Kultursenator von Berlin, Thomas Flierl (PDS), den bekannten Autor zum Intendanten des "Deutschen Theaters" zu berufen. Die Vorwürfe reichten von Fehlentscheidung bis zu "gefährliche" Entscheidung. Es wurde die Befürchtung geäußert, daß es zu einer Wiedererweckung des DDR-Theaters kommen könnte. Was wäre daran eigentlich so gefährlich? Das "Deutsche Theater" und andere Bühnen genossen zu DDR-Zeiten auch im Westen Deutschlands einen guten Ruf. Viel gefährlicher ist der Bärendienst, der von den westdeutschen Theaterkritikern der inneren Einheit geleistet wird. Es wird so getan, als ob mit der Einsetzung von Christoph Hein die DDR wieder belebt wird. Dabei entspricht es doch nur der angestrebten Normalität, wenn in dem geeinten Land auch ein Ostdeutscher den Thron des Intendanten einer bedeutenden Bühne besteigt. Christoph Hein zog die Konsequenz aus dem gegen ihn veranstalteten Kesseltreiben und zog seine Bewerbung zurück.

Hiermit vergleichbar ist die Haltung eines Bochumer Psychologen, der in einer Sendung von RTL die Ostdeutschen mit dem Kürzel DDR als "der dämliche Rest" kennzeichnete. Gewiß wußte jeder DDR-Bürger, wenn er gefragt wurde wofür DDR steht, daß damit "der doofe Rest" gemeint war. Doch macht es einen entscheidenden Unterschied ob eine derartige Kennzeichnung selbst ironisierend erfolgt oder nach 14 Jahren deutscher Einheit durch einen Westdeutschen. Es bleibt völlig unerheblich, ob in Reaktion auf eine Strafanzeige diese Aussage als politische Meinungsäußerung oder Tatsachenbehauptung gewertet wird. In der gegenwärtigen angespannten Situation zwischen Ost und West bedeutet eine solche Bemerkung ideologisches Öl in das Feuer der mentalen Spaltung zu gießen.

Hemmnisse auf dem Weg zur inneren Einheit stellen weiterhin Kommunikationsprobleme, Unterschiede im Denken und Verhalten, der fortdauernde Atheismus, die Rigorosität bei der äußeren Angleichung, die fremd gebliebenen Eliten und vor allem das unterschiedliche Lohn- und Rentenniveau dar.

Auch die Forderung der Unternehmer nach gesteigerter Mobilität und Flexibilität der Arbeitnehmer und Aufhebung des Kündigungsschutzes bei Akzeptanz niedriger Löhne bei längerer Arbeitszeit zerstört den gesellschaftlichen Zusammenhalt und den Weg in eine geeinte Zukunft. Wie sollen Eltern und Alleinerziehende der ihnen abverlangten Verpflichtung nachkommen, sich um die Erziehung und schulischen Leistungen ihrer Kinder zu kümmern, wenn sie Stau geplagt über Straßen und Autobahnen zu ihren Arbeitsstätten touren müssen, abends oder am Wochenende erschöpft nach Hause kommen und dann noch die wichtigsten häuslichen Verpflichtungen erledigen müssen. Das Gesagte gilt selbstverständlich auch für alle, die in die Hartz IV-Falle geraten sind. Durch diese Forderungen und Maßnahmen verhindern Politik und Wirtschaft den bisher wichtigsten Standortvorteil Deutschlands, eine umfassende Bildung und Ausbildung auf hohem Niveau. Gleichzeitig wird damit das in den unteren Bevölkerungsschichten steckende Bildungspotential verschüttet.

Vor allem das Einkommensgefälle zwischen Ost und West ist Schwerpunkt negativer ostdeutscher Befindlichkeit. Arbeitnehmer mit hohem Einkommen sind in Ostdeutschland zahlenmäßig gering. Der Reichtum ist westlich der Elbe lokalisiert, die Armut östlich. Im Westen ist das Kapital, im Osten bestenfalls die Arbeit angesiedelt. Die wirtschaftliche und soziale Teilung besteht unverändert weiter fort und scheint sich wieder zu vertiefen. Ostdeutschland bleibt auch zukünftig vom Westen abhängig. Die nivellierte sozial-ökonomische Struktur der DDR ist in Ostdeutschland aufgehoben Es entwickelt sich eine breite Schicht von "underdogs". Für die Betroffenen ist das eine einschneidende Erfahrung, besaßen sie in der DDR doch eine ganz andere soziale Stellung. Wie sich soziale Ungerechtigkeit, die tiefe und ständig größer werdende Kluft in den Lebensverhältnissen der "kleinen Leute" in Ost und West auswirken und zu einer Nivellierung führt, unabhängig von der geographischen Heimat, ist dem von Günter Grass, Daniela Dahn und Johano Strasser herausgegebenen sozialkritischen Werk "In einem reichen Land" zu entnehmen.

Wenn von den offensichtlich befriedigenden Einschaltquoten weniger Fernsehsendungen, die den Osten zum Gegenstand haben, wie z.B. die "In aller Freundschaft" oder "SOKO Leipzig" abgeleitet wird, daß der Osten im Westen angekommen ist, so dokumentiert eine solche Meinung eine oberflächliche Betrachtungsweise. Es wird übersehen, daß die wirklichen Probleme des Arbeitsmarktes, die soziale und mentale Befindlichkeit der Ostdeutschen im privaten Fernsehen gar nicht und im öffentlich-rechtlichen selten, und wenn, oberflächlich dargestellt werden. Einer in die Tiefe gehenden Analyse begegnet der Zuschauer nicht. Die Betroffenen werden in die Befindlichkeitsdiskussionen nicht einbezogen. Es wird über sie geredet, aber nicht mit ihnen. Bestenfalls im Nachtprogramm tauchen ab und an kritische Sendungen auf, doch zu dieser Zeit schläft das Volk. Außerdem: Kritische Reflexion führt zu keiner Veränderung. Schön reden und Verschweigen der Probleme ist die Parole, die der MDR mit seiner Initiative "Der starke Osten" an seine Zuschauer bringen wollte. Diese Unternehmung verdämmerte ohne Nachruf. Das Selbstbewußtsein der Ostdeutschen sollte gestärkt werden. Wie das bei einem ALG II Empfänger geschehen soll, bleibt offen.

Als ebenso fragwürdig ist die von deutschen Medienunternehmen mit mehr als 30 Millionen Euro Aufwand in Szene gesetzte Kampagne "Du bist Deutschland" zu bewerten. Es erinnert an die Propaganda der DDR, wenn geglaubt wird mit einer derartig dummen Parole in Deutschland bei den Menschen eine Aufbruchstimmung zu erzeugen. Schade um die Millionen, die einen sinnvolleren Einsatz verdient hätten.

Ohne Zweifel haben es Ostdeutsche geschafft in der heutigen Wirtschaft und Gesellschaft Fuß zu fassen. Es geht jedoch nicht um den Leistungsnachweis einer kleinen Minderheit, sondern um die Befindlichkeit der Mehrheit. Diese ist weit davon entfernt ungetrübte Zuversicht zu verbreiten, da keine Verläßlichkeit der Politik besteht als Voraussetzung für eine Lebensplanung.

Zur Erklärung der Schwierigkeiten bei der Herstellung der inneren Einheit dient auch das Generationenargument. Doch erweist sich diese Überlegung als unzutreffend, wenn auf die Ergebnisse von Jörg Roesler zu den Anschlüssen von Staaten in der Vergangenheit zurückgegriffen wird. Sprachunterschiede, konfessionelle Bekenntnisse, demographische Faktoren und fremd gebliebenen Eliten sind demnach bedeutsamere Faktoren. Auch wenn die Generationen mit DDR-Erfahrung nicht mehr existieren, bleiben für die nachgewachsene Generation die Ost-West-Unterschiede bestehen und das ihnen in Alltagsgesprächen vermittelte Erinnerungsbild von der DDR. Dieses ist positiver als es die politischen Akteure wahr haben wollen.

So meint die Nachfolgerin von Joachim Gauck im Amt des Bundesbeauftragten für die Unterlagen des Staatssicherheitsdienstes, Marianne Birthler, daß im Rückblick ehemaliger DDR-Bürger der Alltag der SED-Diktatur verharmlost wird. Dagegen müsse angekämpft werden. Allerdings fällt Marianne Birthler dem eigenen Wunschdenken zum Opfer, wenn sie meint, daß nur eine Minderheit sich positiv an seine Vergangenheit erinnert. Die Hoffnung, daß mit dem Absterben der älteren DDR-Generation die gegenwärtigen Ost-West-Unterschiede beseitigt sind, erweist sich als trügerisch.

Während der Anschluß der DDR grundsätzlich positiv zu bewerten ist, erweisen sich alle Aktionen, die seiner Vollendung entgegenstehen, als kontraproduktiv. Ein Anschluß ist erst dann erfolgreich, wenn eine dauerhafte Integration der Angeschlossenen erfolgt ist. Doch ist davon noch nichts zu spüren. Im Gegenteil, nach einer kurzzeitigen beidseitigen Annäherung ist der Graben zwischen den Menschen in Ost und West tiefer als zur Zeit der Zweistaatlichkeit. Von "Brüdern und Schwestern" ist schon lange nicht mehr die Rede, wenn es um die Bürger in den neuen Bundesländern geht. Der Ostdeutsche fährt auch heute noch nach "drüben" oder in den "Westen".

Eine Verinnerlichung westdeutscher Wertmaßstäbe und Vorstellungen von einer einheitlichen Gesellschaft sind nur bei Politikern und Wissenschaftlern in Ostdeutschland zu beobachten. Das überrascht nicht. In der Wissenschaft dominieren westdeutsche Funktionseliten und die in der Politik Engagierten müssen dies tun, wenn sie ihre Pfründe als Abgeordneter über die nächsten Wahlen hinaus mit einem günstigen Listenplatz erhalten wollen, und sei es nur auf den hinteren Abgeordnetenbänken. Die Eliten dienen der Bevölkerung üblicher Weise als Orientierungsmaßstab. Dieser ist der ostdeutschen Teilgesellschaft verloren gegangen. Die ausgegrenzte und ins Abseits gestellte ostdeutsche Funktionselite behindert eher den Integrationsprozeß.

Ebenso bedeutet die vollzogene Elitezirkulation innerhalb Ostdeutschlands keine positive Auswirkung auf die innere Angleichung. Einmal sind die verbliebenen Reste ostdeutscher Eliten überwiegend in abhängigen Positionen tätig und gezwungen, zumindest äußerlich, die Wertevorstellungen der ihnen vorgesetzten westdeutschen Eliten zu übernehmen. Die als Folge der Elitezirkulation in Ostdeutschland an Entscheidungspositionen gerückten Repräsentanten sind in ihrer Ausstrahlungskraft im Ergebnis des häufig erkennbaren Widerspruchs zwischen formaler und fachlicher Kompetenz beschränkt.

Der vollzogene Elitewechsel schließt Ostdeutsche mittel- und langfristig von der gesellschaftlichen Teilhabe aus. Den Funktionseliten aus der DDR haften im Ergebnis des sozialen Wandels Merkmale an, die nicht dem gängigen "Stallgeruch" entsprechen. Die DDR-Eliten nehmen eine Sonderstellung gegenüber den traditionellen deutschen Eliten ein. In Habitus und Auftreten entsprechen sie nicht den Normen der altbundesdeutschen Wissenschaftslandschaft. Dies ist einer der Gründe, weshalb DDR-Wissenschaftler in der heutigen Gesellschaft wenig Akzeptanz finden und nicht meinungsbildend wirken können.

Eine Kulturnation benötigt ihre Eliten und deren ständige Erneuerung. Diese Erneuerung muß von innen heraus erfolgen und kann nicht auf Elitentransfer beruhen, wie er in Ostdeutschland stattgefunden hat und sich weiterhin vollzieht.

Im Ergebnis der bestehenden Distanz zwischen Bevölkerung und Eliten im Osten findet nur eine äußerst schwache innergesellschaftliche Kommunikation statt, die zudem im Westen kaum wahrgenommen wird. Es fehlt die eigenständige politische Öffentlichkeit. So kann kein reflexives Bewußtsein entstehen. Eine Mehrheit wird im offiziellen Diskurs zur Selbstrevision und Neudefinierung der eigenen Biographie nach westdeutschem Muster aufgefordert. Viele Intellektuelle werden tot geschwiegen, weil sie Kritik üben. Der Partner, den man für den Dialog braucht, wird vorher mundtot gemacht. Es gibt unausgesprochene Denkverbote, die es nicht erlauben sich von einer bestimmten Denkschablone zu lösen. In der Debatte gelten nicht Argumente. Vorschnelle Klassifikationen und Verdächtigungen bestimmen die Auseinandersetzung. Vertreter der ostdeutschen geistigen Elite wandern mit ihren Ideen in die Schublade "nichts dazu gelernt" oder populistisch, wenn sie sich zum Gebaren der Politik öffentlich kritisch zu artikulieren versuchen. Kein gutes Omen für die innere Einheit.

Thomas Ahbe betont, daß die professionelle Spiegelung des Alltags und der Erfahrungen der "einfachen Leute" durch die Medien, durch Künstler, Intellektuelle und den politischen Offizialkurs in der Transformationsdekade nicht durch die eigenen ostdeutschen Intellektuellen erfolgte. Stattdessen dominiert die westdeutsch geprägte Erzählung über Ostdeutschland, deren Vergangenheit, Gegenwart und Eigenart. Es findet in Ostdeutschland ein Laiendiskurs statt, bei dem statt zu reflektieren agiert wird. Für substantielle Antworten fehlen die ostdeutschen Intellektuellen. Von den importierten westdeutschen können sie nicht gegeben werden. Die Art der Solidarität, wie sie mit dem Osten geübt wird, läßt verstehen, warum sich im Osten nur sehr zögerlich eine eigene, bodenständige Bourgeoisie entwickelt. Dies ist ein Defizit, an dem der Osten noch lange kranken, und das nicht ohne Rückwirkung auf den Westen bleiben wird.

Ein einseitig gesteuerter Diskurs stellt bereits für eine intakte Gesellschaft und ihre kritische Durchleuchtung ein Hemmnis dar. Um wie viel gravierender muß er sich für eine instabile, wie die ostdeutsche, auswirken. Ihm fehlt das identitätsstiftende Wechselspiel zwischen heimischen Intellektuellen und den Laien mit ähnlichem Erfahrungshintergrund. Die Vergangenheitskonstruktion wird massiven Revisionen unterworfen und im politisch-administrativen Bereich dominiert der hegemoniale Diskurs der Meinungs-Eliten. Die Werte- und Normenvorstellungen zwischen diesen beiden Feldern der Gesellschaft sind deutlich verschieden.

Merkwürdig berührt die Klage von Sigrid Meuschel: *"Sie (die ostdeutsche Intelligenz und Intellektuellen, d. Verf.) entzieht sich der Aufgabe, durch öffentliche Reflexion Kontinuität im Wandel zu verbürgen, sich der Vergangenheit selbstkritisch anzunehmen und so dazu beizutragen, Identität zu bewahren und zugleich neu zu bestimmen."* Eine solche Feststellung bleibt widersprüchlich, da die geistigen Kulturträger aus der DDR von vornherein ausgegrenzt wurden, und sie in der Öffentlichkeit kein Gehör erhielten.

Die Ostdeutschen sind nicht in Demokratie und Marktwirtschaft integriert, weil ihnen die dafür notwendigen Voraussetzungen, nämlich Arbeit und Eigentum fehlen. Es erfolgt eine kulturelle Überlagerung mit einseitiger Übernahme fremdkultureller Muster und Identitätsverlust. Für Ostdeutsche ist es deshalb zwingend, in wesentlichen Elementen eine eigene Teilkultur auszubilden, die einmal durch den heutigen Charakter der ostdeutschen Teilgesellschaft geprägt ist und zum anderen durch den geschichtlichen Hintergrund der DDR-Erfahrung.

Die kulturellen Eigenheiten sind in den einzelnen sozio-kulturellen Milieus unterschiedlich stark, eine Milieu übergreifende Kultur existiert nur in Ansätzen. Ostdeutsche stehen unter starkem kulturellem Anpassungsdruck. Ihnen bleibt der Zugang zu jenen Öffentlichkeiten versperrt, in denen die kulturellen Vereinbarungen der Gesellschaft getroffen werden, wie Parteien, Gewerkschaften und Massenmedien. Die Ostdeutschen sind in ein geschichtliches Loch gefallen. Ihnen fehlen Orte und Zeiten der Erinnerung, so Dieter Mühlberg. Sie sind Zombies ohne eigene Vergangenheit. Ihr Leben beginnt nach westdeutscher Lesart und der mancher Bürgerrechtler erst mit dem 3. Oktober 1990. Es wird vergessen und bewußt verdrängt, daß für Ostdeutsche die DDR ein Teil ihres Lebens war.

Bei einer Wertung der hemmenden Faktoren ist Daniela Dahn zuzustimmen, daß *"die Ursachen für die immer unerreichbarer erscheinende innere Einheit wenig in den zweifellos unterschiedlichen Prägungen in Ost und West allein in den für den Einzelnen schwer durchschaubaren Vorgängen der letzten Jahre liegen"*. Bedeutungsvoll sind für sie u.a. der Verlust örtlicher Besitzstände, die Währungsunion und vor allem die Eigentumsregelung. Wo kein Haben ist, da ist auch kein Sagen. Hinzu kommt das Sonderrecht Ost, das unverändert eine rechtliche Ungleichbehandlung zur Folge hat. Den Mühen und Risiken der Auseinandersetzung mit der Gesellschaft stellt sich nur der, der sich ihr verbunden fühlt. Der Kreis derer ist klein.

Die Herstellung der inneren Einheit erfordert ein beidseitiges Aufeinanderzugehen, dem es an Bereitwilligkeit fehlt. Im Gegensatz zu den DDR-Bürgern, die mehrheitlich die Vereinigung mit der Bundesrepublik wollten und in diesem Sinne aktiv wurden, erlebten die westdeutschen Bürger die Vereinigung nur als passive Zuschauer am Fernsehschirm oder über die Printmedien. Aus ihrer Sicht bestand keine Notwendigkeit die DDR der Bundesrepublik anzuschließen, auch wurden sie nicht nach ihrer Meinung gefragt. Sie folgten den Vorgaben ihrer Politiker. Die Wählerstimmen erhielt die CDU, ohne die Konsequenzen einer solchen Wahlentscheidung zu bedenken. Was sich tatsächlich in den letzten Tagen der DDR, beginnend im Herbst 1989 und endend mit dem 3. Oktober 1990, abspielte, ebenso wie die nachhaltigen Folgen, konnte keiner von ihnen wirklich begreifen. Für die Westdeutschen waren es Ereignisse in einem für sie fremden Land. Es ist deshalb verständlich, wenn auch nicht zutreffend, daß sie die Schuld für die jetzt auch in den alten Bundesländern einsetzenden wirtschaftlichen und sozialen Verwerfungen den Ostdeutschen aufbürden. Weder wußten die meisten von ihnen, wie sich das alltägliche Leben in der DDR tatsächlich abspielte, noch haben sie begriffen, daß der gescheiterte Aufschwung Ost nicht den "arbeitsscheuen" Ostdeutschen zu danken ist, sondern ein Resultat der fehlerhaften Politik der Bonner bzw. Berliner Machthaber darstellt. Niemand klärt sie darüber auf, daß der wirtschaftliche Abschwung in den alten Bundesländern viel eher eingetreten wäre, wenn der Anschluß der DDR nicht noch eine kurze wirtschaftliche Galgenfrist gewährt hätte. So erfolgt auch von westdeutscher Seite keine Annäherung an die Bürger der neuen Bundesländer. Die Aversionen von dieser Seite nehmen zu und werden durch unverantwortliche Äußerungen von Politikern zur mentalen Verfaßtheit der Ostdeutschen wie Jörg Schönbohm und Edmund Stoiber geschürt.

Es ist eine Summe von Tatsachen, die die innere Angleichung hemmt. Dies gilt für die übereilte Durchsetzung der wirtschaftlichen, rechtlichen und sozialen Standards der alten Bundesrepublik in Ostdeutschland. Beim Anschluß der DDR an die Bundesrepublik stellt sich die Inflexibilität der Anschließer vor allem bei der Rechtsangleichung und Vermögensrestitution als ein Negativfaktor dar. Durch den Elitentransfer wurde das Tempo der äußeren Angleichung erhöht, gleichzeitig hemmte er die innere.

Es stellt sich die Frage, ob die beschriebenen Defizite und Hemmnisse bei der Herstellung der inneren Angleichung noch rückgängig zu machen sind. Dem gegenwärtigen Trend der sich vertiefenden Spaltung könnte z.B. eine Besetzung von Top-Eliten-Positionen durch Ostdeutsche und ein stärkeres Mitspracherecht der ostdeutschen Bundestagsabgeordneten entgegenwirken. Ein Effekt wäre auch zu erwarten, wenn die Politik sich entschließen könnte eine substantielle Korrektur und Rücknahme eines Teils der äußeren Angleichung vorzunehmen. Dies setzt jedoch das Eingeständnis eigener Fehler voraus. Schon deshalb gehören derartige Überlegungen nicht in das Repertoire der bundesdeutschen Politiker. Die Zeit ist verstrichen, in der eine wirksame Korrektur noch möglich war.

Es ist wahrscheinlich, daß auch über die nächste Generation hinaus eine innere Angleichung nicht erfolgen wird, schon gar nicht auf dem gegenwärtigen Niveau der Lebensverhältnisse in Westdeutschland. Politiker, gleich welcher Couleur sind bereit alles anzuerkennen, nur nicht eigene Fehlentscheidungen. Diese werden bis zum eigenen Untergang verteidigt. Diese Erkenntnis vermittelt auch die Geschichte der DDR. Der "point of no return" ist bereits überschritten, obwohl es nur um eine Umkehr zu wirklich demokratischen Verhältnissen und eine Wirtschaftspolitik geht, die den Ostdeutschen erlaubt ihre Leben aktiv selbst zu gestalten und zu bestimmen. Selbstbestimmung ist für die Mehrheit von ihnen ein Fremdwort, weil ihnen die dazu notwendigen materiellen Voraussetzungen fehlen.

Die hemmenden Faktoren für die innere Einheit sind zusammengefaßt in Folgendem zu sehen:
- die Fehler bei der Herstellung der deutschen Einheit mit der überhasteten Wirtschafts- Währungs- und Sozialunion,
- die Vernichtung der ostdeutschen Industrie mit Deindustrialisierung der ostdeutschen Landschaft und Massenarbeitslosigkeit,

- die Kluft zwischen den Versprechungen der Politik und der bestehenden Realität,
- der verloren gegangene Glaube an Politik, Demokratie, soziale Marktwirtschaft und Freiheit,
- das Gefühl der Fremdbestimmung und die angemaßte Deutungshoheit von Politik und Sozialwissenschaft unter Mitwirkung der Medien,
- das Entstehen einer eigenständigen Identität in der ostdeutschen Teilgesellschaft im Ergebnis vorstehend benannter Strukturdefizite im Einigungsprozeß.

Einen positiven Einfluß auf die Gestaltung der inneren Einheit sollte von den ostdeutschen Vertretern im Bundestag erwartet werden. Doch sie gehen in den Fraktionen der im Bundestag vertretenen Parteien unter. Sie artikulieren nicht die Sorgen und Nöte der Wähler, die sie in das Parlament geschickt haben. Vielmehr unterwerfen sie sich den Interessen der Wirtschaft und Besserverdienenden. Sie identifizieren sich nicht mit ihren ostdeutschen Wählern, sondern mit der bundesdeutschen politischen Klasse, in die sie mental voll eingebunden sind. Ein besonders trauriges Beispiel bieten Manfred Stolpe und Rolf Schwanitz, die bestimmt waren die ostdeutschen Interessen zu vertreten. Doch auch sie sehen die Zukunft der Ostdeutschen durch die Brille des Sozialabbaus mit der uneingeschränkten Umsetzung der Agenda 2010. Kein anderer Blick ist von dem Strahlemann und ehemaligen Oberbürgermeister von Leipzig, Wolfgang Tiefensee, zu erwarten.

Die innere Einheit stellt sich als ein Trümmerfeld dar, in dem sich nur wenige Kristallisationspunkte finden, die in die ostdeutsche Teilgesellschaft ausstrahlen könnten.

Aus welcher Sicht auch die verschiedenen Aspekte der deutschen Vereinigung und ihre Folgen betrachtet werden, seien es die Gesellschaft als Ganzes, die Ausbildung einer Zivilgesellschaft, die Entwicklung eines einheitlichen Wertekanon und einer übereinstimmenden Identität, die Verwirklichung der inneren Einheit, das Entstehen gleichwertiger Lebensverhältnisse, oder ein von allen akzeptiertes Geschichtsbild, es sind stets die gleichen hemmenden Faktoren, denen wir begegnen.

Die deutsche Einheit – ein singuläres Ereignis?

Die Wiederherstellung der deutschen Einheit bedeutete für Akteure wie Betroffene zweifellos ein eindrucksvolles Geschehen. Für den unmittelbar Beteiligten bestand der Anschein von der historischen Einmaligkeit des Erlebten. Dies behaupten insbesondere all diejenigen, welche die im Einigungsprozeß aufgetretenen Schwierigkeiten mit seiner Singularität zu begründen versuchen und der deshalb fehlenden Erfahrung bei seiner Umsetzung. Derartige Rechtfertigungsversuche dienen nur der Entschuldigung des eigenen Versagens. Selbst in der deutschen Geschichte stößt der Interessierte auf analoge Vorgänge. Historische Erfahrungen vermittelt z.B. die Analyse der Eingliederung Bayerns in das Deutsche Reich im Jahre 1871. Im Ergebnis dieses Geschehens beansprucht Bayern selbst heute noch eine innerdeutsche Sonderrolle und sind Ressentiments gegenüber den "Preußen" unverändert gegenwärtig.

In einer sorgfältigen Studie verglich Jörg Roesler eine Vielzahl von Anschlüssen in der Geschichte von Staaten. Dabei stößt der Leser auf Gemeinsamkeiten des Anschlusses der DDR an die Bundesrepublik mit anderen Anschlüssen. Abgesehen von einigen Eigenheiten bei der deutsch-deutschen Vereinigung ist keine Einmaligkeit zu erkennen. Die Besonderheiten des Anschlusses der DDR bestehen nach Jörg Roesler in der Größe des Anschlußgebietes, dem Tempo des Anschlusses, seiner Totalität sowie dem Ausmaß des Elitenwechsels. Trotzdem betrachtet er die Vereinigung der beiden deutschen Staaten nicht als singuläres Ereignis, sondern als einen Wiederholungsfall. Der vielfach hervorgehobene Zeitdruck bestand auch in anderen Fällen. Ebenfalls ist der für manchen überraschende Zyklus von Euphorie, Enttäuschung und Besinnung der Angeschlossenen auf eigene Werte nicht neu, sondern geradezu typisch für ein derartiges Ereignis.

Trotzdem zeichnet sich aus unserer Sicht der Anschluß der DDR an die Bundesrepublik durch eine Besonderheit aus. Diese besteht darin, daß er zwei Staaten betraf, die sich in ihren politischen, wirtschaftlichen und gesellschaftlichen Strukturen nicht nur grundsätzlich unterschieden, sondern ausschlossen. Alleinige Machtwechsel bei Kontinuität des politischen Systems vollziehen sich in der Regel komplikationslos, weil die wirtschaftlichen Grundlagen bestehen bleiben und die Gesellschaft in ihren Grundfesten nicht erschüttert wird.

Jörg Roesler hält bei einem Vergleich mit der Eingliederung Quebecs in das System der nordamerikanischen Siedlungskolonie und dem Anschluß Estlands an die UdSSR im Jahre 1940 die ökonomische Diversität nicht für so bedeutungsvoll. Uns scheint diese Argumentation nicht stichhaltig. Der Verweis auf Estland/UdSSR ist grundsätzlich fragwürdig. Einmal war der Zeitraum von einem Jahr bis zur Besetzung dieser baltischen Republik durch die Nazi-Wehrmacht für die Bewertung des Anschlusses und seiner Konsequenzen viel zu kurz. Zum anderen ist vorstellbar, welche Repressionen unter der Herrschaft Stalins die sozialen Schichten erfahren hätten, die das Etikett "Klassenfeind" angeheftet bekamen. Zudem war das Anschlußgebiet Estland im Vergleich zur riesigen Sowjetunion territorial geradezu zwergenhaft. Auch Quebec ist nur sehr beschränkt als Beispiel heranzuziehen. Wenn auch wirtschaftliche Unterschiede zwischen den Anschlußpartnern vorhanden waren, so bestand bei beiden das private Eigentum an den, wenn in ihrer Qualität auch unterschiedlichen, Produktionsmitteln. Die politische Struktur war zwar unterschiedlich, aber nicht so konträr wie bei dem Anschluß der DDR an die Bundesrepublik. Gerade die Beziehung zum Eigentum stellt neben den politischen Unterschieden ein wesentliches Unterscheidungskriterium dar.

Unter diesem Aspekt handelt es sich bei dem Anschluß der DDR doch um ein singuläres Geschehen, das in dieser Form in der Geschichte kein Beispiel kennt. Damit sind jedoch die eingetretenen Verwerfungen nicht zu entschuldigen. Im Gegenteil, bei einer bewußten Wahrnehmung dieser entscheidenden Besonderheit wäre ein sorgfältiges Vorgehen unverzichtbar gewesen und sprach gegen den eingeschlagenen Parforceritt, dem sich die Bundesrepublik verschrieben hatte. Gerade weil jegliche Erfahrung in der Zusammenführung zweier derart entgegengesetzter Systeme fehlte, hätte die Vereinigung einer besonders sorgfältigen Vorbereitung und Gestaltung bedurft. Es bedeutete einen fundamentalen Irrtum der politischen Klasse der alten Bundesrepublik zu glauben, daß mit der unvorbereiteten Einführung der Marktwirtschaft in dem angeschlossenen Gebiet sowie der Transformation der ostdeutschen Strukturen auf das Niveau der alten Bundesländer bestehende Unterschiede und Widersprüche sich gleichsam im Selbstlauf erledigen würden.

Trotz aller bestehenden Widersprüche und Mängel war nach Jörg Roesler der Anschluß der DDR an die Bundesrepublik durch den Mechanismus der parlamentarischen Demokratie legitimiert, wenn es in diesem Fall nach seiner Auffassung auch nicht der beste der demokratisch möglichen Wege war. Eine Volksbefragung in beiden deutschen Staaten wäre für die Zukunft die bessere Option gewesen. Nach der Öffnung der Mauer war jedoch kein anderes Resultat zu erwarten. Für die später erwachsende innere Distanz zwischen Angeschlossenen und Anschließern macht Jörg Roesler die aus Versprechungen abgeleiteten Erwartungen auf der einen und die späteren Enttäuschungen auf der anderen Seite verantwortlich. Vollmundige Versprechungen der Politiker mutierten zu Worthülsen.

Eine Politik, der jedes historische Verständnis abgeht, deren Handeln von einer manichäistischen Denkweise geprägt wird, trägt den Keim des Versagens in sich und ist unfähig einen so schwierigen historischen Vorgang zu gestalten, wie ihn die Vereinigung zweier so unterschiedlicher Systeme darstellt. Bisher ist deshalb von ihrem Scheitern und nicht ihrem Gelingen zu sprechen.

Als Folge der politischen und wirtschaftlichen Dominanz der alten Bundesrepublik vollzog sich im Ergebnis des politischen Zusammenbruchs der DDR der Systemwechsel in einem beispiellosen Tempo. Er konnte in der äußeren Angleichung Ostdeutschlands an die alte Bundesrepublik nur deshalb so erfolgreich sein, weil in kürzester Frist die Eliten der DDR, nicht nur die politischen, ausgeschaltet wurden, die Institutionen im Anschlußgebiet aufgelöst und durch altbundesdeutsche ersetzt wurden, ebenso wie die ordnungspolitischen Strukturen. Gleichzeitig vollzog sich ein Transfer von Personal aus den alten Bundesländern, das die Führungspositionen in der Verwaltung, Justiz, Wissenschaft und Politik Ostdeutschlands besetzte.

Die Vereinigung der beiden deutschen Staaten unterscheidet sich von vergleichbaren historischen Geschehnissen durch den vollzogenen Systemwechsel, der alle Bereiche von Staat und Gesellschaft durchzieht. Zwar gab es den Systemwechsel in Ostdeutschland nach dem Ende des 2. Weltkrieges, doch wurde er nicht von einer Vereinigung zweier Landesteile begleitet, sondern führte letztlich zu ihrer Trennung. Außerdem verlief er protrahierter.

Die verwirklichten Maßnahmen provozieren einen Blick auf die postsozialistischen Staaten im Osten, denn auch dort laufen analoge Transformationsprozesse ab. Im Unterschied zu Ostdeutschland finden sie in diesen Ländern selbstbestimmt, unter Berücksichtigung der nationalen Eigenheiten statt. Einen irgendwie gearteten Transfer gibt es in diesen Ländern nicht.

Im deutschen Osten verläuft die Umgestaltung demgegenüber fremdbestimmt als Diktat der bundesdeutschen Machtelite. Ein erfolgreicher Systemwechsel setzt die Beachtung der übernommenen sozialen und kulturellen Infrastruktur voraus. Diese wurde in Ostdeutschland jedoch zerstört. Die für ihre Wirksamkeit unverzichtbaren Beziehungsgeflechte konnten nicht aus den alten Bundesländern übertragen werden. Sie müssen sich erst in einem langsam und widersprüchlich verlaufenden Prozeß im Osten Deutschlands neu herausbilden. Die gegenwärtig ablaufenden Transformations- und Integrationsvorgänge vollziehen sich auf dem Humus der DDR-Gesellschaft, der von neuen sozio-kulturellen Strukturen überlagert wird, die keine Wurzeln treiben konnten. Zwar lassen sich Institutionen zerstören und durch andere ersetzen, doch nicht die mit ihnen gewachsenen zwischenmenschlichen Beziehungen. Daraus leiten sich Unwägbarkeiten ab, die den Transformationsprozeß nach vorn offen gestalten.

Es bleibt sich gleich, unter welchem Gesichtswinkel die Vereinigung der beiden deutschen Staaten betrachtet wird, seien es die Vereinigungsfolgen, die getäuschten Erwartungen, die Parallelgesellschaften mit ihren unterschiedlichen Werten und Identitäten oder die Erinnerungskultur und das Ausbleiben der inneren Einheit, die neoliberale Marktwirtschaft, die unvollkommene Demokratie und die durch das Eigentum begrenzten Freiheitsrechte. Sie lassen die Ostdeutschen am politischen, wirtschaftlichen und gesellschaftlichen Modell der Bundesrepublik zweifeln.

Das Reformland – Politischer und wirtschaftlicher Wandel im vereinigten Deutschland

Die realsozialistische Vergangenheit hat gezeigt, daß eine Planwirtschaft in der Lage ist, ein Land wie z.b. das zaristische Rußland aus der Rückständigkeit eines durch Agrarwirtschaft geprägten Staates in eine moderne Industriegesellschaft zu führen. Ebenso hat die Planwirtschaft am Beispiel der Sowjetunion die Fähigkeit demonstriert, im Krieg alle für die Verteidigung eines Staates notwendigen Ressourcen binnen kurzer Frist zu mobilisieren. Die Planwirtschaft hat sich gegenüber der freien Marktwirtschaft als überlegen erwiesen, wirtschaftlich rückständige Staaten in die Zukunft zu führen. Der Vergleich Chinas mit Indien zeigt, daß die Volksrepublik in der Breite und Tiefe sich wesentlich rascher entwickelt hat und nun einen zusätzlichen Wachstumsschub durch die Förderung kapitalistischer Strukturen erfährt. China, wie auch das Chile zu Zeiten von Augusto Pinochet unterstreichen übrigens, daß zwischen freiem Markt und politischer Demokratie kein zwangsläufiger Zusammenhang besteht. Ebenso steht Kuba an der Spitze aller lateinamerikanischen Staaten und hat auf sozialem Gebiet die USA überflügelt. Während es z. B. in Kuba nur 3 % Analphabeten gibt, sind es in den USA 25%.

Wenn die Planwirtschaft somit fähig ist paradigmatische Anforderungen an ihre Leistungsfähigkeit zu meistern, so versagte sie in der Vergangenheit bei den Mühen der Ebene. Sie zeigte sich in ihrer praktizierten Form nicht dem Erfordernis der kontinuierlichen Entwicklung einer Volkswirtschaft gewachsen, Konsumgüter in ausreichender Quantität und Qualität der Bevölkerung ständig zur Verfügung zu stellen und die steigenden Anforderungen des industriell-technischen Fortschritts in der notwendigen Breite zu bewältigen. Die Sowjetunion erwies sich in der Lage Spitzenleistungen in der Raumfahrttechnik zu erbringen, versagte aber bei der Notwendigkeit die materiell-technische Basis des Landes auf der Grundlage des industriellen Fortschritts zu entwickeln. In der reinen Planwirtschaft besteht eine Verteilungsgesellschaft, die den sozialen Absturz ihrer Mitglieder verhindert, aber keine leistungsstimulierenden Signale sendet. Appelle an die Überzeugung können nur wenige Menschen zu höheren Leistungen herausfordern. Wirtschaftlicher Druck erweist sich als effektiver.

Ausgehend von diesen negativen Erfahrungen, setzte die Bevölkerung der DDR große Erwartungen in die freie Marktwirtschaft, das Wirtschaftssystem des Kapitalismus. Sie ist in der Lage, auf alle Anforderungen des Marktes flexibel zu reagieren, den wissenschaftlich-technischen Fortschritt voranzutreiben und die Konsumwünsche der Bevölkerung zu erfüllen. Die Marktwirtschaft unterliegt keiner zentralen Steuerung. Sie wird bestimmt, so der Idealfall, durch ein freies Unternehmertum, freien Wettbewerb und Konkurrenz. Angebot und Nachfrage regulieren den Preis der Waren. Da die Marktwirtschaft von sich aus nicht sozial ist, bedarf es regulierender Eingriffe des Staates. Dieser trägt die Verantwortung für die erforderlichen Rahmenbedingungen, um die Unternehmer in ihre soziale Pflicht zu zwingen. Dies geschieht über die Steuern und die paritätische Beteiligung der Unternehmer an den Sozialleistungen in Form der Lohnnebenkosten. Über diesen Mechanismus realisierte sich die soziale Marktwirtschaft, die vier Jahrzehnte die ordnungspolitischen Strukturen der alten Bundesrepublik bestimmte.

Der Neubundesbürger war durchaus bereit, das Konsumangebot der freien Marktwirtschaft und das Sozialstaatsprinzip zu akzeptieren. Rasch wurde ihm jedoch deutlich, daß der freie Unternehmer nur den eigenen Profit im Auge hat, der freie Wettbewerb durch Absprachen zwischen Unternehmen gebremst wird, Fusionen marktbeherrschende Konzerne schaffen und die Wahrnehmung sozialer

Verantwortung verweigert wird. Geld besitzt kein Gewissen. Der Arbeitnehmer und Rentner spürt die Kehrseite dieser Einstellung. Die Reallöhne sinken, die Lebenshaltungskosten steigen z.b. durch hohe Mieten, Wasser- und Abwasserpreise, steigende Energiekosten und den sich ständig erhöhenden Eigenbeitrag zu den Sozialleistungen. Der Bürger muß erkennen, daß der Staat sich mehr und mehr aus seiner Verantwortung für den Arbeitnehmer zurückzieht und das Sagen der Wirtschaft überläßt. Die freie Marktwirtschaft hat für den Ostdeutschen ihren ursprünglichen Glanz verloren und steht ihm nun in ihrer sozialen Kälte nackt gegenüber. Er verspürt den Mangel an sozialer, politischer, rechtlicher, moralischer und ökonomischer Gerechtigkeit, der ihn zu einem Menschen 2. Klasse degradiert.

Die Ostdeutschen gehen bei der Behandlung derartiger Fragestellungen von völlig "falschen" Prämissen aus. Der Staat soll im bürgerlich-kapitalistischen Verständnis nicht etwa der Mehrheit der Arbeitnehmer, den sozial Schwachen und Rentnern dienen, sondern der Minderheit der Vermögenden und Aktionäre. Das realisiert er konsequent und erfolgreich. Wie sich die Beziehungen zwischen der Wirtschaft und den Arbeitnehmern in Deutschland zukünftig zu gestalten haben, ist dem Credo von Dieter Hundt, dem Vorsitzenden der Bundesvereinigung der Deutschen Arbeitgeberverbände (BDA) zu entnehmen. Nach seiner Auffassung ist der Wirtschaftsstandort Deutschland nur zu sichern, wenn Unternehmen ins Ausland verlagert werden, flexible Arbeitszeiten ohne Lohnausgleich eingeführt werden, der Kündigungsschutz deutlich eingeschränkt und der Leistungskatalog der Sozialversicherungssysteme begrenzt und auf bestimmte Kernbereiche reduziert wird. Das Arbeitsrecht insgesamt ist ihm zu verkrustet. Krankheit, Pflegebedürftigkeit und Alter sind auf individueller Grundlage Kapital gedeckt abzusichern. Vernachlässigt wird bei einem solchen Vorschlag, daß eine so finanzierte Rente den Risiken des Finanzmarktes unterliegt, dessen Zusammenbruch die Menschen jeder Alterssicherung berauben würde.

Außerdem erscheint es Dieter Hundt dringend notwendig einen Niedriglohnsektor einzuführen, der besonders den tertiären Arbeitsmarkt betrifft. An die Gewerkschaft wird die Forderung gerichtet, ihre Verweigerungspolitik aufzugeben und enger mit den Arbeitnehmerverbänden zusammenzuarbeiten. Der Ostdeutsche fühlt sich an DDR-Zeiten erinnert. Damals hatten die Gewerkschaften die Interessen des Staates zu vertreten, nun sollen sie das Gleiche für die Wirtschaft leisten. Auch die Forderung des inzwischen aus dem Amt geschiedenen Präsidenten des Bundesverbandes der Deutschen Industrie, Michael Rogowski, bewegt sich in die gleiche Richtung. Der Bürger habe für seine soziale und gesundheitliche Absicherung selbst aufzukommen, und Aufgabe der Wirtschaft ist es für Arbeitsplätze zu sorgen. Wenn sie es nur täte.

Vom Standpunkt dieser Interessenvertreter von Industrie und Arbeitgebern ist die Forderung nach mehr Eigenverantwortung des Bürgers durchaus gerechtfertigt, da damit der Staat aus der sozialen Verantwortung entlassen wird. Er schafft so die Möglichkeit die Steuern für die Besserverdienenden herabzusetzen und die Gewinne der Unternehmer durch Senkung der Lohnnebenkosten und Sozialausgaben weiter zu steigern. Obwohl Bundesregierung und Parlament die Forderungen der Wirtschaft zu ihren eigenen machen, ist kein zusätzlicher Arbeitsplatz entstanden. Im Gegenteil hat die Arbeitslosigkeit stetig zugenommen. Die Bundesrepublik ist eben keine arbeiterliche Gesellschaft, sondern eine der Vermögenden mit ihren dominierenden Interessen. Ihre Lobby agiert im Bundestag, um die Verabschiedung der erforderlichen Gesetze durchzusetzen. Die Mehrheit der Bürger besitzt de facto keine Interessenvertretung, sondern benötigt die Parteien zur Wahrnehmung ihrer Ansprüche. Dies kann sie weder von der CDU, der FDP oder den Grünen erwarten. Selbst die SPD, sobald sie an der Macht beteiligt ist, sieht sich zunehmend ebenfalls als Interessenvertreterin der Besserverdienenden. Eine Partei, die sich die Ansprüche der Arbeiter und kleinen Leute zum Gegenstand ihrer Politik macht, war sie nur unter August Bebel. Bereits im 1. Weltkrieg ließ die SPD-Führung erkennen, wessen Interessen sie nunmehr zu vertreten gedachte. Friedrich Schorlemmer faßt die Situation dieser Partei und ihrer Führung folgendermaßen zusammen: "*Schröder ist dabei mit seiner Politik den sozialdemokratischen Gedanken in eine Sackgasse zu fahren. Mit der Agenda 2010 hat er eine Grundentscheidung zu Gunsten des neoliberalen Zeitgeistes getroffen.*" Nur unter dem Druck, wie er von der Linkspartei PDS ausgeübt wird, besinnt sich die SPD vorsichtig auf ihre sozialen Wurzeln, ohne allerdings ihren bisherigen Sozialabbau in Frage zu stellen. Sowohl vom Vizekanzler und Minister für Arbeit und Soziales Franz Müntefering noch vom SPD-Vorsitzenden Matthias Platzeck ist eine andere Politik zu erwarten.

Die Agenda 2010 propagiert eine von ihrem Wesen arbeitnehmerfeindliche Politik. In Verantwortung der ehemaligen Arbeiterpartei SPD und der von ihr gestellten Regierung, unternahmen die Ressortminister für Finanzen, Gesundheit und Wirtschaft alles, um den Forderungen der Wirtschafts- und Unternehmerverbände zu genügen und gleichzeitig die sozialen Rechte der Arbeitnehmer zu beschneiden. Zur Ausarbeitung der erforderlichen gesetzlichen Grundlagen sind sie mangels Kompetenz alleine offensichtlich nicht in der Lage. Deshalb werden Beratergesellschaften bemüht, die auch die Unternehmer beraten, wie sich der Profit am erfolgreichsten maximieren läßt. Senkung der Lohnnebenkosten und Abbau von Arbeitsplätzen stehen im Mittelpunkt der Empfehlungen, die sie sowohl der Regierung wie den Unternehmen vermitteln. Die Senkung der Lohnnebenkosten bedeutet Abbau von sozialen Leistungen und die durchgeführten Steuersenkungen beschneiden die Mittel, die der Staat benötigt, um seiner Sozialverpflichtung gerecht zu werden. Die "soziale Hängematte", um die gern genutzte Terminologie zu verwenden, wird an beiden Enden durchtrennt.

Der sich vollziehende Sozialabbau trifft die Ostdeutschen besonders hart. Wie Edelbert Richter feststellt, werden die Ostdeutschen in Demokratie und Marktwirtschaft integriert, in dem sie gleichzeitig von ihren wesentlichen Bedingungen, Arbeit und Eigentum, ausgeschlossen werden. Die Risikobereitschaft nimmt mit steigendem Vermögen zu. Unter Berücksichtigung ihrer Situation ist den Ostdeutschen nicht zu verdenken, daß sie Veränderungen eher zögerlich und ablehnend gegenüber stehen.

Von sozialer Verantwortung ist bei der vermögenden Klientel nichts zu verspüren. Dies war in der Vergangenheit anders, erinnert sei an die Familie Fugger, als die Unternehmer noch Verantwortung für ihre Arbeiter verspürten und entsprechende soziale Leistungen bereitstellten. Es gibt auch gegenwärtig noch Unternehmer, die ein soziales Gewissen besitzen und danach handeln. Doch ist ihre Zahl zu klein, um in Größenordnungen spürbar zu werden. Sie finden sich eher bei mittelständischen Betrieben.

In der Gegenwart werden menschliche Beziehungen verrechtlicht und mehr und mehr über das Geld abgewickelt. Den Aktionär des an der Börse agierenden Großunternehmens interessiert nur der Wert seiner Aktie am Börsenmarkt und zu Jahresende die Höhe seiner Dividende. Der Shareholder ist nur am schnellen Gewinn interessiert und nicht an der langfristigen Rentabilität des Unternehmens. Anteilnahme und Mitgefühl mit denen, die ihm mit ihrer Hände Arbeit die Dividende erarbeiten, kennt er nicht. Nach Thomas Ahbe haben in Politik und Medien zunehmend die Angehörigen eines modernisierten und individualisierten, hedonistisch wie leistungsorientierten bürgerlichen Milieus das Sagen. Das paternalistische Verantwortungsgefühl ist demgegenüber völlig verloren gegangen und wird verspottet.

Im Ergebnis des in Ostdeutschland vollzogenen Wandels gelangte selbst Wolfgang Thierse zu der zeitweiligen Erkenntnis, daß Ostdeutschland kein Land des Übergangs mehr, sondern zweitrangig ist. Er sieht Perspektivlosigkeit und Zukunftsangst. Ostdeutschland sei eine Zweidrittelgesellschaft, die sich spiegelbildlich zur westdeutschen verhält. Nur das obere Drittel ist erfolgreich integriert, das untere Drittel stelle die Vorstufe zur klassischen Unterschicht dar. Zu ergänzen ist, daß auch das mittlere Drittel im Osten sich stärker dem unteren als dem oberen annähert, und soziale Unterschichten nicht die Perspektive, sondern gesellschaftliche Realität der ostdeutschen Länder sind. Wenigstens in dieser Hinsicht gleichen sie sich den alten Bundesländern an. Es kann deshalb nicht überraschen, daß mit den bevorstehenden Arbeitsmarktreformen unter den Ostdeutschen eine große Unruhe ausgelöst wird. Zudem wird deutlich, daß sich Deutschland zu einer Ein-Drittel-Gesellschaft entwickelt. Nur das obere Drittel kann sich einem ungebremsten Konsum hingeben. Die beiden unteren Drittel verarmen zusehends. Es kann doch nicht wünschenswert sein, daß die Wohlhabenden sich zukünftig aus Angst vor gewaltsamen Übergriffen auf ihren Wohlstandsinseln, wie in Südafrika, hinter hohen Mauern, Drahtverhauen und

Elektrozäunen einigeln, um sich so vor Gewalttätigkeit der Armen und Ausgegrenzten zu schützen. Ansätze in diese Richtung sind durchaus auch im alten Europa vorhanden.

Das Unvermögen der politischen Machtelite in West und Ost sich in die Lebenswelt der Ostdeutschen hineinzufühlen und ihre reale Lage zu begreifen, demonstriert nachdrücklich die Beschlußlage zur Vereinheitlichung von Arbeits- und Sozialhilfe und die damit verbundenen Zumutungen für breite Schichten der Bevölkerung. Das enge soziale Fenster, durch das die Politiker ihre Untertanen betrachten, offenbarten ihre Reaktionen auf die Demonstrationen in zahlreichen ostdeutschen Städten gegen das Hartz-IV-Gesetz. An der Notwendigkeit, die Effizienz des Sozialsystems unter veränderten wirtschaftlichen und demographischen Bedingungen zu überprüfen und zu verändern, besteht kein Zweifel. Doch läßt sich seine Effizienz nicht nur aus der Interessenlage der Wirtschaft bewerten, sondern muß auch die Konsequenzen für die Betroffenen berücksichtigen, wenn der Begriff Reform in seiner positiven Bedeutung erhalten bleiben soll.

Statt das Gesetz verzweifelt schön zu reden, sollte deutlich gesagt werden, daß sein Zweck die endgültige Abschaffung des Sozialstaates ist. Das wird tunlichst vermieden, um soziale Eruptionen zu vermeiden. Stattdessen wird der Sozialstaat scheibchenweise abgebaut, vermengt mit allerlei optimistischem und zugleich verwirrendem Wortgeklingel, um den Bürger so über seine tatsächliche Situation zu täuschen und zu beruhigen.

Im Westen der Bundesrepublik mögen die beschlossenen Maßnahmen bis zu einem gewissen Grad noch greifen. Die Zahl der Arbeitslosen ist in diesen Breiten noch deutlich niedriger als in Ostdeutschland. Es existiert ein Arbeitsmarkt, der, wenn auch nicht in ausreichendem Maß, Arbeitsplätze zur Verfügung stellt. Bei vielen der altbundesdeutschen Arbeitnehmer konnten zudem in den Zeiten der Prosperität finanzielle Rücklagen angelegt werden. Diese nutzen ihnen allerdings wenig, wenn sie zum Arbeitslosen 2. Klasse mutieren.

Ganz anders sieht es im Osten aus mit einer mehr als doppelt so hohen Arbeitslosigkeit. Arbeitsplätze stehen praktisch nicht zur Verfügung und auf finanzielle Rücklagen kann der Neubundesbürger in der Regel nicht zurückgreifen. Gleichzeitig ist die Zahl der Langzeitarbeitslosen deutlich höher als in den westdeutschen Bundesländern. Altersarmut ist programmiert und wird von der politischen Klasse billigend in Kauf genommen ebenso wie die Tatsache, daß die Zahl der in Armut lebenden Kinder sich mindestens verdoppelt und ihnen damit jede Lebensperspektive genommen wird.

Der Chef der Bundesagentur für Arbeit, Frank-Jürgen Weise, hat deutlich gemacht, daß Arbeitslose jenseits der 55 im Osten keine Aussicht auf einen Arbeitsplatz besitzen. Diese Aussage löste einen heuchlerischen Schrei der Empörung aus, der jedoch nichts an der Richtigkeit dieser Feststellung ändert. Es ist eine Schande für das reichste Land in Europa älteren Arbeitnehmern keine Perspektive bieten zu können und ihnen jede Hoffnung auf die Zukunft zu nehmen.

Wie weit Ost und West inzwischen auseinander gedriftet sind, läßt sich an dem unterschiedlichen Widerstand gegen Hartz IV ablesen. Waren es in Westdeutschland einige Hundert, die auf die Straßen gingen, umfaßten die Demonstrationszüge im Osten bis zu zehntausende von Menschen. Dies ist leicht erklärlich. In den alten Bundesländern gehen die Arbeitslosen in der Zahl der noch beschäftigten Arbeitnehmer unter und werden im öffentlichen Bild kaum wahrgenommen. In den neuen Bundesländern dagegen beherrschen die Beschäftigungslosen das Straßenbild. Sind Regionen mit Massen- und Langzeitarbeitslosigkeit in Westdeutschland örtlich begrenzt, so breiten sie sich in Ostdeutschland flächendeckend aus. Zudem deutet sich im Osten eine Wiederherstellung der verloren geglaubten Solidarität zwischen den Menschen an, denn es gingen nicht nur die Betroffenen auf die Straße. Die einen machen sich Sorgen um ihre Kinder und Enkel, die anderen müssen befürchten, daß sie im Falle der Arbeitslosigkeit auch Opfer der Arbeitsmarktreformen werden. Solidarität entsteht nicht spontan, sondern ist stets das Resultat von äußerem Druck. Bemerkenswert ist, daß in Ostdeutschland der Anteil der aus gebildeten Schichten stammenden Demonstranten größer war als es ihrem Anteil in der Bevölkerung entspricht.

An den bestehenden Unterschieden zwischen Ost und West wird der Ruf von Franz Müntefering nichts ändern, wonach zukünftig nicht mehr zwischen Ost-

und Westdeutschland unterschieden werden soll, sondern es nur noch ein Deutschland gibt. Diese Äußerung erinnert an Kaiser Wilhelm II., der nach Ausbruch des 1. Weltkrieges nicht mehr Parteien, sondern nur noch Deutsche kennen wollte. Auch die Warnung von Gerhard Schröder vor einer Spaltung in Ost und West geht an der Realität vorbei, denn diese Spaltung existiert bereits seit der Zeit, als er noch nicht auf dem Stuhl des Kanzlers saß, den er inzwischen verlassen mußte. Sie erfährt gegenwärtig eine dramatische Vertiefung, nicht zuletzt durch Äußerungen hochrangiger westdeutscher Politiker, die beide Landesteile gegeneinander ausspielen und mit Leistungskürzungen drohen, wenn die PDS weiter an Einfluß gewinnt.

Wenn Gerhard Schröder den Menschen bis hinein in die Mittelschichten eine "Mitnahmementalität" vorwirft, d.h. selbst bei ausreichendem Einkommen die Ausnutzung aller gesetzlich möglichen Zuwendungen, so können mit diesem Vorhalt nur die oberen Mittelschichten und die Oberschichten der Gesellschaft gemeint sein. Es sind besonders diese Schichten, die sich durch eine ausgesprochene Mitnahmementalität auszeichnen. Erinnert sei an die frühen Jahre des Anschlusses der DDR. Es wurde alles mitgenommen, was sich bot, sei es die Buschzulage, der Karrieresprung, die Immobilie, das Grundstück oder der Betrieb. Auch gegenwärtig sind es die Besserverdiener, die jedes Schlupfloch nutzen, um eine Steuervergünstigung in Anspruch zu nehmen oder Vermögen ins Ausland zu transferieren. Mitnahmementalität demonstrieren auch die Betriebe, die ihre Produktion ins Ausland verlagern, um den Gewinn zu maximieren. Mitnahmementalität selbst bei den gewählten Volksvertretern in den Parlamenten, die auf den Gehaltslisten von Konzernen stehen. Wie wollen sie ihre Unabhängigkeit bewahren? Die Äußerung von Gerhard Schröder läßt den Verdacht aufkommen, daß es ihm mit seinem Vorwurf vordergründig um die Unterschichten der Gesellschaft geht. Warum nannte der Ex-Kanzler nicht deutlich beim Namen, wen er meint?

Es ist nicht abzustreiten, daß Betroffene die Lücken beim Arbeitslosengeld II ausnutzen und sich vor Erwerbsarbeit drücken. Ebenso kennt jeder Arbeitnehmer, deren Zahl aber immer geringer wird, die sich gern einmal unberechtigter Weise krankschreiben ließen, um sich so einen Zusatzurlaub zu verschaffen. Natürlich gibt es Schwarzarbeiter. Bei ihnen handelt es sich häufig um solche Arbeitnehmer, deren Verdienst nicht genügt, um sich eine angemessene Lebensqualität zu sichern.

Gewiß begegnen wir derartigen Verhaltensweisen in vielfältiger Form. Jedoch sind sie nicht typisch für die Mehrzahl der Arbeitnehmer. Es muß auch erlaubt sein nach den Gründen für eine derartige Handlungsweise zu fragen. Wenn die Wirtschaft nicht ausreichend Arbeitsplätze zur Verfügung stellt und der Staat seine Sozialleistungen ständig reduziert, so wird derart gesetzloses Verhalten provoziert. Es wird immer einen Anteil von 3–4% der arbeitsfähigen Menschen geben, der arbeitsunwillig ist. Das berechtigt jedoch nicht die übrigen mit ihnen gleichzusetzen und durch Abbau der Sozialleistungen zu strafen. Verantwortung für die Tätigkeit von Schwarzarbeitern tragen die Unternehmer, die sich nicht scheuen diese wie auch ausländische Arbeitnehmer zur Profitmaximierung auszubeuten.

Der vorübergehende Widerstand im Osten richtete sich nicht nur gegen Hartz IV, sondern ist Ausdruck der enttäuschten Erwartungen und Hoffnungen, die vor mehr als einem Jahrzehnt von westdeutschen Politikern und Parteien geweckt wurden. Zu dieser Erkenntnis ringen sich auch Politiker wie Wolfgang Schäuble und Michael Glos durch. Der Erstgenannte meint, und er muß es ja wissen, daß die Gründe für die Unzufriedenheit der Ostdeutschen bereits im Prozeß der Vereinigung zu suchen sind. Es scheint wenig glaubwürdig, daß die Politik erst jetzt zu derartigen Einsichten gelangt. Diese wurden jedoch verdrängt in der Hoffnung, daß die Bevölkerung sich allein mit Versprechungen und Appellen an ihre "wirtschaftliche Vernunft" hinhalten läßt. Doch die Menschen im Osten fühlen sich als solche 2. Klasse. Sie wollen nicht alimentiert werden, sondern arbeiten. Der Vorwurf der Kasko-Mentalität zeugt von Dummheit und Unverständnis. Gesellschaften sind nun einmal unterschiedlich zusammengesetzt. Bestimmen die Interessen der Oberschichten Politik und gesellschaftliches Leben, dann wird das, was von unten gefordert wird als Vollkaskomentalität denunziert. Wird jedoch von den Interessen der nicht zu den Vermögenden gehörenden Mehrheit ausgegangen, dann ist die Forderung nach sozialer Sicherheit und Arbeit elementar.

Neues Denken sieht Daniela Dahn nur vom kleinen Steuerzahler gefordert. Unternehmern mutet die Politik ein neues Denken nicht zu. Es läßt sich ihrer Meinung nur zustimmen, daß für die politische Klasse *"die Treue zu den Aktionären, den Managern, Banken und Militärs ein dringlicheres Herzensanliegen ist als die Treue zum gewöhnlichen Steuerzahler"*.

Gerade der Umgang mit den Ostdeutschen im Zusammenhang mit Hartz IV muß Erstaunen auslösen. Interessant sind die Reaktionen, die die Bereitschaft vieler arbeitsloser Ostdeutschen bewirkte, gegen dieses Gesetz des rabiaten Sozialabbaus zu demonstrieren. Wolfgang Clement, der Ex-Minister für das Grobe, hielt es für eine Zumutung wieder von Montagsdemonstrationen zu sprechen und sie so mit den Demonstrationen des Herbstes 1989 zu vergleichen. Dabei besteht eine Kontinuität; denn es sind z.T. dieselben Menschen, die 1989 gegen die DDR auf die Straße zogen, denen in den Märzwahlen 1990 "Wohlstand für alle" versprochen wurde, und die gegenwärtig erleben müssen, wie sie mit Scheinargumenten in die Armut getrieben werden. Die Demonstranten von damals sind die Arbeitslosen und Sozialhilfeempfänger von heute. Geradezu typisch für diese Aussage ist der Organisator der Demonstrationen in Magdeburg, Andreas Ehrholdt, seit 14 Jahren arbeitslos, trotz mehrmaliger Umschulung. Dies alles geschieht vor dem Hintergrund der Zusicherung von Helmut Kohl, daß es keinem schlechter, aber vielen besser gehen soll. Das Gegenteil ist eingetreten. Vielen geht es schlechter und nur wenigen besser. Hartz IV wirft die Langzeitarbeitslosen in Ostdeutschland auf ein Lebensniveau zurück, das für sie in der DDR höher war.

Sicher begrüßen Wolfgang Clement und die politischen Eliten ein Verhalten der Betroffenen wie es die "Freie Presse" in einer Titelüberschrift zum Ausdruck brachte. Die betroffenen 250 000 Sachsen sollen nicht auf die Sozialrevolte warten, sondern brav die 16-seitigen Fragebögen ausfüllen und rechtzeitig bei der zuständigen Behörde abgeben. Das haben sie dann ja auch getan. Trotzdem sollten die Verantwortlichen nicht mit der endlosen Geduld der Betroffenen rechnen. Eines Tages kommt das Faß zum überlaufen. Dann wird Gewalt die Straßen beherrschen. Zuerst wird es die Kriminalität tun.

Als dumm kann nur das Argument des gleichen Ex-Ministers angesehen werden, die Arbeitslosigkeit als eine Hinterlassenschaft der Kommunisten zu interpretieren. Dieses Argument werden ihm in Ostdeutschland nur wenige abnehmen, denn die Menschen wissen hier sehr wohl, wem sie die Deindustrialisierung und Arbeitslosigkeit zu verdanken haben: der Politik der Treuhand, hinter der die CDU-geführte Bundesregierung, aber auch die damalige Opposition stand. Es wird Wolfgang Clement wohl schwer fallen zu erklären, warum in den postsozialistischen Ländern im Osten, die ja ebenfalls mit den Hinterlassenschaften des Kommunismus zu kämpfen haben, eine Deindustrialisierung in dem Ausmaß wie in Ostdeutschland nicht stattgefunden hat und die Arbeitslosenzahlen nicht die Höhe wie in Ostdeutschland erreichen, jedenfalls nicht so lange sie keine Mitglieder der Europäischen Gemeinschaft waren. Ebenso läßt sich die hohe Arbeitslosigkeit in den alten Bundesländern kaum als Ergebnis kommunistischer Unfähigkeit erklären. Oder hatte die DDR die Bundesrepublik unbemerkt unterwandert? Die Rosenholz-Dateien müßten es an den Tag bringen.

Ebenso instinktlos war die Antwort von Gerhard Schröder auf Zurufe bei seinem Auftritt zur Eröffnung des SPD Wahlkampfes zur Landtagswahl 2004 im Freistaat Sachsen in Leipzig, wo ihn Demonstranten als Arbeiterverräter und Lügner charakterisierten. Wenn ihm dazu nichts Besseres einfällt, als die Protestierer von Rechtsextremisten und der PDS, jetzt wieder SED-Nachfolgepartei, aufgehetzt zu bezeichnen, so zeugt dies von unbeschreiblicher Arroganz der Macht und Einfallslosigkeit.

Gewiß sind es Steuergelder, die in die Arbeitslosen- und Sozialhilfe fließen. Doch zahlen diese einmal auch die Besserverdienenden, wenn auch relativ weniger als die zur Diskussion stehende Klientel. Der Ex-Kanzler sollte sich daran erinnern, daß das etwas mit Solidarität zu tun hat. Zum anderen fließen Steuergelder in die Finanzierung der Einsätze der Bundeswehr "out of area", die Anschaffung von Waffen für die Bundeswehr, die Diäten der Parlamentarier auf den verschiedensten parlamentarischen Ebenen und die Fördergelder für die großen Unternehmen. Jeder Handwerker und kleine Unternehmer muß Modernisierungen seines Betriebes aus angelegten Rücklagen finanzieren. Großbetriebe dagegen wie VW oder BMW erhalten großzügige Steuergeschenke und Fördergelder. Warum äußert sich Gerhard Schröder nicht zu dieser Art der Verschwendung der Steuergelder von Kellnern, Köchinnen, Friseuren, Krankenschwestern, Schlossern und anderen einfachen Arbeitern, wie er es formulierte?

Wer an Hartz IV grundsätzliche Kritik äußert, muß sich den Vorwurf gefallen lassen, von der NPD und PDS verhetzt worden zu sein. Dieser Vorhalt bezieht sich insbesondere auf die Demonstranten, denen damit jede eigene Urteilskraft abgesprochen wird. Die Benennung von NPD und PDS als populistische Volksverhetzer in einem Satz ist nicht zufällig.

Kritik an der Demokratie und der Wirtschaftsordnung, aus welchem Mund auch immer, wird nach Ansicht von Daniela Dahn vom Grundgesetz jedoch nicht nur gedeckt, sondern herausgefordert. Damit setzt sich der Kritiker allerdings der "Disziplinierungskeule Verleumdungsfreiheit" aus. Aus eigener Erfahrung weiß sie, daß Vorwürfe gegen ungeliebte Kritiker sich nicht gegen den zur Diskussion stehenden Gegenstand, sondern gegen die Person des Autors richten. Die Überzeugungskraft von Argumenten soll dadurch entwertet werden, daß die Glaubwürdigkeit der argumentierenden Person, in diesem Fall einer Partei, in Frage gestellt wird.

Überhaupt stimulierte Hartz IV merkwürdige Reaktionen, wenn der sächsische CDU-Ministerpräsident Georg Milbradt überlegte, ob er nicht an den Montagsdemonstrationen teilnehmen soll. Es waren sicher die damals bevorstehenden Landtagswahlen, die ihn zu derartig seltsamen Gedanken anregten. An dieser Stelle begegnen wir erneut dem Umgang von Politikern mit der Wahrhaftigkeit, wenn daran erinnert wird, daß Georg Milbradt in seiner Funktion als Ministerpräsident im Vermittlungsausschuß des Bundesrates dem Hartz-IV- Gesetz zugestimmt und über die bestehenden Härten hinaus seine Verschärfung gefordert hatte.

Einerseits überraschend, andererseits erwartungsgemäß ist die Tatsache, daß weder die intellektuelle Szene noch repräsentative Vertreter der wissenschaftlichen Funktionseliten ein kritisches Wort zu dem sich vollziehenden Sozialabbau verlieren. Überraschend ist dies deshalb, weil nach dem Anschluß herbe Kritik an den DDR-Intellektuellen und den Funktionseliten geübt wurde, weil sie sich nicht öffentlich gegen die Politik der SED gewandt, sondern staatsnah verhalten haben. An dieser Kritik haben sich sehr nachdrücklich auch westdeutsche Intellektuelle beteiligt. Doch jetzt, da Kritik an der menschenverachtenden Reformpolitik der Bundesregierung angebracht wäre, herrscht Stillschweigen oder wird, wie überraschender Weise durch Günter Grass und weitere Intellektuelle als Unterzeichner einer Anzeige in der Süddeutschen Zeitung, vom 2. Oktober 2004 mit der Überschrift "Auch wir sind das Volk", Zustimmung zu Hartz IV und den anderen Maßnahmen des Sozialabbaus signalisiert. Alle Unterzeichner dieser Anzeige werden nie in den Genuß der angeblichen Vorzüge von Hartz IV gelangen. Ob sie zudem "das Volk" repräsentieren, darf bezweifelt werden. Systemkritik ist aus der Debatte völlig verschwunden, obwohl das politische und wirtschaftliche System genügend Stoff für eine fundamentale Kritik liefern.

Diese Haltung der geistigen Elite überrascht nicht, sondern entspricht den Erwartungen. In jedem politischen System verhält sich die Mehrheit der Intellektuellen staatstreu, um nicht zu sagen staatsnah. So lange die eigenen Besitzstände nicht angetastet werden, ist diese Schicht bereit alle Bösartigkeiten der politischen Klasse mit zu tragen und zu unterstützen.

Diskussionswürdig bleibt die Frage, ob die Demonstrationen gegen das Hartz IV-Gesetz mit den Montagsdemonstrationen des Jahres 1989/90 verglichen werden dürfen. Zweifellos lassen sich eher Parallelen zum 17. Juni 1953 in der DDR ziehen, als es primär ebenfalls ein Sozialabbau und nicht politische Forderungen waren, die damals die Arbeiter in Berlin und anderswo auf die Straße trieben und sie streiken ließen. Arbeitslose können nicht streiken, ihnen bleibt nur der Protest auf der Straße. Wenn in der Debatte argumentiert wird, daß es 1989/90 um Systemopposition ging und jetzt nur um die Wahrnehmung eines demokratischen Rechts, so ist dem entgegen zu halten, daß die Demonstrationen 1989 durchaus nicht als Systemopposition begannen. Dies war erst der Fall, als der Ruf "Wir sind das Volk" umschlug in den Ruf "Wir sind ein Volk".

Gewiß standen dieses Mal Forderungen nach sozialer Gerechtigkeit im Vordergrund, doch sollten sich die Verantwortlichen nicht darüber täuschen, daß bei einem Teil der Demonstranten auch Systemopposition hinter ihren Aktionen stand. Hartz IV ist nur der Auslöser einer Stimmungslage, die die Unzufriedenheit mit allem beinhaltet, was den Ostdeutschen in den vergangenen 15 Jahren zugemutet wurde. Es gab nur eine kurze Periode in der deutschen Geschichte, in der die bürgerlichen und die sozialen Grundrechte den gleichen Stellenwert besaßen. Das war in der DDR die Zeit der "Wende" zwischen dem Oktober 1989 bis zu den Märzwahlen 1990. Von diesem Zeitpunkt an verloren die sozialen Menschenrechte auch in Ostdeutschland zunehmend an Bedeutung und werden gegenwärtig in Gesamtdeutschland völlig in Frage gestellt.

Die Zahl der sozial Schwachen und die Armut werden eine erhebliche Steigerung erfahren, sobald Hartz IV nachhaltig zu wirken beginnt. Wie auf diese Weise Arbeitsplätze geschaffen werden sollen und eine Mobilisierung des Binnenmarktes mit erhöhter Kaufkraft, bleibt ein Geheimnis der Wirtschaftsexperten. Im Gegenteil wird sich das Angebot von Arbeitsplätzen weiter verringern, da gesunkene Kaufkraft mit einer Reduktion des Angebotes einhergeht. Die Unfähigkeit die reale Situation richtig einzuschätzen äußert sich auch in der Tatsache, daß mehr Menschen das Arbeitslosengeld II erhalten, als ursprünglich angenommen. Das bedeutet eine nicht eingeplante zusätzliche Belastung der Staatskasse.

Grundsätzliche Veränderungen von Hartz IV als Ergebnis der Demonstrationen sind nicht zu erwarten. Dazu war ihre Ausstrahlungskraft viel zu gering. Der Widerstand von Arbeitslosen und ihren Anhängern bedroht die Grundfesten von Staat und Wirtschaft in keiner Weise. Auch werden die Versprechungen nicht ohne Erfolg bleiben, daß das Gesetz überprüft und möglicherweise korrigiert werden soll, wenn die ersten Erfahrungen vorliegen. Tatsächlich ebbte die Demonstrationsbereitschaft ab. Nicht auszuschließen bleibt, daß die friedlichen Proteste im Verlauf der Zeit in Gewalt umschlagen, wenn die Betroffenen zukünftig konkrete Erfahrungen mit den Folgen dieses Gesetzes machen, ihre bisherige Wohnung verlassen müssen und die Ebbe in ihrem Portemonnaie spüren. Es bleibt erstaunlich, mit welcher Geduld die deutschen Arbeitnehmer im Gegensatz z. B. zu den Franzosen und Italienern, den Sozialabbau hinnehmen. Diese duldsame, unterwürfige Haltung verleitet Politik und Wirtschaft dazu mit immer drakonischeren Schritten den Sozialstaat zurückzufahren.

Wenn heutzutage zu Recht Kritik an dem sich vollziehenden Sozialabbau geübt und von ostdeutscher Seite auf die sozialen Leistungen der DDR verwiesen wird, so ist auch diese Sicht einseitig. Es darf nicht übersehen werden, daß die DDR zwar ökonomisch nicht bankrott war, jedoch ihre wirtschaftliche Leistungsfähigkeit im Widerspruch zu dem Umfang der gewährten sozialen Leistungen stand. Selbst bei Berücksichtigung der Annahme, daß es gelungen wäre die DDR politisch zu reformieren, so hätte die Stabilisierung der angespannten wirtschaftlichen Lage für einen größeren Zeitraum eine Senkung der Reallöhne bei Zurücknahme mancher sozialer Leistungen erfordert. Auch ein bestimmtes Maß an Arbeitslosigkeit wäre nicht zu umgehen gewesen. Mit dem Blick auf die damals sozial durchaus noch attraktive Bundesrepublik und ihr Konsumangebot wäre die DDR-Bevölkerung nicht bereit gewesen, auch nur geringe Einschnitte in das soziale Netz zu tolerieren. Soziale Unruhen und Streiks wie 1953 wären die Folge gewesen, die die politische Klasse der Bundesrepublik zweifellos zu ihren Gunsten ausgenutzt hätte. Wirtschaftliche und soziale Reformen in der DDR hätten nur eine Chance auf Erfolg besessen, wenn sie spätestens 1968 in Angriff genommen worden wären. Die damals versäumten Einschnitte in das soziale Netz der DDR, verspüren die Ostdeutschen nun im vereinigten Deutschland wesentlich massiver.

Die Zukunft bleibt ungewiß

Wenn die Frage nach der Zukunft Ostdeutschlands gestellt wird, so ist ihre Beantwortung nicht auf die politischen und wirtschaftlichen Veränderungen in diesem Teil der Bundesrepublik Deutschland zu reduzieren. In gleicher Weise gilt es den sich vollziehenden Wandel in den alten Bundesländern wie auch in der internationalen Staatengemeinschaft zu berücksichtigen. An dieser Stelle ist der Physiker Hans-Peter Dürr zu zitieren, der bereits 1989 gegenüber André Brie äußerte: *"Herr Brie, seien Sie nicht traurig. Sie sind mit Ihrem Land jetzt gescheitert. In zehn oder fünfzehn Jahren werden wir gemeinsam noch mal scheitern, und dann wird es noch schlimmer."*

Es existieren auf dieser Erde keine nationalen Inseln der Seligen mehr, sondern die wirtschaftliche Entwicklung jedes Landes ist im Ergebnis der Globalisierung an die anderer Länder gekoppelt. Das Umbruchsszenario besteht global, national und regional. Das Problem ist nicht die Globalisierung an sich, sondern ihre Einengung auf die Wirtschaft und Finanzmärkte unter Vernachlässigung der mit ihr einhergehenden und zunehmenden sozialen Widersprüche. Nicht wirtschaftliches Wachstum, sondern soziale Umverteilung des erarbeiteten Vermögens ist die Herausforderung der Zukunft. Die globale Konkurrenz unterminiert den Wohlfahrtsstaat, der für sie nur als Kostenfaktor zählt. Die für erforderlich gehaltene Kostensenkung wird bei steigenden Gewinnen durch die Entlassung von Arbeitnehmern realisiert. Das praktizieren gegenwärtig z.B. die Telekom und der schwedische Konzern Elektrolux, der die Schließung des AEG-

Stammwerkes in Nürnberg plant. Etwa 34 000 Arbeitsplätze gehen damit durch die beiden global player verloren.

Gleichzeitig gilt es die sich international abzeichnenden Tendenzen zur Entwicklung des Arbeitsmarktes zu berücksichtigen. Im Ergebnis des Einflusses der Wirtschaft auf die Gesellschaft erfolgt sozio-strukturell eine Segmentierung der klassischen Arbeitsgesellschaft. Große Bevölkerungsanteile in den Industriestaaten haben keine Aussicht mehr in die ökonomisch-gesellschaftlichen Kernbereiche der Erwerbsarbeit zu gelangen. Eine Rückkehr zur Arbeitsgesellschaft der Vergangenheit und eine Vollbeschäftigung wird es unter den gegenwärtigen politischen und wirtschaftlichen Rahmenbedingungen nicht mehr geben. Dies ist ein objektiver Sachverhalt. Es verbleiben flexibilisierte Arbeitsverhältnisse mit dem Ergebnis, daß viele Menschen in sozialen Randlagen hängen bleiben. Dazu trägt bei, daß das durch Erwerbsarbeit erzielte Einkommen vielfach nicht genügt, um einen adäquaten Lebensstandard zu sichern. Es garantiert allzu häufig nur ein Leben am Rand der Armutsgrenze. Gleichzeitig bewirkt die strukturelle Arbeitslosigkeit eine Lockerung und Zerstörung sozialer Bindungen und stellt damit eine Bedrohung der Zivilgesellschaft dar.

Ein Drittel des vorhandenen Arbeitskräftepotentials wird im Ergebnis der industriellen Revolution mit Automatisierung von Produktionsprozessen gegenwärtig nicht mehr benötigt. Im Ergebnis dieser Entwicklung hat sich in den letzten Jahrzehnten die Wertschöpfung je Beschäftigten verdoppelt, d.h. wozu früher eine ganze Arbeitskraft erforderlich war, genügt gegenwärtig eine halbe. Auch für die Zukunft ist keine Änderung zu erwarten. De facto existieren zwei Arbeitsgesellschaften. Die Mitglieder der einen haben einen festen Arbeitsplatz, die der anderen jobben. Dies bewirkt bei der Bevölkerung eine zunehmend kritische Haltung gegenüber der EU, wie sie mit der Ablehnung der EU-Verfassung durch breite Bevölkerungsschichten in Frankreich und den Niederlanden demonstriert wurde.

Die Europäische Union stellt, für jeden sichtbar, kein homogenes Gebilde dar, sondern sie ist von erheblichen ökonomischen und sozialen Ungleichheiten zwischen ihren Mitgliedsländern und Regionen geprägt mit einer Vergrößerung der Kluft zwischen Arm und Reich. Ihre jüngste Entwicklung läßt Zweifel an ihrer zukünftigen Existenz wach werden. Sie war ein Kind des Kalten Krieges. Mit dem Zerfall der sozialistischen Staatengemeinschaft ist das einigende Band der westlichen weggefallen, und die nationalen Interessen treten wieder in den Vordergrund. Die stattgefundene Erweiterung der Europäischen Union stellt keinen Beitrag zu ihrer Festigung dar, sondern wird neue Gräben aufreißen.

Der strukturelle Wandel auf dem Arbeitsmarkt spielt in der politischen und gesellschaftlichen Debatte keine Rolle. Deshalb erfolgen auch keine Vorschläge zu Alternativen mit breiter Diskussion in der Öffentlichkeit. Im Gegenteil wird dem "mündigen" Bürger diese Entwicklung verschwiegen. Vielleicht ist sie den Verantwortlichen in Politik und Wirtschaft in ihren Konsequenzen selbst noch nicht bewußt. Deshalb der untaugliche Versuch die Probleme der Gegenwart mit den Methoden der Vergangenheit zu lösen und so zu tun, als ob die Massenarbeitslosigkeit zu beseitigen ist, wenn die Unternehmer immer mehr von allen Abgaben befreit werden. Doch die Arbeitslosigkeit ist nicht mehr das Resultat einer konjunkturellen Krise, sondern sie ist struktureller Natur. Es bedarf deshalb völlig neuer Lösungsansätze auf der Grundlage alternativer Denkmuster. Dies ist dringend notwenig, weil Arbeitslosigkeit mit psycho-sozialen Folgen für die Betroffenen verbunden ist wie Angst, Hoffnungslosigkeit, Depression und Schuldgefühlen. Arbeitslosigkeit stört den Zusammenhalt in der Familie und auf die Dauer auch in der Gesellschaft. In ihrem Schoß entwickeln sich soziale Eruptionen.

Es ist amerikanisches Denken, das die Diskussionen der politisch und wirtschaftlich Verantwortlichen in Europa und damit der Bundesrepublik kennzeichnet. Schon längst ist es nicht mehr das Anliegen der Wirtschaft und des Staates, jedem einen Arbeitsplatz zu sichern und nach dem eben Gesagten unter den gegenwärtigen Bedingungen auch nicht möglich. Unter Aufkündigung der sozialen Verantwortung des Staates gilt es, die Gewinnmaximierung in der Wirtschaft und bei den übrigen Profiteuren voranzutreiben und trotzdem soziale Unruhen zu vermeiden. Doch der Sozialstaat steht nicht neben der Gesellschaft, sondern er ist in sie integriert. Seine fortschreitende Demontage stellt eine Gefahr für die Gesellschaft dar.

Die Machtverhältnisse bedürfen einer Veränderung, damit die politische Macht wieder die ökonomische Macht dominiert und kontrolliert und nicht umgekehrt, wie es gegenwärtig der Fall ist. Die Wirtschaft übt strukturelle Gewalt aus, die die Bevölkerung in eine totale Abhängigkeit von ihr bringt. Die in der Vergangenheit bestehenden Interdependenzen zwischen den verschiedenen Bevölkerungsschichten schwinden. Es hat sich eine zunehmende Abhängigkeit der Unterschichten von den Eliten herausgebildet, die auf erstere nicht mehr angewiesen sind. Die Krawalle Jugendlicher in Frankreich zeigen, wohin die soziale Ausgrenzung großer Volksschichten führt. Dieser Gefahr wird auch Deutschland nicht entgehen, wenn die Verarmung großer Teile der Bevölkerung voranschreitet.

"Wir brauchen keine Lügen mehr" sang der ostdeutsche Barde Frank Schöbel im "Kessel Buntes", einer Unterhaltungssendung des DDR-Fernsehens, im Oktober 1989. Die Menschen brauchten sie damals ebenso wenig wie heute. Wenn gegenwärtig so getan wird, als ob die Zahl der nahezu 5 Millionen Arbeitslosen in Deutschland entscheidend gesenkt werden könnte, so ist das eine Lüge. Die Gestaltungsschwäche der Politik, die Zielstellung der Wirtschaft und die Automatisierung zahlreicher Produktionsketten lassen eine Vollbeschäftigung in der Zukunft nicht mehr zu. Doch kein Politiker sagt es den Menschen, sondern versucht im Gegenteil unbegründete Hoffnungen zu wecken. Solche werden besonders zu Wahlzeiten geschürt, wenn es um den Machterhalt geht. Doch nicht die Devise "weiter so" hilft aus der Misere, sondern die Suche nach Lösungsansätzen, die es erlauben auch ohne oder mit weniger Arbeit den Menschen ein lebenswertes Dasein zu ermöglichen.

Unter Berücksichtigung dieser Situation sind neue Denkansätze erforderlich, um auch all den Menschen ein Leben in Würde und ohne Armut zu gewährleisten, die im Ergebnis der veränderten Arbeitswelt nicht mehr durch eigene Hände Arbeit ihren Lebensunterhalt bestreiten können. Es macht sich die Abkehr von der Schaffung eines Niedriglohnsektors erforderlich. Die Einführung von Mindestlöhnen ist unverzichtbar ebenso eine angemessene Altersrente. Durch kürzere Arbeitszeiten lassen sich zusätzliche Arbeitsplätze schaffen. Dringend benötigt werden sie im Dienstleistungssektor. Im Handel, Gesundheits- und Sozialwesen, und auch in den Schulen besteht ein Mangel an qualifizierten Arbeitskräften. Ein solcher Wandel setzt zu seiner Finanzierung eine Umverteilung des gesellschaftlichen Reichtums über Steuern von oben nach unten voraus sowie die Wahrnehmung seiner Verantwortung durch den Staat.

Die neoliberale Wirtschaft ist zu einem solchen Wandel weder fähig noch willens, selbst bei Gefahr ihres eigenen Untergangs. So wird der Gedanke eines Bürgergelds, das auch demjenigen ein menschenwürdiges Dasein ermöglichen soll, der nicht mehr in den Arbeitsprozeß eingebunden ist, empört verworfen. Es gilt jedoch auch die nicht sozial auszugrenzen, denen ein Arbeitsplatz nicht mehr zur Verfügung gestellt werden kann. Es soll Lenin gewesen sein, der gesagt hat, daß der Kapitalist den Strick verkauft, an dem er aufgehängt werden soll, wenn er daran verdienen kann. Und wo er Recht hat, hat er Recht.

In den Metropolen des Wohlstands wird nicht über Alternativen zur Arbeitsgesellschaft nachgedacht, weil das existentielle Elend in diesen Gesellschaften noch marginalisiert ist. Sozial Benachteiligte und kulturell Ausgeschlossene bilden eigene Minimalgesellschaften, die nicht wahrgenommen werden. Es wird nicht bedacht, daß die kritische Masse sehr rasch wachsen und unvorhergesehene Wandlungen bewirken kann, wenn sich ihrer eine charismatische Führungspersönlichkeit annimmt. Diese könnten durchaus dazu führen, daß nationalistische Strömungen die politische Macht ergreifen. Eine solche Entwicklung würde die Voraussage von Erich Hobsbawm bestätigen, wonach die Welt des dritten Jahrtausends voraussichtlich eine Welt der gewalttätigen Politik und gewalttätiger politischer Veränderungen sein wird.

Diesen Veränderungen unterliegt auch die deutsche Gesellschaft. Deshalb wird sich auch in den alten Bundesländern zunehmend ein Spannungsfeld zwischen Staat und Wirtschaft auf der einen und der Gesellschaft auf der anderen Seite entwickeln. Der deindustrialisierte Osten nimmt die Zukunft der postindustriellen Gesellschaft vorweg und zeigt, wohin der Weg auch westlich der Elbe zukünftig führen wird.

Ein erster Ausdruck der sich anbahnenden Spannungen war in dem spontanen Streik der Opel-Arbeiter in Bochum gegen die Schließungspläne des

Managements für das Werk zu erkennen. In diesem Zusammenhang ist auch der Kampf der Karstadt-Mitarbeiter und der Arbeiter von VW um ihre Arbeitsplätze zu nennen. Letztere stimmten ebenfalls einem Lohnabbau zu, nachdem das Unternehmen gedroht hatte die Produktion eines Models nach Portugal zu verlegen.

Um die Lösung der aufbrechenden Widersprüche geht es. Die Tendenz der politischen, wirtschaftlichen und sozialen Entwicklung in Deutschland, wie sie von den politischen Eliten angestrebt wird entspricht der Situation, wie sie von Michael Moore für die Vereinigten Staaten beschrieben wird. Doch unter Beachtung der unterschiedlichen kulturellen Herkunft müssen Lösungswege in Europa und damit in Deutschland anders aussehen als in den USA. Der Versuch eines sozialen Ausgleichs spielte in Europa im Gegensatz zu den USA in der Vergangenheit immer eine große Rolle und hat das Denken der Menschen geprägt.

Eine Förderung der inneren Angleichung der zusammengeführten Landesteile Deutschlands ist nur von einem wirtschaftlichen Ausgleich zu erwarten mit der Herausbildung annähernd gleicher Lebensverhältnisse. Eine solche Angleichung ist nicht nur über eine Verbesserung der Situation im Osten denkbar. Sie erfolgt auch dann, wenn das westdeutsche Lebensniveau sinkt. Diese Option ist mittelfristig durchaus nicht von der Hand zu weisen und deutet sich bereits an. Der bereits an anderer Stelle zitierte Edgar Most spricht ungeschminkt die Wahrheit aus. Danach kann der Westen im Osten besichtigen, was auf ihn zukommt: längere Arbeitszeiten bei weniger Lohn und mehr Flexibilität. *"Den Strukturwandel, den der Osten hinter sich hat, hat der Westen noch vor sich"*, so Edgar Most. Der Aufbau Ost wird von ihm als abgeschlossen betrachtet. Die Deindustrialisierung wird auch auf den Westen übergreifen. Ebenso wie im Osten werden im Westen ganze Landstriche veröden. Wo jetzt nichts blüht, das gilt für den Osten, wird auch zukünftig nichts wachsen.

Diese Bewertung klingt zwar in vielen Ohren nicht optimistisch, aber sie ist realistisch und der apostrophierte Wandel wird eintreten, wenn Wirtschaft und Politik nicht eine fundamentale Kehrtwendung vollziehen. Das ist jedoch nicht zu erwarten, da das kognitive Fenster bei Unternehmen und Aktionären nur den

Blick auf den Maximalgewinn und bei der politischen Elite auf die Macht zuläßt, die in Wirklichkeit längst der Wirtschaft gehört. Die im Ergebnis der eigenen Unfähigkeit zu sozial verträglichen Veränderungen drohenden Gefahren liegen außerhalb des Blickfeldes dieser Eliten. Auf der einen Seite unterwerfen sie sich bedingungslos den Gesetzen des Marktes, auf der anderen bringt die Spekulation mit Aktien einen größeren Gewinn als produktive Arbeit. Der spekulative Kapitalismus löst den investiven ab. Zum neuen Herrscher über Staat und Gesellschaft haben sich Manager und Finanzmärkte aufgeschwungen.

Da die innere Einheit neben mentalen entscheidend von wirtschaftlichen Parametern bestimmt wird, ist unter Berücksichtigung der gegenwärtigen Situation nicht ein Aufschwung Ost, sondern ein Abschwung West zu erwarten. Die Gnadenfrist, die der Anschluß der DDR der westdeutschen Wirtschaft gewährt hat, ist ausgelaufen. Deshalb fliehen das Kapital und die Unternehmen in die Billiglohnländer, wo ihnen eine höhere Rendite winkt.

Daraus ergeben sich zwei Konsequenzen. Die eine realisiert sich kurzfristig. Sie besteht in einem Arbeitsplatzverlust in den alten Bundesländern mit Sozialabbau, Kaufkraftverlust und zunehmender sozialer Differenzierung. Die zweite, mittelfristige Konsequenz betrifft das Kapital und die Unternehmer. Die gesteigerte Rendite wird nur ein vorübergehendes Erlebnis sein, da die Kaufkraft für die produzierten Güter in den alten Industrieländern nicht mehr vorhanden sein wird und in den Niedriglohnländern nicht existiert, ganz abgesehen von ihrer ungenügend ausgebildeten Infrastruktur. Am Ende dieses Prozesses werden mittel- bis langfristig soziale Umwälzungen stehen mit dem globalen Zusammenbruch des gegenwärtigen wirtschaftlichen und politischen Systems.

Für John Kenneth Galbraith, den wohl bedeutendsten amerikanischen Ökonomen der Gegenwart steht außer Zweifel: *"Die vom Schicksal Begünstigten und Privilegierten denken nie in langfristigen Zusammenhängen. Sie reagieren vielmehr – und da mit Vehemenz – auf Veränderungen, die ihre akute Situation tangieren."* Wenn den Prognosen des Autors auch die US-amerikanischen Verhältnisse zugrunde liegen, so trifft die Mehrzahl seiner Aussagen die Situation in der Bundesrepublik, wenn er feststellt, daß das Einkommen definiert, wer zur zufriedenen Klientel gehört. Das geringe Interesse von Unternehmern an der Zukunft ist nach seiner Meinung darauf zurückzuführen, daß die Generation, die investiert nicht die ist, die davon profitiert. Eine weitere Feststellung des Autors ist die, daß der Staat von der Wirtschaft als ein notwendiges Übel empfunden wird. Doch wird er von ihr gerufen, wenn die Profiteure ihn brauchen. Voll ins Schwarze trifft die Aussage: *"Unsere derzeitige Demokratie ist eine Demokratie der Wohlhabenden und Zufriedenen."* Es gilt auch für die Bundesrepublik, daß eine nur an kurzfristigen Zielen ausgerichtete Wirtschaftspolitik, angepaßt an die Interessen der Oberschicht, langfristig nicht funktionieren kann.

Es wurde den realsozialistischen Bürgern zu Recht vorgehalten, daß in ihrem Machtbereich die Menschen nur Untertanen waren und keine Bürger, die an der Gestaltung von Staat und Gesellschaft mitwirken. Wer meinte, daß wäre in der bürgerlich-kapitalistischen Gesellschaft grundsätzlich anders, sieht sich getäuscht. Die Mehrzahl der Menschen trifft die Kennzeichnung als Untertan eher als freier Bürger. Sie besitzen keinen Einfluß auf die Gestaltung von Wirtschaft und Politik. Wie Untertanen unterliegen sie deren Machtgebaren und sind von ihren Entscheidungen abhängig. Die Prognose von Karl Jaspers, daß die Demokratie sich zur Parteienoligarchie entwickelt, ist nicht mehr weise Vorausschau, sondern bittere Realität. Der Schritt zum autoritären Staat ist kurz. Nur ein kleiner Kreis von Menschen ist als Bürger zu kennzeichnen. Es sind dies die Angehörigen der Oberschichten und Teile der Mittelschichten, die sich in Politik und Wirtschaft einbringen können, weil sie dazu die notwendigen materiellen Voraussetzungen mitbringen. Die breiten Unterschichten und die unteren Mittelschichten sind abhängige Untertanen. Diese Kennzeichnung betrifft in noch größerem Umfang die Ostdeutschen. Der aufrechte Gang ist erneut dem gekrümmten Rücken gewichen.

Als Resultat der neoliberalen Politik in Deutschland mit fortschreitendem Sozialabbau ist als fatale Begleiterscheinung eine schleichende Entdemokratisierung zu beobachten. Statt die Demokratie weiter zu entwickeln, gibt das Parlament immer mehr Kompetenzen ab, an den Bundesrat, das Verfassungsgericht, die Wirtschaft und die EU-Kommission. Das Primat des Marktes schließt das Primat des Denkens aus. Daniela Dahn zitiert Ludwig Börne: *"Wer das Geld hat, braucht keinen Verstand."* Doppeltes Maß ist immer einfaches Unrecht. *"Die Zeit hat eine Dimension, aber keinen Geist. Der herrschende Zeitgeist ist nicht der Geist der Zeit, sondern der Geist der Herrschenden. Ohne ein soziales Fundament gibt es keine zivile und demokratische Freiheit."*

Die politische, wirtschaftliche und sozio-kulturelle Umgestaltung Ostdeutschlands spielt sich vor dem eben kurz skizzierten Hintergrund ab. Auch ohne derartige globale Einflüsse ist die Geschichte von Anschlüssen stets offen. Dies gilt auch für das Deutschland der Gegenwart. Deshalb sind sichere Prognosen zum weiteren Ablauf der Annäherung der Bürger beider Landesteile nicht möglich. Unter Berücksichtigung der in den vorangegangenen Abschnitten erkennbaren Widersprüche innerhalb der bundesdeutschen Gesellschaft stellt sich die Frage, wie sich die Zukunft Deutschlands gestalten wird. Dabei umfaßt Zukunft aus unserer Sicht andere Zeiträume als sie in der gegenwärtigen Debatte eine Rolle spielen.

Es ist festzustellen, daß bei der Behandlung wirtschaftlicher, sozialer und gesellschaftlicher Probleme der Zeithorizont der Herrschenden einerseits in der Regel nur von der einen bis zur nächsten Bundestagswahl reicht, zusätzlich gegliedert in die Zeiträume zwischen den Landtagswahlen, getrieben von der Sorge die nächsten Wahlen erfolgreich zu überstehen. Andererseits werden Lösungswege für ungelöste Probleme so weit in die Zukunft verschoben, daß bei der Offenheit aller Prozesse in der liberalisierten und globalisierten kapitalistischen Welt die getroffenen Prognosen bereits in das Reich der Utopie gehören, wenn sie vorgestellt werden. Die Wirtschaft interessiert nur das Heute und nicht das Morgen.

Die Langzeitigkeit von Vereinigung und Transformation werden sowohl in ihren historischen als auch Zukunftsdimensionen nur unzureichend berücksichtigt. Gesellschaftliche Prozesse sind nicht statisch und abgeschlossen, sondern stets nach vorn offen. Eine Endzeitgesellschaft existiert auch unter den gegenwärtigen Bedingungen nicht. Alle eschatologisch begründeten Aussagen, wie sie nach dem Zusammenbruch der realsozialistischen Staaten die Runde machten, so beispielsweise von Francis Fukuyama, sind obsolet und erinnern an die frühere These vom Kommunismus als dem erstrebenswerten und unabänderlichen Endziel gesellschaftlicher Entwicklung. Das Ergebnis war der Untergang der realsozialistischen Welt. Edelbert Richter betont zu Recht, daß es eine Vollendung der Geschichte nicht geben kann, sondern nur einer Periode der Geschichte.

Es geht in Ostdeutschland auch nicht um eine nachzuholende Entwicklung. Die These von der Remodernisierung des Ostens besitzt in dieser Absolutheit keine Gültigkeit, wie z.B. für das Erziehungs- und Bildungswesen. In diesen Sektoren hatte die DDR teilweise sogar einen Vorsprung gegenüber der Bundesrepublik. So kommt z.B. Herbert Kitschelt aus seiner persönlichen Erfahrung mit dem US-amerikanischen Hochschulsystem zur dem Schluß, daß dieses bei allen fundamentalen Unterschieden viele Gemeinsamkeiten mit dem der DDR aufweist. Beide Systeme sind dadurch gekennzeichnet, daß sie über eine bloße Wissensvermittlung hinausgehen mit paternalistischen Zügen von Fürsorge und sozialer Zuwendung. Das bundesdeutsche Hochschulsystem ersticke dagegen in seiner bürokratischen Organisationsform mit formal normierten und deshalb verwaltungsgerichtlich justiziablen Studien- und Prüfungsvorgängen.

Bejahung bzw. Unterstützung des neuen politischen Systems durch eine Kultur der Bürger ist eine unverzichtbare Voraussetzung für die Konsolidierung der Demokratie in postsozialistischen Gesellschaften und damit auch für Ostdeutschland. Neue politische Institutionen müssen in einen adäquaten kulturellen Kontext eingebettet sein. Das ist gegenwärtig nicht der Fall. Zwischen den alten Welten und neuen Institutionen besteht ein Spannungsverhältnis. Aus diesem Grund gelten postsozialistische gesellschaftliche Systeme als labil. Zwar sind die demokratischen Systeme des Westens als offene Systeme in der Lage ein beachtenswertes Maß an Indifferenz und Unzufriedenheit zu tolerieren. Doch deutet sich gegenwärtig an, daß die Toleranzgrenze möglicherweise bald erreicht ist. Trotz des wiedererwachenden Selbstbewußtseins der Ostdeutschen und ihrer erkennbaren Ablehnung des politischen und wirtschaftlichen Systems der Bundesrepublik, läßt dies die Verursacher der im Osten entstandenen Trümmerlandschaft nicht an eine Umkehr denken.

Die Überschrift eines Artikels von Hans-Dieter Schütt in "Neues Deutschland" "Frieden mit dieser Gesellschaft" ist mit einem Fragezeichen zu versehen; denn diese Gesellschaft ist offensichtlich nur bereit, die übernommene intellektuelle Altlast zu akzeptieren, wenn sie sich ihren Bedingungen unterwirft. Die ablehnende Haltung der westdeutschen Bürger gegenüber allem, was nicht nur links blinkt, sondern auch links abbiegt, ist nicht überraschend. Über 40 Jahre befand sich der politische Gegner in einem eigenen Land, der DDR, jetzt tritt man ihm wieder unmittelbar gegenüber.

Eine sozio-kulturelle Integration fand nicht statt, geschweige eine Amalgamation, mit dem Resultat, daß sich bisher nur etwa 20% der Ostdeutschen als Bundesbürger fühlen. Diese Minderheit wird in der politischen und medialen Öffentlichkeit gern als typisch vorgeführt, vergleichbar der sozialistischen Persönlichkeit in der DDR. In der Öffentlichkeit werden in der Regel nur diejenigen wahrgenommen, denen die Systemtransformation positionelle Gewinne einbrachte, und nicht mit ökonomischen und kulturellen Verlusten verbunden ist. Diese soziale Gruppe ist in Westdeutschland "angekommen" und äußert keine (zumindest öffentlich artikulierte, d. Verf.) Systemkritik. Insgesamt ist zwar die Systemintegration vollzogen, nicht aber die Sozialintegration. Zwei Drittel der Ostdeutschen halten den Aufbau Ost für mißlungen. Dies ist einer der Gründe für die wieder zunehmende Trennung zwischen den beiden zusammengeführten Bevölkerungsgruppen.

Nur dort, wo der Aufstieg in das neue System möglich wurde, sind die Differenzen trotz großer Schwierigkeiten überwunden. Dort aber, wo ein solcher versagt blieb und immer noch nicht möglich ist, entwickeln sich zunehmend radikale linke und rechte Gegenkulturen. Hier liegt eine ernsthafte Gefahr für die Entwicklung der Demokratie in Deutschland, die nicht durch polizeistaatliche Maßnahmen zu beheben ist. Im Ergebnis der wirtschaftlichen Stagnation bleibt Ostdeutschland nach Dietrich Mühlberg auf lange Zeit eine alimentierte Region zerfallender sozialer Ordnungen, eine trostlose Gegend kulturellen Niedergangs. Es ließen sich Schilder am westlichen Ufer der Elbe errichten mit der Warnung "Trümmerlandschaft. Betreten verboten. Eltern haften für ihre Kinder und Politiker für ihre Bürger".

Bei dem County Mayo im Nordwesten Irlands handelte es sich in der Vergangenheit um die ärmste und trostloseste Gegend der grünen Insel, was bei Nennung dieses Namens jeden Iren, so bei Heinrich Böll nachzulesen, zu dem Stoßseufzer "God help us" veranlaßte. Gewiß ist Ostdeutschland noch nicht so arm und trostlos, doch ist der Autor bei der Anrufung dieses Teils Deutschlands ebenfalls geneigt das "God help us" auszurufen.

Die sozial schwachen Gruppen Westdeutschlands beginnen ebenfalls, im Ergebnis des sich vollziehenden Abbaus des Sozialstaates, euphemistisch mit dem Begriff Reform belegt, den Wert sozialer Gerechtigkeit zu schätzen. Als Resultat der in der alten Bundesrepublik erfolgten Sozialisation, besitzen die Freiheitsrechte bei einer Mehrheit noch eine größere Bedeutung und die Wahrnehmung der sozialen Menschenrechte wird in der Eigenverantwortung gesehen mit entsprechender Vorsorge gegenüber den Risiken des Lebens.

Die west- wie ostdeutsche Positionselite ist sich einig, den staatlichen Einfluß weiter zurückzudrängen, die individuelle Freiheit als ein unverzichtbares Gut anzusehen und die Eigenverantwortung der Bürger als Ausdruck dieser Freiheit weiter zu stärken. Chancengerechtigkeit statt Verteilungsgerechtigkeit. Diese Ansicht der politischen Elite findet die Zustimmung aller derjenigen, die sich in einer gesicherten materiellen und sozialen Situation glauben. Doch eine Chancengerechtigkeit existiert nicht, da der Ausgangspunkt für die Angehörigen der verschiedenen sozialen Schichten zu ungleich ist.

Nach Auffassung von John Kenneth Galbraith definiert die Höhe des Einkommens, wer zur "zufriedenen Mehrheit" gehört. Sie toleriert bemerkenswerte Einkommensunterschiede zwischen ihren Mitgliedern als Preis dafür, daß der eigene soziale Status und Besitzstand nicht angetastet werden. So akzeptieren die an den Hochschulen noch tätigen ostdeutschen Wissenschaftler Einkommensunterschiede und Rentenbenachteiligungen zu ihren westdeutschen Kollegen ohne, zumindest lautes, Murren. Das gilt auch für andere Bereiche der ostdeutschen Gesellschaft. Nicht viel anders scheint es im Westen. Auch dort sind z.B. die Arbeitnehmer bereit auf Lohnerhöhungen zu verzichten und ein Sinken der Reallöhne im Interesse ihrer Arbeitgeber zu akzeptieren, wenn ihnen nur der

Arbeitsplatz erhalten bleibt. Dieses Faktum bestätigt das Übereinkommen zwischen Opel-AG und Gewerkschaft. Obwohl damit erhebliche Lohneinbußen für die verbliebenen Opelarbeiter verbunden sind, stimmten sie der getroffenen Übereinkunft zu, damit ihnen wenigstens der Arbeitsplatz erhalten bleibt. Ein Beispiel für andere Unternehmen. Die Arbeitnehmer werden von den Unternehmern mit der Drohung erpreßt, anderenfalls die Produktion in Billiglohnländer zu verlagern. In dieser Bereitschaft ist der Osten ebenfalls Vorreiter und nachahmenswertes Beispiel für die Westdeutschen. Die Wirtschaft erpreßt mit Scheinargumenten die Arbeitnehmer zum Verzicht auf in der Vergangenheit erkämpfte soziale Standards.

Gegenwärtig richtet sich die Kritik der westdeutschen Arbeitnehmer weniger gegen die Unternehmer und die Politik, als gegen die Ostdeutschen. Bei ihnen sehen sie den Grund für den wirtschaftlichen Abschwung der Bundesrepublik. Dies wird auch durch Äußerungen des politischen Establishments gestützt, das ständig von den hohen Kosten der deutschen "Wiedervereinigung" spricht. Deshalb wurde von Ex-Kanzler Gerhard Schröder die Streichung eines Feiertages unterstützt. Den 3. Oktober, den Tag der deutschen Einheit zu streichen, scheiterte an dem grünen Koalitionspartner. Der Vorgang als solcher unterstreicht, welchen Stellenwert die deutsche Einheit mit ihren Folgen im Denken der Politiker wirklich einnimmt.

Die Vereinigung der beiden deutschen Staaten war die Lackmusprobe auf den tatsächlich erreichten Stand der pluralistischen Demokratie. Er ist nicht positiv ausgefallen und widerspricht der euphemistischen Beschreibung des politischen Zustands der alten Bundesrepublik durch Kurt Sontheimer. Ihre politische Kultur hat im Umgang mit dem angeschlossenen Landesteil und seinen Menschen versagt. Seine Aussage: *"Das wiedervereinigte Deutschland ist das Deutschland der Bundesrepublik, kein neuer Staat, keine wesentlich andere Republik"* beschreibt einen Zustand zum Zeitpunkt der Vereinigung, jedoch nicht die Perspektive.

Der Blick in die Zukunft gestaltet sich nicht optimistisch. Sie wird in den neuen Bundesländern entscheidend davon abhängen, wie sich dort Mentalitäten und Verhaltensweisen entwickeln. Jähe Veränderungen sind nicht ausgeschlossen. Auch diesen seinen eigenen Satz bekam ein Politiker der Vergangenheit schmerzlich zu spüren. Die Langzeitigkeit von Vereinigung und Transformation werden sowohl in ihren historischen als auch Zukunftsdimensionen nur unzureichend berücksichtigt. Es besteht eine Offenheit der Wandlungsprozesse. Hubert Laitko ist zuzustimmen, wenn er feststellt, daß Situationen der Unbestimmtheit in komplexen Gesellschaften eher zur Normalität als zur Ausnahme gehören: *"Nicht intendierte Langzeitwirkungen zielstrebigen Handelns stellen sich in der Regel schleichend ein."*

Als derartige Langzeitfolgen beim Anschluß von Staaten hebt Jörg Roesler im Ergebnis geschichtlicher Erfahrungen drei Optionen hervor: Die erfolgreiche Integration, die fortdauernde Ambivalenz und die erneute Trennung. Abgeleitet von seiner zweifellos zustimmenswürdigen Auffassung, daß es geschichtlich nichts Zwangsläufiges gibt, sondern auch immer alternative Möglichkeiten vorhanden sind, schließt Arnulf Baring die Möglichkeit einer erneuten Teilung nicht aus: *"Wir ändern die Verfassung, ihr werdet frei und könnt euren Kram zukünftig alleine machen."*

Da eine Änderung des gegenwärtigen Zustands vorerst nicht zu erwarten ist, sind negative Langzeitwirkungen wahrscheinlich. Sicher wird es in Deutschland nicht zu einer erneuten Teilung kommen wie z.B. in der Tschechoslowakei. Durch die massive Deindustrialisierung und den Elitentransfer wurde dafür gesorgt, daß so etwas nicht geschehen kann. Ostdeutschland ist nach dem erfolgten industriellen und personellen Kahlschlag allein nicht mehr lebensfähig. Nach einer Integration sieht es ebenfalls nicht aus. Die wahrscheinliche Option ist die fortbestehende Ambivalenz. Doch ist die Qualität von Langzeitwirkungen nicht vorhersehbar, wie auch niemand den Zusammenbruch der realsozialistischen Staaten prognostiziert hat.

In diesem Kontext stellt sich die berechtigte Frage, wie stark die Demokratie ohne Wohlstandssicherung sein wird. Es sei an die letzten Tage der Weimarer Republik erinnert. Sozialstaat und Demokratie sind untrennbar miteinander verbunden. Wer den Sozialstaat demontiert, demontiert damit auch die Demokratie.

Ein vergleichbares Problem wie für Ostdeutschland stellt sich durch die EU-Osterweiterung für Europa. So sehr vom Grundsatz her ein einiges Europa zu begrüßen ist, so dilettantisch wird seine Realisierung in Angriff genommen. Dieser Dilettantismus bezieht sich darauf, daß sich dieser Prozeß entgegen dem Willen der Mehrheit der Bevölkerung ohne ihre demokratische Mitwirkung nur auf dem Gebiet der Wirtschaft vollzieht. Ähnlich wie sich die westdeutsche Wirtschaft nach dem Anschluß zu Lasten Ostdeutschlands sanierte und einer sich anbahnenden wirtschaftlichen Flaute aus dem Wege ging, dient die EU-Erweiterung in Einheit mit der erfolgten Ausdehnung der NATO der Dominanz des politischen und militärischen Machtbereichs der Kernstaaten der EU und einer erneuten Prosperität der Wirtschaft auf Kosten der Anschlußpartner. Eine Mehrheit der Bevölkerung in den östlichen EU-Staaten muß demgegenüber eine Verschlechterung ihrer Lebensverhältnisse in Kauf nehmen. Ebenso hat sich die Bevölkerung dieser Staaten den unverändert bleibenden westlichen Standards anzupassen unter Ausschluß eines Einflusses in entgegengesetzter Richtung. Wie die Interessen der alten EU-Mitglieder dominieren, zeigen die Festlegungen, daß an den Grenzen unter Aussetzung des Schengener Abkommens weiterhin Polizeikontrollen erfolgen, über einen längeren Zeitraum die Bürger der Neumitglieder nicht in anderen EU-Staaten arbeiten dürfen und auch der Euro vorerst noch nicht als verbindliche Währung eingeführt wird. Der Europäischen Union ist bei den existierenden inneren Gegensätzen deshalb keine erfolgreiche Zukunft vorauszusagen, im Gegenteil, ein Scheitern ist nicht auszuschließen.

Es ist zu befürchten, daß der soziale Frieden in Deutschland eines Tages aufgekündigt wird. Die ersten Schritte in dieser Richtung sind in Ostdeutschland zu erwarten, da eine kritische Masse an Unzufriedenen erreicht sein muß, ehe der Protest sich öffentlich artikuliert. Dies ist in Westdeutschland vorerst nicht wahrscheinlich, da der Anteil derjenigen, die vom sozialen Abstieg und Armut betroffen sind, gemessen an der Gesamtbevölkerung noch relativ gering ist. Im Osten dagegen, mit der hohen Zahl von Langzeitarbeitslosen, kaum vorhandenen Arbeitsplätzen und geringem oder gar keinem privaten Vermögen ist der Umschlag in ein Gewalt bereites Potential eher zu erwarten. Ob das allerdings zum

Erfolg führen wird ist fraglich. Anders als die Volkspolizei, die die letzten Zukkungen des realsozialistischen Staatswesens mit dem Gummiknüppel begleitete, wird die gegenwärtige Staatsgewalt auch nicht vor dem Gebrauch der Schußwaffe zurückschrecken.

Dem polnischen Philosophen Adam Schaff ist in seiner Auffassung zuzustimmen, daß die Bourgeoisie das Parlament hinwegfegt, wenn diese Form der Machtausübung die Herrschaft nicht mehr sichert. Erinnert sei an das Schicksal des demokratisch gewählten Präsidenten von Chile, Salvador Allende. Nicht ohne Hintergedanken brachte die CDU den Vorschlag in die Diskussion, die Bundeswehr auch mit polizeilichen Aufgaben zu betrauen. Gilt es doch das Eigentum zu schützen, die Freiheit der Unternehmer und Besserverdienenden zu bewahren und Schaden von der Demokratie abzuwenden. Dies sind die Werte der Gesellschaft, die es im Interesse der Oberschicht zu sichern gilt, denn nur sie kann diese uneingeschränkt nutzen und nicht die Masse der Bevölkerung. Dieser geht es um keine andere Republik, sondern nur eine andere Politik. Dazu genügt nicht der Austausch von Köpfen, die sich letztlich ähneln und von den gleichen Denkstrukturen beherrscht werden, sondern es sind grundsätzlich neue Konzepte erforderlich. Solche sind nicht von den gegenwärtigen Eliten in Wirtschaft und Politik zu erwarten. Wie Paolo Flores D'Arcais hervorhebt, sind *"Parteienherrschaft und gesellschaftlich-ökonomische Macht nur zwei Seiten derselben Medaille"*. Sie ergänzen sich zu einer unheilvollen Allianz.

In einer kritischen Bewertung der Globalisierung kommen Hans-Peter Martin und Harald Schumann zu dem Schluß. *"Eine demokratisch verfaßte Gesellschaft ist nur dann stabil, wenn die Wähler spüren und wissen, daß die Rechte und Interessen eines jeden zählen, nicht nur die der wirtschaftlich Überlegenen. Demokratische Politiker müssen daher auf den sozialen Ausgleich dringen und die Freiheit des einzelnen zugunsten des Gemeinwohls beschneiden."* Dem ist nichts hinzuzufügen außer der Bemerkung, daß die sogenannten Volksparteien und die gegenwärtige Regierung der Bundesrepublik Deutschland ihre Politik von gegenteiligen Prämissen bestimmen lassen und damit die Stabilität des politischen Systems gefährden. Die bundesdeutsche Politik läßt zunehmend die Fähigkeit vermissen, auf die Veränderungen im Inneren des Landes und seiner Umwelt adäquat zu reagieren. Ebenfalls ein destabilisierender Faktor. Wir befinden uns an Bord der vom Neoliberalismus gesteuerten Titanic, die unverdrossen auf ihren politischen und wirtschaftlichen Eisberg und damit ihren Untergang zusteuert.

Wir können uns nur einem Zitat von Eric Hobsbawm anschließen: *"Wenn die Menschheit eine erkennbare Zukunft haben soll, dann kann sie nicht darin bestehen, daß wir die Vergangenheit oder Gegenwart lediglich fortschreiben. Wenn wir versuchen das dritte Jahrtausend auf dieser Grundlage aufzubauen, werden wir scheitern. Und der Preis für dieses Scheitern, die Alternative zu einer umgewandelten Gesellschaft, ist Finsternis"*.

Ostdeutschland stellt nicht "Den starken Osten" dar, wie Berufsoptimisten des stark eingeschwärzten Mitteldeutschen Rundfunks glauben machen möchten. Er ist wirklich nicht mehr als ein Glauben, geschweige denn eine Realität. Im Gegensatz zum verbreiteten Zweckoptimismus stellt Ostdeutschland eine Trümmerlandschaft dar. Darüber können weder eine moderne Infrastruktur noch rekonstruierte Innenstädte hinwegtäuschen. Schlimmer noch als die Zerstörungen, die der 2. Weltkrieg des vorigen Jahrhunderts hinterlassen hat, sind die im Ergebnis der Vereinigung entstandenen. Beeindruckend und erschreckend zugleich die nachhaltige Wirkung dieses Ereignisses. Die soziale Struktur der Gleichen wurde zerstört mit dem Abstieg von Hunderttausenden in die Unterschichten. Die Industrie wurde wie durch einen Bombenkrieg vernichtet mit einer Vielzahl leer stehender Industriebrachen und nur wenigen erhaltenen Standorten. Die Bevölkerungsstruktur gleicht ebenfalls einem Trümmerfeld. Dramatisch gesunkene Geburtenzahlen und Abwanderung haben der ostdeutschen Teilgesellschaft die demographische Basis genommen und verwandeln das Land in ein überdimensionales Altersheim. Die Folge ist der massenhafte Abriß von Wohngebäuden, verschleiernd als Rückbau umschrieben. In den Straßen selbst von Innenstädten zerfallene Häuser mit brüchigem Mauerwerk und zerbrochenen Fensterscheiben. Die Entvölkerung von Städten und Landschaften schreitet stetig voran. Dazu eine Bevölkerung, die überwiegend aus Arbeitslosen und Rentnern besteht. Die noch vorhandenen Arbeitnehmer hoffen unbeschadet möglichst schnell das Rentenalter zu erreichen, um den Drangsalen und Ungewißheiten des Arbeitsmarktes zu entfliehen. Statt Aufbruchstimmung, die rasch verflog, Perspektiv- und Hoffnungslosigkeit. Übrig blieben die Trümmer eines Gemeinwesens, das seinen Bürgern zwar keine Reisen in ferne Länder ermöglichte, den Menschen aber Arbeit gab und eine unbeschwerte Zukunft.

Diese Bewertung wird gewiß als Schwarzmalerei abgetan. Wir hatten bereits darauf verwiesen, daß es im Osten auch Menschen gibt, die die Chancen der freien Marktwirtschaft und Demokratie nutzen konnten und in höhere Gesellschaftsschichten aufgestiegen sind. Doch sie stellen nur eine Minderheit dar, die gern als Beispiel für positive Veränderungen in den Mittelpunkt politischer Betrachtungen gerückt wird. Doch läßt sich die Güte einer Gesellschaft nicht an ihrer vermögenden Minderheit messen, sondern an den Chancen, die sie ihrer Mehrheit einräumt.

Was in 16 Jahren deutsche Einheit im Osten entstand, erweist sich als eine Trümmerlandschaft. Sie ist dies ökonomisch, politisch, sozial und mental. Die Gründe für diese Entwicklung sind nicht in der vergangenen DDR zu suchen. Vielmehr beruht sie auf der Unfähigkeit der politischen Klasse ihre Strategie den veränderten nationalen und globalen Bedingungen anzupassen. Es wurde das unter anderen Gegebenheiten brauchbare Instrumentarium beibehalten, weil die Überzeugung dominierte, daß die Erfahrungen der Vergangenheit für die Bewältigung der Gegenwart und Zukunft genügen. Das hat sich als folgenschwerer Irrtum herausgestellt und Deutschland wirtschaftlich aus der Mitte Europas verdrängt. Diese Entwicklung ist nicht dadurch zu stoppen, daß die Politik jeden Gestaltungswillen aufgibt und sich allein den Forderungen der Wirtschaft unterwirft. Es besteht der Eindruck, daß der Arbeitgeberpräsident Dieter Hundt der wirkliche Kanzler ist, der die Richtlinien der Politik bestimmt. So bereiten sich Wirtschaft und Politik gemeinsam ihren Weg in den Untergang, wie er auch immer aussehen mag.

Das Anliegen, die Arbeitnehmer zu Gunsten der Arbeitgeber in die Armutsfalle zu drängen, besteht über die Grenzen Deutschlands hinweg europaweit. Ein dazu geeignetes Instrument erscheint die geplante Dienstleistungsrichtlinie der Europäischen Union. Sie soll ermöglichen, daß Arbeitnehmer aus ganz Europa, vorzugsweise aus den osteuropäischen Transformationsländern, in jedem Land zu den Lohnbedingungen ihres Herkunftslandes arbeiten können. Die Realisierung dieses Plans bedeutet, daß die Arbeitnehmer in den alten EU-Staaten ihren Arbeitsplatz verlieren. Ihre fehlende Bereitschaft sich einer solchen Richtlinie zu unterwerfen, wird wie üblich als Vermittlungs- bzw. Wahrnehmungsproblem behandelt. Zweifellos ist die Verwirklichung eines europäischen Binnenmarktes grundsätzlich positiv zu bewerten, aber nur, wenn in allen Ländern der EU das gleiche Lohnniveau, übereinstimmende Lebenshaltungskosten, Sozialstandards und Steuergesetze herrschen.

Das Kapital besitzt eine gewaltige Potenz zur Innovation und Progression, wenn es gebändigt wird. Noch größer ist seine zerstörerische Energie, wenn ihm freier Lauf gelassen wird. Aufgabe und zugleich Pflicht der Politik ist es, ihm die Zügel anzulegen und es sich nicht in einem hemmungslosen Liberalismus austoben zu lassen. Doch gerade das tut die Politik nicht, wenn sie sich immer mehr aus ihrer Verantwortung für das Wohl des ganzen Volkes zurückzieht. Übersehen wird, daß die zerstörerische Kraft des Kapitals sich letztlich gegen sich selbst richtet. Dies läßt sich auch aus einer Sentenz des bereits an anderer Stelle zitierten Historikers Eric Hobsbawm herauslesen, wenn er meint. *"Die Zerstörung der Vergangenheit, oder vielmehr jenes sozialen Mechanismus, der die Gegenwartserfahrung mit derjenigen früherer Generationen verknüpft, ist eine der Charakteristiken und unheimlichen Phänomene des späten 20. Jahrhunderts"*, und es ist hinzuzufügen, auch des beginnenden 21. Jahrhunderts. Der Kapitalismus in seiner gegenwärtigen Erscheinungsform erweist sich außerstande die vor der Menschheit stehenden Probleme zu lösen, zu denen als die entscheidenden die Armut, die Zerstörung der Umwelt, die Vergeudung natürlicher Ressourcen und der friedliche Ausgleich zwischen den Nationen gehören. Der Kapitalismus in seiner neoliberalen Erscheinungsform zerstört die Gesellschaft, zerreißt die Familienbande und wirft das Individuum auf sich selbst zurück, so seinen eigenen Untergang vorbereitend.

Es war das Kapital, das den 1. und 2. Weltkrieg des 20. Jahrhunderts verursachte und für die gegenwärtigen kriegerischen Auseinandersetzungen auf dieser Welt verantwortlich ist. Die zerstörerische Kraft des Kapitals spüren wir auch in Deutschland. Es ist für das ökonomische und mentale Desaster im Osten verantwortlich zu machen, hat die Erwartungen und Hoffnungen der Menschen dieses Landesteils enttäuscht und die auf Gleichheit beruhende arbeiterliche Gesellschaft zerstört. Doch mit der sich gegenwärtig vollziehenden Demontage des Sozialstaates zerstört das Kapital in gleicher Weise die Reste der nivellierten Mittelstandsgesellschaft der alten Bundesländer, die in der Vergangenheit wesentlich zur politischen, wirtschaftlichen und sozialen Stabilität der alten Bundesrepublik beitrug. Mit der Zerstörung des Sozialstaates wird gleichzeitig Hand an die Demokratie im Lande gelegt. Mit der Forcierung der sozialen Ungleichheit wird für einen großen Teil der Menschen die Unfreiheit weiter vorangetrieben. Die geforderte Flexibilität und Mobilität zerstören die Familie und den sozialen Zusammenhalt in der Gesellschaft. Der Wertekanon wird nur noch von dem Gewinnstreben der Wirtschaft bestimmt mit Zerstörung der in der Vergangenheit wesentlichen moralisch-ethischen Werte. Mit ihrer finanzorientierten Politik verspielen die politischen Eliten etwas entscheidendes, das Vertrauen der Menschen in ihr Handeln und ihre Verläßlichkeit. Eine Volksweisheit sagt, der Krug geht so lange zum Brunnen bis er bricht. Es bleibt nur eine Frage der Zeit bis der politische Krug zerbricht.

Die strukturelle Arbeitslosigkeit und die sich ausbreitende Armut in der Welt der westlichen Industriestaaten und in den osteuropäischen Transformationsländern führen zu einer Rückbesinnung auf Karl Marx. "Ein Gespenst kehrt zurück" ist ein Artikel im "Spiegel" getitelt in Analogie zum ersten Satz im "Manifest der Kommunistischen Partei" von Karl Marx und Friedrich Engels. Jesus lebt und Karl Marx ist tot, lautete im Überschwang der Gefühle der Jubelschrei von Norbert Blüm als das Ostreich zusammenbrach. Nicht nur er hat sich geirrt, sondern auch die undogmatischen Sozialisten der alten Bundesrepublik. Sie wußten zwar, und dies zu Recht, daß dem realen Sozialismus keine Zukunft abzugewinnen war. Doch als dieser von der Bildfläche verschwand, wußten sie nicht, wie er besser sein könnte und beteiligten sich an der Verdammung der DDR. Die These vom menschlichen Sozialismus hörte sich zwar schön an. Doch ist sie von ihrem Wesen hohl, wenn sie nicht mit Inhalt erfüllt wird. Vor Schrecken sind diese Apologeten von Karl Marx verstummt. Einer der wenigen ist Oskar Negt, der an der unveränderten Bedeutung der Kapitalismusanalyse und -kritik von Karl Marx keinen Zweifel läßt.

Der Untertitel dieses Buches ist irreführend, denn selbstverständlich gibt es immer eine Zukunft. Der zeitliche Ablauf des menschlichen Daseins wird stets durch die Kategorien Vergangenheit, Gegenwart und Zukunft bestimmt. Es kann nicht um die Negierung der Kategorie Zukunft gehen, sondern nur um die Bestimmung ihres Inhaltes. Wenn die Gegenwart den Schnittpunkt von Vergangenheit und Zukunft darstellt, so verkörpert erstere die Erfahrung und die Zukunft die Erwartung. Die Zukunft umfaßt viele Möglichkeiten, die sich mit unterschiedlicher Wahrscheinlichkeit realisieren. Mit ihr verkörpern sich auf der einen Seite Hoffnungen und auf der anderen Seite Befürchtungen. Die Hoffnungen, bzw. Erwartungen leiten sich aus den Erfahrungen der Vergangenheit ab. Die Schwierigkeit ist darin zu sehen, daß die Zukunft unbestimmt und deshalb nicht vorhersehbar ist. Alle Prognosen sind mit einem Unsicherheitsfaktor behaftet, der um so größer ist, je weniger die Erfahrungen der Vergangenheit berücksichtigt werden und je länger der Vorhersagezeitraum ist.

Kehren wir zu Reinhart Koselleck zurück, dann ist die Zukunft Deutschlands deshalb so schwer vorhersehbar und mehr mit Befürchtungen als Erwartungen verknüpft, weil die Politik sich als unfähig erweist aus den Erfahrungen der Vergangenheit zu lernen und dies bei der Gestaltung der Zukunft zu berücksichtigen. Es begann mit der Vereinigung, die im Ergebnis des Setzens der falschen Schwerpunkte zur Zerstörung der von der DDR übernommenen Kultur- und Industrielandschaft geführt hat. Doch statt die gemachten Fehler zu analysieren und die notwendigen Schlußfolgerungen zu ziehen, beharrt die politische Klasse der Bundesrepublik uneinsichtig und betonköpfig auf ihrem Standpunkt. Ebenso erweist sie sich als unfähig den eingeschlagenen Kurs zu korrigieren. So übt sie ihre zerstörerische Kraft nicht nur in Ostdeutschland aus, sondern zieht auch die alten Bundesländer in den Sog der Zerstörung hinab. Wer die Zukunft nur mit dem Rechenbrett bestimmt und die sozialen Fragen leichtfertig vernachlässigt, der weckt für die Zukunft keine Hoffnungen, sondern Befürchtungen. Schuld ist das enge kognitive Fenster, durch das Politiker und die Repräsentanten der Wirtschaft schauen. Diese Eliten versuchen die Probleme der komplexen gesellschaftlichen und ökonomischen Welt über eindimensionale Denkansätze zu lösen, die archaische Wurzeln besitzen und für die Denkart des Steinzeitmenschen charakteristisch waren. Von diesem simplen Denkschema können sich die Eliten nicht lösen statt an die Bearbeitung der miteinander vernetzten Probleme von einem komplexen Denkansatz auszugehen, der eine Multifaktorialität der Ursachen gestörter Prozesse in seine Überlegungen einbezieht. Sie zeichnen sich durch die Unfähigkeit aus in Zusammenhängen zu denken.

Unter Apoptose versteht der Zytologe, der Fachmann für die gesunde und krankhaft veränderte Zelle, den programmierten Zelltod, d.h. Zellen enthalten Mechanismen, die ihren eigenen Untergang herbeiführen. Der Begriff läßt sich, ohne ihm Zwang anzutun, auf das Kapital übertragen. Es trägt den Keim der Selbstzerstörung ebenfalls in sich. Seine Apologeten haben es nur noch nicht bemerkt.

Es stellt sich die Frage, wie die weitere Entwicklung zu bremsen und in eine andere Richtung zu lenken ist. In der Debatte stehen sich der evolutionäre Fortschritt und der revolutionäre Umbruch gegenüber. Eine soziale und wirtschaftliche Evolution zum Besseren hat es in der bisherigen Menschheitsgeschichte nicht gegeben. Diese Tatsache unterstreicht die gegenwärtige Entwicklung, die allein zum Vorteil des Kapitals erfolgt. Ebenso sind in der Vergangenheit alle revolutionären Erhebungen gescheitert, wie die jüngste Geschichte erneut demonstrierte. Eine Evolution sozialer und wirtschaftlicher Prozesse zu Gunsten der Mehrheit der Menschen würde eine Lernfähigkeit der Parteien und politischen Eliten voraussetzen. Eine solche läßt sich nicht nachweisen. Bevor Parteien lernen, spalten sie sich. Nur existentielle Veränderungen mit Ausschluß von der Macht, wie sie die kommunistischen Parteien erfahren mußten, führt zu neuen Einsichten und Überwindung erfolgloser Denkschablonen. Da diese

Parteien bei einer Mehrheit der Wähler keinen Zuspruch finden, bleiben sie von der Macht ausgeschlossen und können ihre negativen Erfahrungen nicht in positive Politik umsetzen. So wird es bei dem bisherigen Wechsel von erfolgloser Evolution und gescheiterter Revolution bleiben. Ob die zukünftige Gesellschaft und Wirtschaftsstruktur sich auf friedlichem Wege in Richtung eines Postkapitalismus entwickeln werden, wie es Adam Schaff vorschwebt, wäre zwar zu begrüßen, gehört aber wohl doch in das Reich der Illusion, weil sie eine Einsicht der Besitzenden voraussetzt, die nicht zu erwarten ist. Das 21. Jahrhundert gibt mit Eric Hobsbawm den Blick frei auf Zwielicht und Dunkelheit.

Es bietet sich kein besserer Abschluß an als der erste Vers der "Ansprache an Millionäre" des sozialkritischen Erich Kästner:

Wie lange wollt ihr euch weiter bereichern?
Wie lange wollt ihr aus Gold und Papieren
Rollen und Bündeln speichern?
Ihr werdet alles verlieren.

Weiterführende Literatur

1) Altvater, Elmar/Birgit Mahnkopf: Grenzen der Globalisierung. Ökonomie, Ökologie und Politik in der Weltgesellschaft. 3. Aufl. Westfälisches Dampfboot 1997.
2) Arendt, Hannah: Elemente und Ursprünge totaler Herrschaft. Antisemitismus, Imperialismus, totale Herrschaft. 5. Aufl., Piper, München 1996.
3) Asserate, Asfa-Wossen: Manieren. 14. Aufl., Eichborn, Frankfurt am Main 2003.
4) Badstübner, Rolf: Vom "Reich" zum doppelten Deutschland. Gesellschaft und Politik im Umbruch. dietz, Berlin 1999.
5) Badstübner, Rolf: Vom Umgang mit der doppelten Vergangenheit der Berliner Republik. In: Meier, Helmut: Uneinige Einheit. Der öffentliche Umgang mit Problemen der deutschen Einheit. trafo verlag, Berlin 2005, S. 167–186.
6) Baring, Arnulf: Deutschland was nun? Siedler Verlag, Berlin 1991.
7) Bauer-Volke, Kristina/Ina Dietzsch (Hrsg.): Labor Ostdeutschland. Kulturelle Praxis und gesellschaftlicher Wandel. 1. Aufl., tableau GmbH, Kassel 2003.
8) Becher, Johannes R.: Der Aufstand im Menschen. Faber & Faber, Leipzig 1995.
9) Beck, Ulrich: Politik in der Risikogesellschaft. suhrkamp taschenbuch, Frankfurt am Main 1991.
10) Bender, Peter: Episode oder Epoche? Zur Geschichte des geteilten Deutschland. dtv, München 1996.

11) Bender, Peter: Fall und Aufstieg. Deutschland zwischen Kriegsende, Teilung und Vereinigung. mdv, Halle 2002.
12) Bergauer, Martin: Der Junge von der Bernsteinküste. Erlebte Zeitgeschichte. Heidelberger Verlagsanstalt. Heidelberg 1994.
13) Bergmann, Theodor: Berufungen und Abwicklungen – Ketzerische Gedanken zur bundesdeutschen Wissenschaftspolitik. In: Bollinger, Stefan/Ulrich van der Heyden/Mario Keßler (Hrsg.): Ausgrenzung oder Integration? Ostdeutsche Sozialwissenschaftler zwischen Isolierung und Selbstbehauptung. trafo, Berlin 2004, S. 67–74.
14) Bisky, Jens: Geboren am 13. August. Der Sozialismus und ich. Rowohlt, Berlin 2005.
15) Bisky, Lothar: So viele Träume. Mein Leben. Rowohlt, Berlin 2005.
16) Böll, Heinrich: Irisches Tagebuch. 53. Aufl., dtv, München 2004.
17) Bollinger, Stefan: 1989 – Eine abgebrochene Revolution. Verbaute Wege zu einer besseren DDR? trafo verlag, Berlin 1999.
18) Bollinger, Stefan: Das letzte Jahr der DDR. Zwischen Revolution und Selbstaufgabe. Dietz, Berlin 2004.
19) Bollinger, Stefan/Fritz Vilmar: Die DDR war anders. Eine kritische Würdigung ihrer sozialkulturellen Einrichtungen. edition ost, Berlin 2002.
20) Bourdieu, Pierre: Die feinen Unterschiede. Kritik der gesellschaftlichen Urteilskraft. Suhrkamp tb, Frankfurt am Main 1987.
21) Bräuer, Siegfried: Martin Luther in marxistischer Sicht von 1945 bis zum Beginn der achtziger Jahre. 2. Aufl. Evangelische Verlagsanstalt, Berlin 1983.
22) Braunthal, Gerard: Politische Loyalität und öffentlicher Dienst. Der "Radikalenerlaß" von 1972 und die Folgen. Schüren, Berlin 1992.
23) Brzezinski, Zbigniew: Die einzige Weltmacht. Amerikas Strategie der Vorherrschaft. 7. Aufl., Fischer Taschenbuch Verlag, Frankfurt am Main 2003.
24) Courtois, Stéphane/Nicolas Werth/Jean-Louis Panné/Andrzey Paczkowski, Karel Bartosek/Jean-Louis Margolin (Hrsg.): Das Schwarzbuch des Kommunismus. Unterdrückung, Verbrechen und Terror. 2. Aufl., Piper, München Zürich 1998.

25) Czechowski, Heinz: Die überstandene Wende. In: Heym, Stefan/Werner Heiduczek (Hrsg.): Die sanfte Revolution. Gustav Kiepenheuer, Leipzig u. Weimar 1990. S. 420.
26) Dahn, Daniela: Wir bleiben hier oder Wem gehört der Osten. Rowohlt, Hamburg 1994.
27) Dahn, Daniela: Westwärts und nicht vergessen. Vom Unbehagen in der Einheit. Rowohlt, Berlin 1996.
28) Dahn, Daniela: Prenzlauer Berg-Tour. Rowohlt, Berlin 2001.
29) Dahn, Daniela: Wenn und Aber. Anstiftungen zum Widerspruch. Rowohlt TB, Hamburg 2002, S. 25.
30) Dahn, Daniela: Demokratischer Abbruch. Von Trümmern und Tabus. Rowohlt TB, Reinbek bei Hamburg 2005.
31) D'Arcais, Paolo Flores: Die Demokratie beim Wort nehmen. Der Souverän und der Dissident. Wagenbach, Berlin 2004.
32) Djilas, Milovan: Gespräche mit Stalin. S. Fischer, Frankfurt am Main 1963.
33) Dürr, Hans-Peter: zitiert bei Brie, André: Ich tauche nicht ab. Selbstzeugnisse und Reflexionen. edition ost, Berlin 1996, S. 259.
34) Ebbinghaus, Frank: Ausnutzung und Verdrängung. Steuerungsprobleme der SED-Mittelstandspolitik 1955–1972. Duncker & Humblot, Berlin 2003.
35) Eger, Christian: Mein kurzer Sommer der Ostalgie. Verlag Janos Stekovics 2004.
36) Eichner, Klaus/Ernst Langrock: Der Drahtzieher Vernon Walters – Ein Geheimdienstgeneral des Kalten Krieges. Kai Homilius Verlag, Berlin 2005.
37) Engler, Wolfgang: Die Ostdeutschen. Kunde von einem verlorenen Land. 3. Aufl., Aufbau-Verlag, Berlin 1999.
38) Engler, Wolfgang: Die Ostdeutschen als Avantgarde. Aufbau Taschenbuch, Berlin 2004.
39) Engler, Wolfgang: Bürger, ohne Arbeit. Für eine radikale Neugestaltung der Gesellschaft. Aufbau-Verlag, Berlin 2005.
40) Ensikat, Peter: Das Schönste am Gedächtnis sind die Lücken. Karl Blessing, München 2005.
41) Erhard, Ludwig: Wohlstand für alle. Econ, Düsseldorf 1997.

42) Faber, Elmar: Die Allmacht des Geldes und die Zukunft der Phantasie. Betrachtungen zur Bücherwelt. Faber & Faber, Leipzig 2003.
43) Frei, Norbert: Vergangenheitspolitik. Die Anfänge der Bundesrepublik und die NS-Vergangenheit. C.H. Beck, München 1996.
44) Frei, Norbert: Karrieren im Zwielicht. Hitlers Eliten nach 1945. Campus Verlag, Frankfurt am Main 2001.
45) Galbraith, John Kenneth: Die Herrschaft der Bankrotteure. Der wirtschaftliche Niedergang Amerikas. Hoffmann u. Campe, Hamburg 1992.
46) Galbraith, John Kenneth: Die Ökonomie des unschuldigen Betrugs. Vom Realitätsverlust der heutigen Wirtschaft. Siedler, München 2005.
47) Galtung, Johan: Strukturelle Gewalt. Beiträge zur Friedens- und Konfliktforschung. Rowohlt Taschenbuch Verlag, Hamburg 1975.
48) Geserick, Gunther/Klaus Vendura/Ingo Wirth: Zeitzeuge Tod. Spektakuläre Fälle der Berliner Gerichtsmedizin. Militzke Verlag, Leipzig 2001.
49) Gillen, Gabriele: Hartz IV. Eine Abrechnung. 3. Aufl., Rowohlt Taschenbuch, Reinbek 2005.
50) Grass, Günter/Daniela Dahn/Johano Strasser (Hrsg.): In einem reichen Land. Zeugnisse alltäglichen Leidens an der Gesellschaft. Steidl, Göttingen 2002.
51) GRH (Gesellschaft zur rechtlichen und humanitären Unterstützung)e.V (Hrsg.): Siegerjustiz? Die politische Strafverfolgung infolge der Deutschen Einheit. Kai Homilius Verlag, Berlin 2003.
52) Guderian, Heinz: Erinnerungen eines Soldaten. 18. Aufl., Motorbuch Verlag, 2003.
53) Havemann, Robert: Dialektik ohne Dogma? Deutscher Verlag der Wissenschaften. Berlin 1990.
54) Hecht, Arno: Die Wissenschaftselite Ostdeutschlands. Feindliche Übernahme oder Integration? Faber & Faber, Leipzig 2002.
55) Heiduczek, Werner: Die Schatten meiner Toten. Eine Autobiographie. Faber & Faber, Leipzig 2005.
56) Heinker, Helge-Heinz: Boomtown Leipzig. Anspruch und Wirklichkeit. Faber & Faber, Leipzig 2004.

57) Heym, Stefan: Offene Worte in eigener Sache. btb Taschenbücher, München 2003.
58) Heym, Stefan/Werner Heiduczek (Hrsg.): Die sanfte Revolution. Gustav Kiepenheuer, Leipzig u. Weimar 1990.
59) Hobsbawm, Eric: Das Zeitalter der Extreme. Weltgeschichte des 20. Jahrhunderts. 4. Aufl., Deutscher Taschenbuch Verlag, München 2000.
60) Hobsbawm, Eric: Gefährliche Zeiten. Carl Hanser, München Wien 2003.
61) Höppner, Reinhard: Zukunft gibt es nur gemeinsam. Ein Solidaritätsbeitrag zur Deutschen Einheit. Karl Blessing Verlag, München 2000.
62) Hörz, Herbert: Lebenswenden. Vom Werden und Wirken eines Philosophen vor, in und nach der DDR. trafo verlag, Berlin 2005.
63) Jäckel, Eberhard: Das deutsche Jahrhundert. Eine historische Bilanz. DVA, Stuttgart 1996.
64) Jaspers, Karl: Denkwege. Ein Lesebuch. 2. Aufl., R. Piper, München 1988.
65) Jaspers, Karl: Wohin treibt die Bundesrepublik? 10. Aufl., R. Piper, München 1988.
66) Jesse, Eckhard (Hrsg.): Eine Revolution und ihre Folgen. 14 Bürgerrechtler ziehen Bilanz. Ch. Links Verlag, Berlin 2000.
67) Kant, Hermann: Die Aula. Rütten & Loening, Berlin 1989.
68) Kaufmann, Arthur: Rechtsphilosophie. 2. Aufl., C.H. Beck, München 1997.
69) Kerner, Uwe: Der Arzt als Fußabtreter der Nation. Allbux Buchservice, Weinheim 2003.
70) Kirchheimer, Otto: Politische Justiz. Fischer Taschenbuch, Frankfurt am Main 1985.
71) Klee, Ernst: Das Personenlexikon zum Dritten Reich. Wer war was vor und nach 1945, 2. Aufl., S. Fischer, Frankfurt am Main 2003.
72) Klein, Fritz: Drinnen und Draußen. Ein Historiker in der DDR. Erinnerungen. S. Fischer, Frankfurt am Main 2000.
73) Klein, Olaf Georg: Ihr könnt uns einfach nicht verstehen! Warum Ost- und Westdeutsche aneinander vorbeireden. Eichborn, Frankfurt am Main 2001.
74) Klenner, Hermann: Recht und Unrecht. transcript, Bielefeld 2004.

75) König, Jens: Gregor Gysi. Eine Biographie. Rowohlt, Berlin 2005.
76) Kollmorgen, Raj/Rolf Reißig/Johannes Weiß (Hrsg.): Sozialer Wandel und Akteure in Ostdeutschland. Leske + Budrich, Opladen 1996.
77) Koselleck, Reinhart: Vergangene Zukunft. Zur Semantik geschichtlicher Zeiten. suhrkamp taschenbuch wissenschaft, Frankfurt am Main 1989.
78) Kossert, Andreas: Ostpreußen. Geschichte und Mythos. Siedler, München 2005, S. 310–318.
79) Krämer, Walter: Modern Talking auf deutsch. Ein populäres Lexikon. Piper, München 2000.
80) Kuczyinski, Rita: Die Rache der Ostdeutschen. Pathas Verlag, Berlin 2002.
81) Lafontaine, Oskar: Politik für alle. Streitschrift für eine gerechte Gesellschaft. Econ, Berlin 2005.
82) Lang, Lothar: Malerei und Graphik in Ostdeutschland. Faber & Faber, Leipzig 2002.
83) Le Bon, Gustave: Psychologie der Massen. 15. Aufl., Alfred Kröner, Stuttgart 1982.
84) Leinemann, Jürgen: Höhenrausch. Die wirklichkeitsleere Welt der Politiker. Blessing, München 2004.
85) Leonhard, Wolfgang: Die Revolution entlässt ihre Kinder. Reclam-Verlag, Leipzig, 1990.
86) Luft, Christa: Treuhandreport. Aufbau Verlag, Berlin u. Weimar 1992.
87) Luft, Christa: Die Lust am Eigentum. Auf den Spuren der deutschen Treuhand. Orell Füssli, Zürich 1996.
88) Mai, Karl: Kritischer Rück- und Ausblick nach 13 Jahren deutscher Vereinigung. Ostdeutsche Strukturschwächen und ihre ökonomischen Folgen. In: Meier, Helmut: Uneinige Einheit. Der öffentliche Umgang mit Problemen der deutschen Einheit. trafo verlag, Berlin 2005, S. 15–98.
89) Maier, Charles, S.: Das Verschwinden der DDR und der Untergang des Kommunismus. Fischer tb, Frankfurt am Main 2000.
90) Manstein, Erich von: Verlorene Siege. 17. Aufl., Bernard & Graefe, Bonn 2004.

91) Marx, Karl: Der achtzehnte Brumaire des Louis Bonaparte. 9. Aufl. Dietz Verlag, Berlin 1988.
92) Marx, Karl u. Friedrich Engels: Manifest der Kommunistischen Partei. Dietz Verlag, Berlin 1953.
93) Mazower, Mark: Der dunkle Kontinent Europa im 20. Jahrhundert. Alexander Fest Verlag, Berlin 2000.
94) Mai, Karl: Kritischer Rück- und Ausblick nach 13 Jahren deutscher Vereinigung. Ostdeutsche Strukturschwächen und ihre ökonomischen Folgen. In: Meier, Helmut (Hrsg.): Der öffentliche Umgang mit Problemen der deutschen Einheit. trafo, Berlin 2005.
95) Meuschel, Sigrid: Legitimation und Parteiherrschaft in der DDR. edition suhrkamp, Frankfurt am Main 1992.
96) Mittenzwei, Werner: Die Intellektuellen. Literatur und Politik in Ostdeutschland 1945–2000. Faber & Faber, Leipzig 2001.
97) Moore, Michael: Stupid white men. Eine Abrechnung mit dem Amerika unter George W. Bush. Piper, München 2002.
98) Müller, Silvia/Bernd Florath (Hrsg.): Die Entlassung. Robert Havemann und die Akademie der Wissenschaften 1965/66. Robert-Havemann-Gesellschaft e.V., Berlin 1996.
99) Negt, Oskar: Kant und Marx. Ein Epochengespräch. Steidl Verlag, Göttingen 2003.
100) Neubert, Ehrhart: Geschichte der Opposition in der DDR 1949–1989. 2. Aufl., Ch. Links Verlag, Berlin 1998.
101) Overy, Richard: Russlands Krieg 1941–1945. Rowohlt, Reinbek bei Hamburg, 2003.
102) Peter, Laurence J./Raymond Hull: Das Peter-Prinzip oder Die Hierarchie der Unfähigen. 2. Aufl. Volk und Welt, Berlin 1989.
103) Poche, Klaus: Atemnot. Fischer TB, Frankfurt am Main 1981.
104) Podewin, Norbert (Hrsg.): Braunbuch. Kriegs- und Naziverbrecher in der Bundesrepublik und in Berlin (West). Reprint der Ausgabe 1968 (3. Auflage) edition ost, Berlin.

105) Popper, Karl R.: Die offene Gesellschaft und ihre Feinde 2. 7. Aufl. J.C.B. Mohr, Tübingen 1992, S. 145.
106) Posser, Diether: Anwalt im Kalten Krieg. Ein Stück deutscher Geschichte in politischen Prozessen 1951–1968. 2. Aufl., C. Bertelsmann. München 1991.
107) Potsdamer Abkommen. Ausgewählte Dokumente zur Deutschlandfrage 1943–1949. Staatsverlag der Deutschen Demokratischen Republik, Berlin 1970.
108) Prantl, Heribert: Kein schöner Land. Die Zerstörung der sozialen Gerechtigkeit. Droemer, München 2005.
109) Richter, Edelbert: Aus ostdeutscher Sicht. Wider den neoliberalen Zeitgeist. Böhlau, Köln Weimar Wien 1998.
110) Roesler, Jörg: Der Anschluß von Staaten in der modernen Geschichte. Eine Untersuchung aus aktuellem Anlaß. Peter Lang GmbH, Frankfurt am Main 1999.
111) Roesler, Jörg: "Rübermachen." Politische Zwänge, ökonomisches Kalkül und verwandtschaftliche Beziehungen als häufigste Motive der deutsch-deutschen Wanderungen zwischen 1953 und 1961. hefte zur ddr-geschichte 85, Berlin 2004.
112) Roginskij, Arsenij/ Jörg Rudolph/Frank Drauschke/Anne Kaminsky (Hrsg.): "Erschossen in Moskau …" Die deutschen Opfer des Stalinismus auf dem Moskauer Friedhof Donskoje 1950–1953. Metropol Verlag, Berlin 2005.
113) Ross, Frisco/Achim Landwehr: Denunziation und Justiz. Historische Dimensionen eines sozialen Problems. edition diskord, Tübingen 2000.
114) Schaff, Adam: Marx oder Sartre? Versuch einer Philosophie des Menschen. VEB Deutscher Verlag der Wissenschaften, Berlin 1965.
115) Schaff, Adam: Mein Jahrhundert. Glaubensbekenntnisse eines Marxisten. Dietz Verlag Berlin, 1997.
116) Scheler, Werner/Peter Oehme: Zwischen Arznei und Gesellschaft. Zum Leben und Wirken des Friedrich Jung. Abhandlungen der Leibniz-Sozietät Bd. 8, trafo verlag, Berlin 2002, S. 126.

117) Schäuble, Wolfgang: Der Vertrag. Wie ich über die deutsche Einheit verhandelte. DVA, Stuttgart 1991.
118) Schorlemmer, Friedrich: 2. Aufl., Eisige Zeiten. Ein Pamphlet. Blessing, München 1996.
119) Martin, Hans-Peter u. Harald Schumann: Die Globalisierungsfalle. Der Angriff auf Demokratie und Wohlstand. 12. Aufl., Rowohlt, Reinbek bei Hamburg, 1997.
120) Sick, Bastian: Der Dativ ist dem Genetiv sein Tod. Ein Wegweiser durch den Irrgarten der deutschen Sprache. 11. Aufl., Kiepenheuer & Witsch, Köln 2004.
121) Sieberer, Hannes/Herbert Kierstein: Verheizt und vergessen. Ein US-Agent und die DDR-Spionageabwehr. edition ost, Berlin 2005.
122) Sontheimer, Kurt: So war Deutschland nie. Anmerkungen zur politischen Kultur der Bundesrepublik. C.H. Beck, München 1999.
123) Sontheimer, Kurt/Wilhelm Bleek: Grundzüge des politischen Systems in Deutschland. 11. Aufl., Pieper, München 2004.
124) Steiner, Helmut: Soziologie und Gesellschaft – ein widerspruchvolles Verhältnis. Reflexionen zur deutsch-deutschen Soziologie-Entwicklung seit 1945.In : Friedrich, Walter/Hansgünter Meyer (Hrsg.): Soziologie und Gesellschaft – ein widerspruchsvolles Verhältnis. Rosa-Luxemburg-Stiftung Sachsen 2002, S. 72.
125) Stengel, Hansgeorg: Wer lernt mir Deutsch? CD. Eulenspiegel, Berlin 2005.
126) Stern, Carola: Auf den Wassern des Lebens. Gustaf Gründgens und Marianne Hoppe. Kiepenheuer & Witsch, Köln 2005.
127) Stosiek, Peter: Unbeantwortete Briefe. KOMZI Verlag, Idastein 1994
128) Teltschik, Horst: 329 Tage. Innenansicht der Einigung. Siedler Verlag, Berlin 1991.
129) Unabhängige Autorengemeinschaft "So habe ich das erlebt": Spurensicherung I-V. GNN Verlag, Schkeuditz 1999, 2000, 2002 u. 2003.
130) Vilmar, Fritz: Der Begriff der "Strukturellen Kolonialisierung" – eine theoretische Klärung. In: Vilmar, Fritz (Hrsg.): Zehn Jahre Vereinigungspolitik.

Kritische Bilanz und humane Alternative. 2., durchgesehene Aufl., trafo verlag, Berlin 2000, S. 21–31.
131) Vilmar, Fritz (Hrsg.): Zehn Jahre Vereinigungspolitik. Kritische Bilanz und humane Alternativen. 2. Aufl., tra*f*o Verlag, Berlin 2000.
132) Wagner, Wolfgang: Kulturschock Deutschland. Der zweite Blick. Rotbuch Verlag, Hamburg 1999.
133) Wilhelm, Endrik: Rechtsbeugung in der DDR. Die Sicht der Verteidigung. edition ost, Berlin 2003.
134) Wolf, Christa: Auf dem Weg nach Tabou. Texte 1990–1994. Kiepenheuer & Witsch, Köln 1994.
135) Wolff, Friedrich: Verlorene Prozesse 1953–1998. Meine Verteidigungen in politischen Verfahren. 2. Aufl., Nomos, Baden-Baden 1999.
136) Wolff, Friedrich: Einigkeit und Recht. Die DDR und die deutsche Justiz. edition ost, Berlin 2005.
137) Womacka, Walter: Farbe bekennen. Erinnerungen eines Malers. Das Neue Berlin, Berlin 2004.
138) Zwerenz, Gerhard: Krieg im Glashaus oder der Bundestag als Windmühle. Autobiographische Aufzeichnungen vom Abgang der Bonner Republik. edition ost, Berlin 2000.
139) Zorn, Monika: Hitlers zweimal getötete Opfer. Westdeutsche Endlösung des Antifaschismus auf dem Gebiet der DDR. Ahriman-Verlag, Freiburg 1994.

Personenregister

A

Adenauer, Konrad 31, 75, 165, 190
Ahbe, Thomas 141, 215, 223, 238
Albrecht, Rosemarie 148
Allende, Salvador 264
Althaus, Dieter 200
Altvater, Elmar 45, 272
Arendt, Hannah 31, 57, 272
Asserate, Asfa-Wossen 214, 272

B

Badstübner, Rolf 34, 56, 272
Bahro, Rudolf 175
Baring, Arnulf 56, 70, 163, 272
Barschel, Uwe 120
Bauer-Volke, Kristina 272
Bebel, August 236
Becher, Johannes R. 44, 146, 272
Beck, Ulrich 43, 272
Behrens, Fritz 38
Bender, Peter 59, 137, 210, 272, 273
Bergauer, Martin 186, 273
Bergmann, Theodor 32, 273
Birthler, Marianne 221
Bisky, Jens 196, 273
Bisky, Lothar 155, 196, 273
Bleek, Wilhelm 280
Blüm, Norbert 121, 268
Bohley, Bärbel 175
Böhme, Hans-Joachim 80
Böll, Heinrich 145, 260, 273
Bollinger, Stefan 47, 77, 273
Börne, Ludwig 257
Boßdorf, Hagen 155
Bourdieu, Pierre 90, 273
Brandt, Willy 59
Bräuer, Siegfried 179, 273
Braunthal, Gerard 71, 273
Brecht, Bertolt 7, 28, 102, 145, 151
Breuel, Brigitte 63

Brie, André 249, 274
Brzezinski, Zbigniew 191, 273
Bush, George W. 115

C

Christiansen, Sabine 217
Chrustschow, Nikita 21
Clement, Wolfgang 243, 244
Courtois, Stéphane 163, 273
Czechowski, Heinz 274

D

Dahn, Daniela 55, 58, 65, 69, 96, 105, 118, 126, 128, 129, 220, 224, 243, 245, 257, 274, 275
DArcais, Paolo Flores 210, 264, 274
Dietzsch, Ina 272
Djilas, Milovan 15, 274
Drauschke, Frank 279
Dürr, Hans-Peter 249, 274

E

Ebbinghaus, Frank 274
Ebeling, Hans-Wilhelm 47
Eger, Christian 197, 274
Ehrholdt, Andreas 243
Eichner, Klaus 36, 274
Emmerlich, Gunter 147
Endlich, Luise (Gabriele Endling) 128
Engels, Friedrich 144, 190, 278

Engler, Wolfgang 21, 85, 107, 199, 274
Ensikat, Peter 174, 176, 274
Eppelmann, Rainer 184
Erhard, Ludwig 49, 107, 274

F

Faber, Elmar 145, 146, 164, 275
Faust, Siegmar 189
Fechner, Max 38
Fischer, Joseph 120
Flierl, Thomas 218
Florath, Bernd 278
Frei, Norbert 33, 275
Friedrich, Walter 280
Fugger, Jakob u. Anton 237
Fukuyama, Francis 258

G

Galbraith, John Kenneth 65, 103, 145, 255, 260, 275
Galtung, Johan 135, 275
Gauck, Joachim 177, 208, 221
Geißler, Heiner 121
Genscher, Hans-Dieter 114
Geserick, Gunther 275
Gillen, Gabriele 112, 275
Glaß, Henry 156
Glos, Michael 242
Golz, Hans-Georg 86
Gorbatschow, Michail 33, 40

Graf Otto von Lambsdorf 120
Grass, Günter 246, 275
Grasser, Karl-Heinz 12
GRH (Gesellschaft zur rechtlichen und humanitären Unterstützung)e.V. 275
Gründgens, Gustaf 186
Guderian, Heinz 31, 275
Gysi, Gregor 39, 58, 155, 277

H

Hamm-Brücher, Hildegard 121
Harich, Wolfgang 21, 25, 175
Havemann, Robert 25, 275
Hecht, Arno 71, 75, 275
Heiduczek, Werner 128, 274
Heilmann, Jürgen 47
Hein, Christoph 67, 146, 218
Heine, Heinrich 145
Heinker, Helge-Heinz 64, 275
Heisig, Bernd 147
Herles, Wolfgang 129, 166
Herrnstadt, Rudolf 38
Heuss, Theodor 33, 186
Heym, Stefan 9, 55, 56, 155, 274, 276
Hinrich, Rolf 38
Hitler, Adolf 14, 31, 115, 116, 163
Hobsbawm, Eric 22, 90, 179, 253, 265, 267, 271, 276
Hollitscher, Tobias 153

Honecker, Erich 38, 40, 80
Höppner, Reinhard 96, 183, 276
Hörz, Herbert 95, 195, 276
Hull, Raymond 278
Hundt, Dieter 235, 266

J

Jäckel, Eberhard 14, 276
Jakowlew, Alexander 40
Janka, Walter 25
Jaspers, Karl 32, 75, 104, 256, 276
Jesse, Eckhard 184, 276
Jung, Friedrich 83

K

Kaiser Wilhelm II. 190, 241
Kaminsky, Anne 279
Kant, Hermann 147, 276
Kanther, Manfred 120
Kästner, Erich 271
Kaufmann, Arthur 276
Kerner, Uwe 83, 276
Kierstein, Herbert 154, 280
Kinkel, Klaus 79
Kirchheimer, Otto 79, 276
Kitschelt, Herbert 258
Klee, Ernst 33, 276
Klein, Fritz 178
Klein, Olaf Georg 139, 276
Klenner, Hermann 77, 276
Klinkmann, Horst 155

Kocka, Jürgen 28
Kohl, Helmut 41, 46, 47, 50, 52, 53, 56, 57, 114, 120, 126, 134, 168, 243
Köhler, Horst 210, 211
Kollmorgen, Raj 136, 277
König, Jens 39, 277
Koselleck, Reinhart 13, 174, 269, 277
Kossert, Andreas 186, 277
Krämer, Walter 139, 277
Krause, Günther 51
Krenz, Egon 40, 80
Kuczyinski, Rita 188, 277

L

Lafontaine, Oskar 57, 58, 117, 118, 277
Laitko, Hubert 262
Landwehr, Achim 279
Lang, Lothar 147, 277
Langrock, Ernst 36, 274
Le Bon, Gustave 40, 277
Leinemann, Jürgen 119, 200, 277
Lengsfeld, Vera 184
Lenin, Wladimir Iljitsch 41, 179, 190, 253
Leonhard, Wolfgang 43, 277
Loest, Erich 21, 25, 175
Lorenz, Siegfried 80
Luft, Christa 277

M

Mahnkopf, Birgit 45, 272
Mai, Karl 63, 277, 278
Maier, Charles S. 182, 277
Maiziére, Lothar de 47, 52, 184
Mann, Thomas 75
Manstein, Erich von 31, 277
Markov, Walter 38
Markwort, Helmut 156
Martin, Hans-Peter 264, 280
Marx, Karl 39, 51, 80, 124, 163, 165, 166, 190, 268, 269, 278, 279
Maunz, Theodor 32
Mazower, Mark 12, 278
Mentzel, Achim 217
Merkel, Angela 200
Meuschel, Sigrid 133, 223, 278
Meyer, Hansgünter 280
Milbradt, Georg 245
Mindt, Felix R. 128
Mittag, Günter 119
Mittenzwei, Werner 25, 278
Modrow, Hans 40, 46
Moore, Michael 254, 278
Most, Edgar 217, 254
Mühlberg, Dieter 201, 224
Mühlpfordt, Günter 72
Müller, Heiner 146
Müller, Silvia 278

Müntefering, Franz 105, 121, 237, 240
Mylius, Klaus 190

N

Napoleon Bonaparte 116, 181
Nebel, Carmen 147
Negt, Oskar 269, 278
Neubert, Ehrhart 38, 278

O

Oehme, Peter 279
Otto Fürst von Bismarck 190
Otto Graf von Lambsdorff 120
Overy, Richard 187, 278

P

Papst Johannes Paul II. 100
Pawlow, Iwan Petrowitsch 154
Perrault, Gilles 177
Peter, Laurence J. 74, 278
Pinochet, Augusto 233
Platzeck, Matthias 200, 237
Poche, Klaus 25, 278
Podewin, Norbert 278
Pöhl, Karl Otto 51
Popper, Karl R. 279
Porsch, Peter 155
Posser, Diether 71, 279
Prantl, Heribert 85, 279

R

Rau, Johannes 105
Rehberg, Karl-Siegbert 217
Reißig, Rolf 136, 277
Richter, Edelbert 185, 237, 258, 279
Roesler, Jörg 53, 221, 228, 229, 230, 262, 279
Roethe, Thomas 128
Roginskij, Arsenij 17, 279
Rogowski, Michael 151, 236
Rohwedder, Detlef Karsten 63
Ross, Frisco 279
Ruben, Walter 189
Rudolph, Jörg 279

S

Schabowski, Günter 40
Schaff, Adam 264, 271, 279
Schäuble, Wolfgang 47, 51, 52, 242, 280
Scheler, Werner 279
Scherer, Siegfried 200
Schiavo, Terry 100
Schily, Otto 120
Schnur, Wolfgang 47
Schöbel, Frank 252
Schönbohm, Jörg 172, 173, 225
Schorlemmer, Friedrich 96, 105, 181, 236, 280
Schröder, Gerhard 108, 114, 120, 241, 244, 261

Schumann, Harald 264, 280
Schütt, Hans-Dieter 259
Schwanitz, Rolf 227
Seehofer, Horst 121
Sick, Bastian 140, 280
Sieberer, Hannes 154, 280
Siedler, Jobst 32
Simonis, Heide 120
Sitte, Willi 147
Sodann, Peter 98
Sontheimer, Kurt 30, 33, 58, 104, 261, 280
Sparwasser, Jürgen 188
Stalin, Jossif Wissarionowitsch 15, 21, 163
Steiner, Helmut 133, 280
Stengel, Hansgeorg 140, 280
Stern, Carola 186, 280
Stern, Fritz 208
Steuer, Ingo 156
Steußloff, Hans 166, 167
Stoiber, Edmund 152, 173, 191, 225
Stolpe, Manfred 76, 157, 227
Stosiek, Peter 96, 280
Strasser, Johano 220, 275
Struck, Peter 115

T
Teltschik, Horst 47, 280
Thärichen, Dirk 155
Thierse, Wolfgang 180, 200, 238

Tiefensee, Wolfgang 227

U
Ullmann, Wolfgang 48, 49, 53, 165, 185

V
Vendura, Klaus 275
Vilmar, Fritz 53, 77, 160, 167, 168, 273, 280, 281

W
Wagner, Wolfgang 89, 90, 281
Waigel, Theodor 47
Weise, Frank-Jürgen 240
Weiß, Johannes 277
Wenzlaff, Bodo 191
Wilhelm, Endrik 130, 281
Wirth, Ingo 275
Wolf, Christa 134, 146, 147, 281
Wolff, Friedrich 79, 281
Womacka, Walter 147, 281

Z
Zaisser, Wilhelm 38
Zorn, Monika 81, 177, 281
Zwerenz, Gerhard 21, 25, 120, 151, 175, 179, 200, 281

Weitere Titel aus dem tra*f*o verlag

Hanna Behrend: "Demokratische Mitbestimmungsrechte unter DDR-Bedingungen. Die ambivalenten Strukturen an den Universitäten", [= Gesellschaft – Geschichte – Gegenwart; Bd. 23], trafo verlag 2003, 180 S., ISBN 3-89626-375-7, 17,80 EUR

Gisela Engel, Gisela / Tobias Krohmer (Hrsg.): "WarenWelten. Überlegungen zum Fetischcharakter der Ware im 21. Jahrhundert", [= Salecina-Beiträge zur Gesellschafts- und Kulturkritik, Bd. 2], trafo verlag 2003, 180 S., ISBN 3-89626-346-3, 15,80 EUR

Dennis Püllmann: "SPÄTWERK. Heiner Müllers Gedichte 1989–1995", [= ZeitStimmen, Bd. 5], trafo verlag 2003, 140 S., geb., ISBN 3-89626-025-1, 16,80 EUR

Walther Kratz: "Konversion in Ostdeutschland. Die militärischen Liegenschaften der abgezogenen Sowjetischen Streitkräfte, ihre Erforschung, Sanierung und Umwidmung", trafo verlag 2003, 120 S. zahlr. Tab. u. Abb., ISBN 3-89626-367-6, 13,80 EUR

Eberhard Mannschatz: "Gemeinsame Aufgabenbewältigung als Medium sozialpädagogischer Tätigkeit. Denkanstöße für die Wiedergewinnung des Pädagogischen aus der Makarenko-Rezeption", [= Gesellschaft – Geschichte – Gegenwart, Bd. 31], trafo verlag 2003, 178 S., geb., ISBN 3-89626-024-3, 16,80 EUR

**Bestellungen über jede Buchhandlung oder direkt beim Verlag:
trafo verlag, Finkenstraße 8, 12621 Berlin
Fax:030/56701049   e-Mail: trafoberlin@gmx.de
http://www.trafoberlin.de**